障害者グループホームと世話人

言葉と支援とが出会う風景の中で

宮本秀樹

生活書院

はじめに——本書への思い

1 問題意識として
——知的障害者グループホームと実習教育、大学院での学び

　私は1983年4月1日、山口県庁に福祉専門職として採用され、17年間、社会福祉の現場でソーシャルワーカーとして仕事をした。その経験の中で確信に近いものとして、特に知的障害者入所施設はこの社会からなくなることはないと思っていた。また障害のある人たちを守るための最後の砦として施設があるという考えを持っていた。今考えるととても恥ずかしい話であるが、「障害者福祉」＝「施設福祉」程度の認識であった。

　2000年度から、淑徳大学（社会福祉士養成校）に移り、相談援助実習（旧科目名；社会福祉援助技術現場実習。以下、「社会福祉実習」「配属実習」）の受け手側から送り手側に変わった。

　淑徳大学では障害児・者領域を希望する学生への実習指導を担当した。実習先は特別養護老人ホームや児童養護施設などの「施設」と児童相談所や福祉事務所などの「機関」に分けられるが、7年間で私が担当した200名以上の学生は全員、障害児・者施設での実習を希望した。学生にとっても私にとっても、実習とは、まさに施設実習そのものであったのだ。したがって、実習教育の比重としては、施設内におけるソーシャルワーカー養成の方に力点を置くことになってしまった。その結果として、知的障害者グループホームと実習教育との結びつきに関する学びの機会を作ることができなかった。

　社会福祉士国家試験の受験資格を取得する条件の一つとして、社会福祉援助技術現場実習という科目を履修して、法令指定施設で配属実習を行なわなければならないのだが、障害者自立支援法以前（〜2005年度）は知的障害者グループホームが法令指定施設になっていなかったため（1987年12月15日厚生省告示第203号）、そこでの配属実習は不可であった。本体施設に知的

障害者グループホームが付設していれば、見学程度は可能というのが主たる実態であった。このことは、実習教育の中で知的障害者グループホームが取り上げられにくい背景の一つにはなっていたと思う。学生の実習報告を聞いていても、知的障害者グループホームについて触れていたのはほんのわずかであった。また、障害児・者領域における就職先として施設と知的障害者グループホームとを比較すれば、学生達の志向は圧倒的に施設に向いていた。この流れは今も変わっていない。

　私と実習教育との関係だけで考えると、知的障害者グループホームの問題は深いものにはならなかったのだが、関係の変化が起こったのは、2004年度に入学した東北福祉大学通信制大学院での学びからであった。

　大学院修士課程での学びにおいて、成果物としての最終目標は修士論文の完成にある。私の入学前の研究テーマは『知的障害者グループホームの現在と今後に関する研究について』。その構想を読み直してみると、施設解体（脱施設）、地域生活移行、入所施設などをキーワードにしているものの、「世話人」という文言は入っていなかった。しかし、出来上がった修士論文のテーマは、『知的障害者グループホームの世話人に求められる支援の視点と世話人にかかる援助者試論～特定非営利活動法人ぽぴあに所属する世話人調査を通じて～』（指導教員志田民吉）に大きく変化していた。

　わが国において施設がなくなるはずがないということが、私自身の問題意識の中心にあったと前述したが、宮城県福祉事業団（当時。現在、宮城県社会福祉協議会）が2010年までに宮城県船形コロニーの入所者485人を地域の障害者グループホームなどに移行させるという「船形コロニー解体宣言」のニュース（2002年11月23日）は、私にとっては衝撃的であった。障害者福祉領域において、「施設福祉から地域福祉へ」の流れにあるということは理解しているつもりではあったが、私自身の問題意識の低さと鈍感さもくわわって、まさかこのような形で施設のあり様が変わろうとしているところまで時代が動いているとは想像ができなかったのだ。

　障害のある人達の地域生活移行を可能とする基本的な前提として、入所（入院）者の意思やその人の生活技術などを優先的に考え、家族（がいれば）の意向も配慮しながら、〈地域への送り手〉と〈地域での受け手〉の両方が

微妙なバランスのもとに存在して、成り立つと私は理解している。〈地域への送り手〉〈地域での受け手〉組織・団体に関する関心はあったものの、当初はそこで働く人たちへの関心は薄かった。しかし、学びの過程で、社会福祉士養成課程の教員という立場もあって、人材の問題に関心が移行し始め、最終的には、〈知的障害者グループホームの世話人〉の問題に行きつくこととなった。

　本書は、前述の私の修士論文（2006年3月）がベースになって、新規に精神障害者を主にケアしているグループホーム世話人調査の原稿、紀要論文や学会発表用のペーパーなどを書き加えた構成となっている。

2　本書の特徴と読者について

　本書は目次を見ていただければわかるが、障害者グループホームとそこで働く世話人にかかる歴史的経緯や専門性など障害者グループホームを外から見る視点を第Ⅰ部に据えた。そして、第Ⅱ部においては、そこで働く〈世話人の生の声〉を素材に、その声を対人支援的な視点・立場で私なりの解釈や考察を加える形でまとめた。現場のソーシャルワーカーとして、また、社会福祉実習における教員としての経験も加味しながらである。

　第Ⅱ部は、質問紙票に基づく世話人への聞き取り調査のまとめが軸となっている。知的障害者に主に関わっている世話人調査（第8章）と精神障害者に主に関わっている世話人調査（第9章）とでは若干、質問項目が異なる部分もあるが、柱となる部分は同じである。また、聞き取り調査を進める中で、聞き取りの段取りを、そのときの事情により若干、変えた部分もある。つまり、〈質問をする側と質問を受ける側との関係性〉の中で、2つの聞き取り調査の同一性が担保される程度において、聞き取りを積み重ねてきた経緯がある。

　哲学者である中村雄二郎は、「臨床の知」という考え方を提唱している。近代科学はその理論、方法において人類の運命を大きく変えた一方、近代科学を通すことなく、私たち人間は〈現実〉を見ることができなくなっている。近代科学はその柱として、〈普遍性〉〈論理性〉〈客観性〉の3つの性質を有

しているという。中村は、この３つが無視し排除した〈現実〉を捉えなおす方法として〈コスモロジー（固有世界）〉〈シンボリズム（事物の多様性）〉〈パフォーマンス（身体性をそなえた行為）〉が「臨床の知」として重要であるとしている。そして、「臨床の知」で得られるのは、「個々の場所や時間のなかで、対象の多義性を十分に考慮に入れながら、それとの交流の中で事象を捉える方法である」と述べたうえで、〈経験〉の役割の重要性に言及している。（中村雄二郎著『臨床の知とは何か』岩波新書、1992 年、2-11 頁）

　また、臨床心理学者の河合隼雄は自分の仕事において中村の「臨床の知」の考え方に大いに助けられたと述べているが、同時にアカデミックな世界では認められ難いところがあるとも言っている（河合隼雄／鷲田清一著『臨床と言葉』阪急コミュニケーションズ、2003 年、10-11 頁）。

　本書をまとめる際、近代科学による財産も援用しているが、世話人の言葉の多様性や一回性、聞き取り者（私）との関係などにおいて、私自身の〈経験〉と〈世話人の言葉〉をつなぎ合わせる作業が主となっている。まさに〈普遍性〉〈論理性〉〈客観性〉の世界とは異なったところで〈世話人の言葉〉を捉え直したつもりである。

　私自身は、ソーシャルワーカーとして障害者入所・通所施設で働いたことはあるものの、障害者グループホームの現場に入るのは、今回の聞き取り調査（2005 年度、2008 年度）が初めてであった。現場の空気は、多少はわかるつもりでいるが、世話人からすれば、「当事者でない一人」として、私は見られていたのかもしれない。そのような立場の者がいかに〈世話人の言葉〉を捉えているのか。"その捉え方や理解の仕方は違う！"というものもあるかもしれない。

　まずは、世話人に〈世話人の言葉〉を読んでいただければと思う。そして、このようなことは、私（「私のグループホーム」を含めて）にもある、ないと言葉と援助が出会う風景を感じていただければ幸いである。そして、結果としては、主に知的障害者と関わっておられる世話人の言葉からは〈見ること〉が、主に精神障害者と関わっておられる世話人の言葉からは〈聴くこと〉が、言葉と援助が出会う風景の柱になった。村上龍の『13 歳のハローワーク』（幻冬舎、2003 年）には、514 種の仕事が紹介されている。村上は、

13歳という年齢が大人の世界の入り口であるとした上で、この世には自分の好きな仕事、自分に向いている仕事で生活費を稼いでいる人とそうでない人の2種類の人間・大人しかいないと述べている。村上の分類に従って、本書で取り上げた世話人の言葉を捉えると、個別的な例外はあるものの、私が接した多くの世話人は〈自分の好きな仕事、自分に向いている仕事〉としてその生業を捉えているというのが全体的な印象である。

　本書の題名に【世話人】という文言が入っているが、その風景の中には、世話人の言動に特化したものもあるが、世話人による援助という個別具体的なものから、もっと抽象度を上げて、人が人を支援することの基本的な見方（対応）を純化した形でまとめたものも多い。障害者グループホームのことを知らない一般の人達にも読んでいただき、入居者と世話人との関わりの風景を想像していただければと思う。

　また、今、社会福祉とくに専門職や専門性について学んでいる学生達には、他の関連職種の働きにも目を向けて欲しいと願っている。

　なお、本書において、〈援助〉と〈支援〉とを混在する形で使っている。社会福祉士養成課程の科目名としては、〈援助〉という字句が入っているが、最近は、行政や福祉現場において〈支援〉という字句を目にすることが多い。したがって、文言の統一はせずに、その場に応じて、しっくりする方を使っている。

　2016年　盛夏の季節に

宮本秀樹

障害者グループホームと世話人
言葉と支援とが出会う風景の中で

目次

はじめに──本書への思い　*3*

第Ⅰ部　障害者グループホームと世話人

第1章　グループホームにかかる基本的理解
──体験することに視点を当てて

　　1　グループホームとは──導入部分として　*16*
　　2　障害者自立支援法における「グループホーム・ケアホーム」からの障害者総合支援法における「グループホーム」へ　*18*
　　3　「体験すること」と「体験型グループホーム」について　*24*

第2章　グループホームの歴史的考察
──人はなぜ、グループホームを選択するのか

　　1　グループホームの量的変遷　*30*
　　2　知的障害者に対する社会（制度）の対応について　*31*
　　3　精神障害者に対する社会（制度）の対応について　*35*
　　4　社会的入院（精神障害者）と社会的入所（知的障害者）について　*37*
　　5　知的障害者の社会的入所　*41*
　　6　人（利用者）はなぜ、グループホームを選択するのか　*43*

第3章　利用負担の方向性
──措置制度・契約制度から応能負担・応益負担へ

　　Ⅰ　措置制度と契約制度　*48*
　　　1　措置制度の生い立ちと歴史的評価　*48*
　　　2　措置制度から契約制度へ──契約制度の成熟度とは？　*50*
　　Ⅱ　応能負担と応益負担　*53*
　　　1　費用負担に関する近年の動向──応能負担から応益負担へ、応益負担から応能負担へ　*53*

2　あらためて素朴に応益負担の〈益〉という言葉にこだわってみること　*54*
  3　利用者負担と障害者の生活状況について　*56*
  4　障害のある人の権利に関する条約第12条と応益負担・応能負担　*67*
  5　社会的公平性と人間の矜持について——まとめにかえて　*70*

第4章　世話人の位置づけ

  1　世話人の専門性と報酬等にかかる近年の動向　*78*
  2　世話人とソーシャルワーク・ケアワーク　*80*
  3　世話人の要件等について——障害者自立支援法以前に立ち戻って　*82*
  4　世話人の社会的位置づけ　*88*

第5章　世話人の専門性

  1　世話人と専門職　*93*
  2　専門職の専門性と関連職種等の専門性　*93*
  3　世話人の専門性——2つの事例を通じて　*98*
  4　普通を実現するための専門性とは——限りなく普通の感覚を　*103*
  5　数字に換算できる専門性と数字に反映し難い専門性を車（援助）の両輪に　*105*

第Ⅱ部　世話人の声に耳を傾けて

第6章　グループホームにおける生活世界へのまなざし
　　　——入所施設生活との比較において

  1　グループホームの生活風景　*110*
  2　入所施設を体験することの意味合い　*119*
  3　グループホームの生活世界と自由な社会　*125*
  4　新たな生と未来への展望　*132*

第7章　世話人の声のまとめとその意味合い

1　「あるべき論」への視点　*137*
2　生活支援と世話人の生の声　*140*
3　聞き取り調査票　*143*

第8章　知的障害者に主に関わっている世話人の言葉を通じて

Ⅰ　「特定非営利活動法人ぽぴあ」について　*155*
Ⅱ　聞き取り調査の枠組みと概要　*157*
　　1　調査実施上の留意点　*157*
　　2　世話人に関する基礎的情報　*157*
Ⅲ　世話人の言葉から身体感覚へ　*159*
　　1　生活支援とソーシャルワーク・ケアワーク　*159*
　　2　理解する方法としての「見ること」　*162*
　　3　指導と指導的の間で揺れること　*170*
　　4　世話人のアンビバレント（両義的・両価的、二律背反）な感情と巻き込まれについて　*173*
　　5　世話人の仕事を続けていく環境づくりのために　*177*
Ⅳ　ワンランクアップの仕事をするために　*179*
　　1　ソーシャルワーク的な関わりのための2つの視点　*179*
　　2　〈見える〉ようになるためには、他者との関わりについての棚卸やコミュニケーションに関する自己洞察が一つのポイント　*181*
　　3　指導的にならないためのコツは「迷い」「戸惑い」「揺れ」　*183*
　　4　違いを大切にすること――みんなちがって、みんないい　*186*

第9章　精神障害者に主に関わっている世話人の言葉を通じて

Ⅰ　地域（銚子市、旭市）と運営主体（社会福祉法人、NPO）の多様性のなかで　*189*
　　1　本章のねらい　*189*
　　2　本章で取り上げるグループホームがある地域（銚子市、旭市）につい

て（聞き取り調査時期　2008年7〜9月）　*190*
　Ⅱ　聞き取り調査の枠組みと概要　*190*
　　1　調査実施上の留意点　*190*
　　2　世話人に関する基礎的情報　*191*
　Ⅲ　世話人の言葉と援助とが出会う風景　*192*
　　1　そんなことは誰でもあること　*192*
　　2　ちょっと待ってね　*195*
　　3　3時間でも4時間でも、向こうが話しをしているのを聞いて……──関係づくりの原点の一つとして、〈量を聞くこと〉　*199*
　　4　肯定的な関わり（相手に対する尊重）の中で　*202*
　　5　他者との距離・関係　*206*
　　6　支援が成立する場としてのグループホーム　*212*
　Ⅳ　「0」と「1」との間を行き来しながら──〈障害があるからこそ〉と〈障害があってもなくても〉を考える　*215*
　　1　「ぎりぎりの迷惑」と「0」と「1」との間で　*217*
　　2　「ぎりぎりの迷惑」と〈障害があっても、なくても〉　*217*

第Ⅲ部　今後に向けて

第10章　支援の幅を広げるための問題提起──まとめにかえて

　1　障害種別の違いに対する問い──〈こだわり〉から〈こだわりからの解放〉へ　*222*
　2　世話人と支援ワーカーとのコラボレーション──世話人がより仕事をしやすくするために　*225*
　3　グループホームが地域に根づくために──「ぎりぎりの迷惑」と〈公共性〉の視点から　*229*

あとがき　*233*

第Ⅰ部
障害者グループホームと世話人

第1章　グループホームにかかる基本的理解
　　　　――体験することに視点を当てて

1　グループホームとは――導入部分として

　制度的には現在、高齢（認知症対応型共同生活介護〈介護予防認知症対応型共同生活介護〉）、児童（地域小規模児童養護施設）、障害（グループホーム）の各領域にグループホームと呼ばれている居住システムが存在している。簡単に言えば、介護や介助を必要とする認知症の高齢者、社会的にハンディキャップを抱えている児童・障害者が少人数で居住し、家庭的な雰囲気のなかで、職員の援助を受けながら生活する支援様式のことである[1]。　すなわち、「小規模居住による援助形態」を指している。

　わが国の社会福祉事業の誕生を考えるとき、地域での草の根的な実践活動が積み重ねられ、それが国の事業化に結実する場合があることは珍しくない。精神障害者のための小規模共同作業所に対する国庫補助や知的障害者グループホーム（旧法）がそうである。施設でも家庭でもない、知的障害者のための小規模な生活共同体としてわが国で最も古いものは、1963（昭和38）年に愛知県瀬戸市に作られた「はちのす寮」といわれている。1970年代には東京（1978〔昭和53〕年　東京都、「精神薄弱者生活寮」創設）など一部の先進的な自治体が就労している人を対象にしたグループホーム的な支援事業（「グループホーム」という名称使用は、本来ならば国庫補助による当該事業を運営した場合のみに可）が始められた。そして、国においては、1989（平成元）年に知的障害者のためのグループホームを制度化した（「精神薄弱者地域生活援助事業〔その後、知的障害者地域生活援助事業〕」）[2]。

　前記の事業化を受けて作成された『知的障害者地域生活援助事業（グループホーム）設置・運営マニュアル　2001年版』（厚生労働省監修）は、知的障害者も基本的に人としての社会的ニーズは何ら特別のものではなく、「普通の場所

で普通の生活をするのが当然」（傍点は筆者）という考えのもと、知的障害者グループホームを次のように定義している。「地域社会のなかにある住宅（アパート、マンション、一戸建て等）において数人の知的障害者が一定の経済的負担を負って共同で生活する形態であって、同居あるいは近隣に居住している専任の世話人により日常的生活援助が行われているもの」（傍点は筆者）。

　現行のグループホームに合わせて前記の文言を再定義しようとすれば、「知的障害者」を「障害者」に置き換えればよい。この再定義の中で特段、難しい言葉はない。「経済的負担」の中身であるが、補助や減免措置等を考慮しなければ、一般的には、家賃、食費、光熱水費、法に基づくグループホームの利用料、これに嗜好品代、衣服費など入居者個々の需要（ニーズ）によって異なる支出（日費）が加わる。

　「日常的生活援助」とは、前述の『知的障害者地域生活援助事業（グループホーム）設置・運営マニュアル　2001年版』等によれば、①入居者へのサービス（食事提供、金銭出納に関する援助、健康管理、日常生活場面における相談・助言、緊急時の対応、職場問題の対応、財産管理等の社会生活上の援助、その他入居者が円滑に日常生活を営むために必要な世話）、②運営主体との関係における業務（報告、入居者負担金の納付事務、緊急時対応等）、③地域との関係（地域住民、自治会や町内会との交流など）、④その他世話人に求められる必要な世話が挙げられている。

　いうまでもなく、この援助内容はあくまで代表的なものの大枠である。現実的な援助の中身において、この枠組みに入り切らないものもある。しかし、この枠組みに入る・入らないの問題はあるにせよ、具体的な生活課題が発生し、そのことがグループホームの運営や入居者の暮らしへの支障等を伴えば、なんらかの対応が求められる。その中心的担い手が〈世話人〉である。

　どのような仕事にも共通して言えることだが、人材の問題は大きい。2006（平成18）年10月1日以降、障害者自立支援法においては、入居者の障害程度区分や員数によって、世話人のほか、管理者（事業所の従事者や業務に関する一元的な管理業務）、サービス管理責任者（個別支援計画の作成や情報提供、関係諸機関との連絡調整などの業務）、生活支援員（ケアホームのみ。業務の外部委託可）が人員基準に含まれることになった。

世話人はこれまで、利用者数にかかわらず一人配置とされていたが、障害者自立支援法では、入居者10人、6人、5人、又は4人につき世話人を1人配置することになった。支援を行う上で支障がない範囲内であれば（概ね10分程度で移動できる範囲）、1人の世話人が複数の住居の援助を行うことができるようになるしくみとなっている。このことは、1つのホームを見ていればよい〈固定で、単眼的な視点〉から、場合によっては掛け持ちをしなければいけない〈移動で、複眼的な視点〉が求められることを意味している。グループホームによってはこれまで以上に、グループホーム内の他職種との連絡調整、就労支援をはじめとする日中活動における他職種との協同など、〈連携の視点〉という専門性が求められることになるのかもしれない。

2　障害者自立支援法における「グループホーム・ケアホーム」から障害者総合支援法における「グループホーム」へ[3]

2-1　措置制度・支援費制度から障害者自立支援法にいたるまでの大きな流れ

　雑駁な言い方をすれば、戦後、長年にわたって社会福祉の仕組みは、行政がサービスを優先的に決定できる、決定していく「措置制度」によって大きく支えられてきた。しかし、介護の社会化をねらいとする介護保険法の成立、保育所利用にかかる選択制度への変更、その他社会福祉に関する制度設計の見直しの必要性が生まれてきた。これらのことを踏まえ、社会福祉基礎構造改革を経て、2000（平成12）年、障害福祉領域においては措置制度から利用契約制度を導入する「支援費制度」が創設された。そして、措置制度や支援費制度のもと、障害の種別において表看板とは異なる実態もあったのだが、グループホームは制度的に「知的障害者グループホーム」と「精神障害者グループホーム」に分かれていて、グループホームという共通名称のもと、障害種別の垣根をもつ位置づけにあった。

　しかし支援費制度の実施は、在宅サービスの利用者数が予想を超えて増加したことによる財源不足問題の発生、サービス整備状況における障害種別間の格差や地域間の格差など制度設計上の重大な諸問題を発生させた。こういった諸問題への対処の一つとして、2004（平成16）年10月に「今後の障

害保健福祉施策について（改革のグランドデザイン案）」が発表された。それを受けて障害者福祉施策のあり方が議論され、その結果として、2005（平成17）年10月に障害者自立支援法（以下、「自立支援法」）が成立し、2006（平成18）年度から施行された。

2-2 障害者自立支援法におけるグループホーム・ケアホームの位置づけ

自立支援法以前は大別すると、障害福祉サービスが「居宅サービス」と

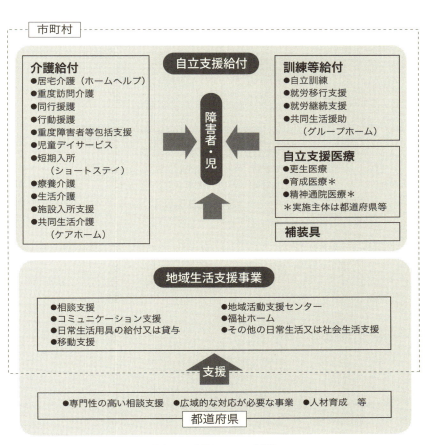

図表1-1　支援システムの全体像
出所：厚生労働省資料（2006年当時）

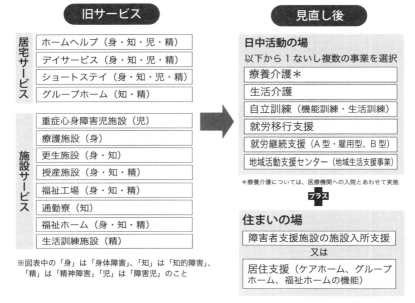

図表 1-2 施設・事業体系の見直し
出所:厚生労働省資料(2006年当時)を筆者が一部改

「施設サービス」に分かれていた。しかし、自立支援法においては、障害種別による縦割りや障害福祉サービスの体系を施設という箱モノで区切る考え方をやめ、図表 1-1 のように【自立支援給付】(「介護給付」「訓練等給付」「自立支援医療」「補装具」)と【地域生活支援事業】に再編された。

また、視点を変えると、自立支援法においては、図表 1-2 のように機能に応じたサービス体系として「日中活動の場」と「住まいの場」に分離された。グループホーム・ケアホームは居住支援サービスに位置づけられているが、それぞれに日中活動の場(障害程度区分により生活介護、就労移行支援・就労継続支援等)があることが基本的な前提となっている。なお、「障害程度区分(現:障害支援区分)」とは、障害者等に対する障害福祉サービスの必要性を明らかにするため障害者の心身の状態を総合的に示すもので、支援に要する時間の推計を行い、区分1から区分6まで6段階のレベルが設定されて

図表 1-3　グループホーム・ケアホームにかかる比較一覧

事業名称	グループホーム	ケアホーム
給付の内容	訓練等給付	介護給付
利用者像	就労又は就労継続支援等の日中活動を利用している障害者（障害程度が「区分1」・非該当）であって、地域において自立した日常生活を営む上で、相談等日常生活上の援助が必要な者	生活介護や就労継続支援等の日中活動を利用している障害者（障害程度が「区分2」以上）であって、地域において日常生活を営む上で、食事や入浴等の介護や日常生活上の支援を必要とする者
サービス内容	家事等の日常生活上の支援	家事等の日常生活上の支援、食事や入浴、排せつ等の介護
利用の期限	制度上、期限の定めなし	
住居の提供	事業者が利用者に提供（賃貸借契約）。事業者は、当該物件を賃貸・所有の形態で提供できる状態を確保	
食事の提供	利用者の求めに応じて事業者が提供	

出所：平成19年度厚生労働省障害保健福祉推進事業等補助金受託事業『グループホーム設置・運営マニュアル』障害のある人と援助者でつくる日本グループホーム学会、を一部改

いる。区分の数字が大きくなるに従って、支援に要する時間が増える。

　措置制度や支援費制度のもとでの「知的障害者グループホーム」「精神障害者グループホーム」は、訓練等給付における「グループホーム（共同生活援助）」、介護給付おける「ケアホーム（共同生活介護）」になった。障害程度区分が区分1・非該当の場合には「共同生活援助（グループホーム）」、区分2以上の場合には「共同生活介護（ケアホーム）」への入居が位置づけられた。また、グループホーム対象者、ケアホーム対象者が入居する建物は「共同生活住居」と呼ばれ、基本的には、複数の居室に加え、居間、食堂、便所、浴室等を共有する一つの建物を指す。

　なお、2009（平成21）年10月1日より、身体障害者福祉法施行令の一部を改正する政令（政令第238号）に基づき、グループホームの利用対象者が精神障害者、知的障害者に加えて、身体障害者に拡がった。

　グループホーム・ケアホームの利用者像等を整理すると、図表1-3のようになる。

　図表1-3によれば、グループホームとケアホームの入居者は、障害程度区分の違いだけでなく、日常的に受けられるサービス内容も異なる。ケアホームの入居者は、世話人による援助の他、生活支援員による入浴、食事、排泄

等の介護サービス等を受けることができるが、グループホームの入居者は、世話人による食事、掃除等の家事支援や日常生活上の相談支援などケアホーム入居者に比して、利用できるサービスが限定的である。

　共通的な事項として、食事の選択は、利用者の任意となっている。また、利用期間の制限がないので、心身や環境が改善されれば、想定される移行先としては、単身生活や福祉ホームなどに移ることも可能となるが、住み慣れたグループホームやケアホームでの生活を続けることも可能となった。

2-3　障害者総合支援法におけるグループホームの位置づけ

　日本グループホーム学会はグループホームとケアホームの２つの名称について、従前よりグループホームの名称に統一すべきであると主張している。また、障がい者制度改革推進会議総合福祉部会「障害者総合福祉法の骨格に関する総合福祉部会の提言──新法の制定を目指して」(2011〔平成23〕年8月30日)においても、検討事項「居住支援」の中で、「グループホームとケアホームをグループホームに一本化する」という結論を出している。

　そして、障がい者制度改革推進本部等における検討を踏まえ、「障害者の日常生活及び社会生活を総合的に支援するための法律（障害者総合支援法）」（以下、「総合支援法」）が、2012（平成24）年6月20日に成立、同年6月27日に公布された。同法によれば、2014（平成26）年4月1日から、共同生活介護（ケアホーム）を共同生活援助（グループホーム）に統合し、日常生活上の相談に加えて、入浴、排泄又は食事の介護その他の日常生活上の援助を提供することとなった。

　総合支援法におけるグループホームの大枠は、図表1-4のとおりである。
　「共同生活介護（ケアホーム）」が介護給付から消え、訓練等給付の中で、「共同生活援助（グループホーム）」として一元化された。

　早期に単身等での生活が見込まれる者が対象で、一人暮らしに近い形態のサテライト型住居の創設や入居者の高齢化・重度化に対応する形の日中加算の整備など、細かいところでは自立支援法におけるグループホーム・ケアホームと総合支援法におけるグループホームとの間には違いはあるものの、入居者からすればサービス利用において同質性がほぼ担保されている制度設計

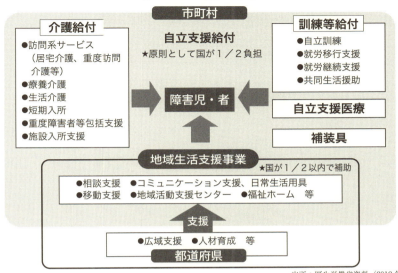

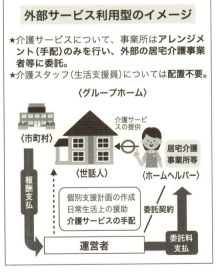

出所：社会保障審議会障害者部会（第52回）資料（2013〔平成25〕年10月15日）をもとに作成

図表1-4　障害者総合支援法におけるグループホームの位置づけとイメージ図

である。なお、介護サービスが必要な入居者に対しては、世話人などが行う個別支援計画の作成や日常生活上の援助など共通基盤のもと、ワン・パッケージで受けられるようにするか（介護サービス包括型）、外部委託によるサービス提供を行うか（外部サービス利用型）の仕組みが用意されている。

3 「体験すること」と「体験型グループホーム」について [4]

3-1 体験型グループホーム導入の前後について

　自立支援法の附則第3条（検討）には、「政府はこの法律の施行後3年を目途として、（中略）この法律の規定について（中略）検討を加え、その結果に基づいて必要な措置を講ずるものとする」と規定されている。この規定のもと2008（平成20）年4月～12月にかけて、社会保障審議会障害者部会が19回ほど開催された。ここでの議論を受けて同年12月16日には、「社会保障審議会障害者部会報告――障害者自立支援法3年後の見直しについて」に関する報告書（以下、「報告書」）がまとまった。同報告書において、地域生活の促進というねらいのもと、「長期間入所や入院をして……地域移行を希望している者について、グループホーム等を体験利用したり……」「できるだけ地域生活を継続していくという観点から、家族と同居しているうちから障害福祉サービスを利用したり……」と、体験型障害福祉サービスの利用促進にかかる提言がなされている。

　前記のことを受ける形で、2008年度に「障害者自立支援法に基づく指定障害福祉サービスの事業等の人員、設備及び運営に関する基準について」の一部改正が行われ、2009年度より共同生活援助（グループホーム）・共同生活介護（ケアホーム）において、「入居前の体験的な利用」（以下、「体験利用」もしくは「体験入居」）が可能となった。また、障害福祉サービス報酬改定においては「長期間の入所・入院から地域生活に移行する場合等における短期間の体験利用時の単価を設ける」とされた。体験型のグループホーム・ケアホーム（以下、「体験型グループホーム」）の誕生である [5]。総合支援法においても、体験型グループホームは継続している。

3-2 体験型グループホームの概要について

図表 1-5　体験型グループホームの利用上のポイント

項目	内容
利用の手続き	居住地の区市町村で、支給決定、障害支援区分の決定を受け、事業所（共同生活援助）と契約をして利用する。ただし、18歳未満の場合、児童相談所長の確認が必要。 ※キーワード～区市町村、支給決定、契約
利用の居室	空き室（居住定員の中で運営すること） ※空き室を定員と別に設定することは不可。
利用の期間	1回あたり連続30日以内かつ年50日以内 ※「体験」と「非体験」とを分けるものを制度的には「1ヶ月」としているとの解釈が可能である。
費用負担	①障害福祉サービスの負担（応能負担） ②家賃、光熱水費、食材料費、日用品費など（日割り） ※①が全国共通基準による費用負担部分だとすれば、②はそれぞれのグループホームによって違いが出てくる費用負担の部分である。

出所：『季刊　グループホーム』障害のある人と援助者でつくる日本グループホーム学会 2009 春 Vol.20 をもとに筆者作成

3-3　体験入居の中の各利用者（児）

　体験利用という場合、まずはグループホームでの生活体験が指すが、体験はグループホームだけにとどまらない。グループホームは主として夜間支援（日中活動の前の朝支援、休日の日中支援を含む）に位置づけられているが、日中ずっとグループホームにいるのではなく、基本的には日中活動の場（生産活動、リハビリテーション、創作活動等）への参加が求められる。したがって、日中活動の場とセットで考えられなければならない。

3-3-1　特別支援学校や特別支援学級の子どもたち

　特別支援学校や特別支援学級等の特別支援教育を受けている子ども達が将来的に選択するかもしれないグループホームの前段階として、体験型グループホームが活用されている。体験と正式入居が直結しやすい成人の場合とは異なり、まさに〈体験としてのグループホーム〉にとどまることも多いであろう。〈体験としてのグループホーム〉は、その子どもにとっては新しい経験の追加であり、将来的な選択肢を一つ増やすことに繋がってくる。

3-3-2　精神障害のある長期入院患者や知的障害・身体障害のある入所施設利用者同事業の主たる対象者である。

3-3-3　在宅の障害者
　在宅の状態が単身の場合と同居家族がいる場合によって、体験型グループホームの活用の仕方は異なってくる。
　一般的なリハビリテーション（≒社会復帰・社会参加）の形としては、「入所施設→グループホーム→アパート生活」がイメージされる。通常、この矢印の流れは、支援者の量的な援助度が逓減する（≒当事者の自立度が逓増する）流れでもある。しかし、単身でアパート生活をしている者が、必ずしも入所施設やグループホームを経験しているというわけではない。
　グループホームとアパートとを比較したとき、独立した居室スペースを有するという形態において、共通性を有すると言えるが、グループホームとアパートとの間での決定的な違いは、それぞれの〈居住者間の関係性〉にある。
　アパートの住人同士が何らかの関わりを持つという意味での相互関係は、ある場合とない場合の両方がある。つまり、関係・交流を持つ、持たないというのはそれぞれの住人の自由意思に委ねられている（任意性）といってもいいだろう。一方、グループホームの場合、共有スペースの存在という外的な条件や場合によっては食事を一緒にとるなど「接触の不可避性」がある。つまり、関係性を持つことの選択や不可避性を考慮すれば、グループホーム生活とアパート生活との間には、質的に相当な開きや違いがある（第6章）。

3-4　体験することの意味——なぜ、体験が求められるのか？
3-4-1　アパートに体験的に入居すること
　「アパートに住むこと」と「アパートに体験的に入居すること」との関係を考えてみる。アパート探しから、その決定までのプロセスを考えるとき、関心のある物件に現在入居している人がいるなどの場合、物件の内を見ずに決定することはある（筆者もこの経験がある）。しかし通常は、最寄駅や職場への時間や距離の確認、当該物件の内外を見て、仲介業者がいれば（いることが圧倒的に多いだろうが）、業者からの説明を受けて、部屋を借りる、借り

ないの決定（契約、正式入居を含む）をするのが一般的な流れである。

このことは、実際に入居してみなければわからないという現実と不安の前において、「アパートに体験的に入居すること」の意味がある種リアリティをもって現れてくることを意味している。

社会的な慣行として、通常のアパート入居契約において体験入居という考え方はない。結果として体験入居的な使い方を通常のアパートで行えば、契約に従って費用が発生するだけの話である。つまり、通常のアパートにおける体験入居は、社会的な制度としてはないし、実際にそのことを行う人がいるとしても極めてまれであると思われるが、社会的に許容される範囲内の行動である。

3-4-2　体験することと判断すること——当事者側の想像する力

厚生労働省研究班は2002（平成14）年10月から2003（平成15）年3月にかけて愛成学園（東京都）、白根学園成人寮（神奈川県）、名張育成園（三重県内）の3つの知的障害者入所更生施設（旧法）に入所している195人全員（男性73名・女性122名）に面接し、2回にわたって「どこで暮らしたいか」などを尋ねている。1回目は聞き取りのみ。2回目は、グループホームなどの様子を写した写真やビデオを見せたり、見学・体験したりした後、再度、1回目と同じ質問をする方法を採っている。その結果は図表1-6のとおりである。

2回の調査を通じて、「施設生活希望」と「意思不明確」の割合が減り、「地域生活希望」が1回目の31%から52%に増加しており、研究班は選択や自己決定における情報提供の重要性を指摘している[6]。

シモーヌ・ヴェーユは『哲学講義』の中で、論理学者は、《概念》と《判

図表1-6　体験等の有無による意思の変化

	施設生活希望	地域生活希望	意思不明確	聞き取り不能
1回目の調査	16%	31%	16%	37%
2回目の調査	7%	51%	5%	37%

出所：注7の『知的障害者の利用者主体の地域生活援助サービス推進に関する研究』をもとに筆者作成

断》と《推論》とを区別すると述べている。《概念》は、判断や推論を組み立てる際の材料になる。《判断》は概念同士の結びつきである。《推論》は判断同士の結びつきである[7]。つまり、《推論》の前提には《判断》が、《判断》の前提には《概念》が必要となる。

「今の施設が好きですか、嫌いですか」という問いは、今の施設という《概念》と〈好きか、嫌いか〉という感情を結びつける《判断》であるから、答える側は比較的容易である。しかし、「どこで暮らしたいか」という問いは、一見すると判断への問いのようだが、実は、「どこどこに住む」という具体的なイメージをもてなければ、答えることの難しい《推論》に関する問いなのである。〈知らないこと、理解することができないことは、答えることができない、しない〉のである。

つまり、〈福祉サービス利用者の意思〉の読み取りの問題は、それを読み取る支援者側の技術と同程度に、当事者側の課題となっている《概念》をどうやって積み上げていくかが重要となってくる。支援者側（問う側）の責任に視点を置けば、当事者が経験していないことに対する《概念》をどうやって可視的なものに変換できるかが問われているのである。そういった意味で「体験型入居」は、《概念》積み上げの有効な方法になりうる。

［注］
1　福富昌城「グループホーム（高齢者）」、中谷茂一「グループホーム（児童）」、小澤温「グループホーム（障害者）」、山縣文治・柏女霊峰／編集委員代表『社会福祉用語辞典 第8版』ミネルヴァ書房、2011年、69頁
2　(1) 財団法人日本知的障害者福祉協会地域支援部会グループホーム・ケアホーム等分科会『知的障害者のグループホーム・ケアホーム運営ハンドブック』財団法人日本知的障害者福祉協会、2008年、6-7頁
　　(2) 中澤健編著『グループホームからの出発』中央法規出版、1997年、182-183頁
　　(3) 定藤丈弘は、精神薄弱者地域生活支援事業（当時）がスタートする前年の1987年から1年間、カリフォルニア大学バークレー校（「自立生活運動」発生の地）で、"なぜ、バークレーで重度の障害者の自立生活が可能であるのか"という研究課題をもって、客員研究員として生活する。
　　　定藤は研究の成果として、所得保障としてのSSI（所得補足保障給付）、介助保障としてのIHSS（在宅支援サービス）、住宅保障としてのSection8（家賃補助システム）の3つを最小限の保障とすることが、自立生活を可能とする支援システムになることを明らかにしている。そして、3つ目の住宅保障問題の中で、施設をいかにグループホーム等に転換していく

かが、ノーマライゼーション展開の最大の課題であると指摘している。つまり、地域の中での施設ではない、暮らしの場の確保がグループホーム誕生の出発点ではあったけれども、ノーマライゼーションと住宅保障とを結びつける実践運動の理論化研究は現在にあっても輝きを失わない。
北野誠一「定藤丈弘の残したもの」全国自立生活センター協議会編『自立生活運動と障害文化──当事者からの福祉論』現代書館、2001 年、306-312 頁

3　①『障害者自立支援基本法令集　平成 18 年 4 月版』中央法規出版、2006 年
②厚生労働省障害保健福祉関係主管課長会議資料（2006 年 3 月、8 月）
③坂本洋一『よくわかる障害者自立支援法』中央法規出版、2006 年
④障害者生活支援システム研究会編『障害者自立支援法活用の手引き』かもがわ出版、2006 年
⑤日本知的障害者福祉協会　地域支援部会グループホーム・ケアホーム等分科会『知的障害者のグループホーム・ケアホーム運営ハンドブック──平成 18・19 年度グループホーム・ケアホーム分科会報告書』日本知的障害者福祉協会、2008 年
⑥障害者福祉研究会監修『障害者自立支援六法　平成 20 年版』中央法規出版、2008 年
⑦障害者福祉研究会／編集『逐条解説　障害者自立支援法』中央法規出版、2008 年
⑧厚生労働省／社会保障審議会障害者部会の資料
⑨障害者福祉研究会／編集『逐条解説　障害者総合支援法』中央法規出版、2013 年
を参考にして、整理した内容である。

4　宮本秀樹「グループホーム・ケアホームの体験利用に関する評価」（常磐大学　コミュニティ振興学部紀要『コミュニティ振興　第 13 号』2011 年 10 月、77 〜 87 頁を一部改）

5　日本グループホーム学会は体験利用の事業が始まって、2 年余り経過した 2009（平成 21）年 11 月〜 12 月にかけて当該事業にかかる全国調査を行っている（悉皆調査による郵送法。回収率 35.3%）。

図表 1-7　体験入居の利用について

	件数	割合 N =1,117	割合（徐無回答） N =1,021
体験入居を開始している	278	24.9	27.2
体験入居を開始する予定	92	8.2	9.0
必要性はあるが体験入居の予定はない	458	41.0	44.9
必要性がなく体験入居の予定はない	193	17.3	18.9
無回答	96	8.6	―
全体	1,117	100.0	100.0

出所：平成 21 年度障害保健福祉推進事業（障害者自立支援調査研究プロジェクト）『グループホーム（ケアホーム）全国基礎調査 2009 報告書』障害のある人と援助者でつくる日本グループホーム学会、2010 年　33 頁

6　2002（平成 14）年度　厚生労働科学研究　障害保健福祉総合研究事業『知的障害者の利用者主体の地域生活援助サービス推進に関する研究』（主任研究者小林繁市〈北海道社会福祉事業団伊達市地域生活支援センター〉）の「施設入所者の生活の場に関するニーズ調査」より

7　アンヌ・レーノー編／渡辺鈴一民・川村孝則訳『シモーヌ・ヴェーユ哲学講義』人文書院、1981 年、126-127 頁

第2章　グループホームの歴史的考察
——人はなぜ、グループホームを選択するのか[1]

1　グループホームの量的変遷

　第1章で触れたように制度的には現在、高齢、児童、障害の各領域にグループホームがあるが、障害関係においては、1989（平成元）年に知的障害者のためのグループホームが制度化された。このとき、全国102ヶ所で出発したグループホームは、自立支援法施行前の2004（平成16）年度には3,920ヶ所となっている。

　図表2-1を見る限り、2000年度頃からの増加が目立っている。国が予算の執行状況を見ながら設置を承認していた措置制度の時代から、支援費制度になって、条件を満たしていれば事業指定を受けることができるようになったこと、地方公共団体・社会福祉法人以外の民法法人やNPO法人であっても事業者となることができるようになったこと（規制緩和）などが増加の背景として考えられる[2]。　一方、社会で生活をするための様々な生活技術を身に付け、就労など次のステップに移行する場としての入所更生施設（旧法）[3]

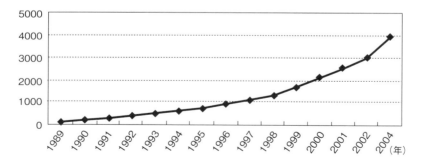

図表2-1　知的障害者グループホーム数の推移
出所：日本知的障害者福祉協会 地域支援部会『地域支援部会関係調査報告書2005』

の入所者数は、1989（平成元）年の 56,264 名から、2006（平成 18）年には 95,252 名となっている（厚生労働省「社会福祉施設等調査結果の概況」より）。

ところで、本書のキーワードの一つでもある〈地域生活支援（移行）〉を推進するための課題として、旧法の時代から入所更生施設入所者の滞留問題をどのように解決していくかにかかっているとも言われてきた。知的障害者援護施設在所者数 20 万人近くのうち、約半数が入所更生施設の在所者で占められていたことがその背景となっていた（2006 年度）。

精神障害者のためのグループホームは、1992（平成 4）年に制度化されている。

障害種別のグループホームから、種別の垣根を越えて、共同生活援助事業所（グループホーム）と共同生活介護事業所（ケアホーム）になり、現在はグループホームの名称で統一された歴史的な歩みの中、共同生活援助事業所数が 3,122 ヶ所、共同生活介護事業所数が 3,865 ヶ所となっている（厚生労働省「2013 年社会福祉施設等調査結果の概況」より）。

2 知的障害者に対する社会（制度）の対応について

2-1 戦後からグループホームの誕生（1989〔平成元〕年）頃まで

知的障害者に対する公的な施策としては、1947（昭和 22）年の児童福祉法の中で、知的障害児施設が規定されたことがその出発点であると言われている。

18 歳以上の知的障害者については、生活保護の救護施設や知的障害児施設の年齢延長によって対応していた（「18 歳の壁」問題）。しかし、成人知的障害者支援策の不備、在宅知的障害者支援策の不備や関係者の強い要望もあって、1960（昭和 35）年に「精神薄弱者福祉法」（現・知的障害者福祉法）が制定された。同法は、「精神薄弱者援護施設」（後に、知的障害者援護施設）を機軸とする入所施設法の性格を持った。翌年には、「精神薄弱者援護施設の設備及び運営に関する基準」（後に、知的障害者援護施設の設備及び運営に関する基準）が定められ、職員構成は「指導員」職で固められることになった。これは、他の社会福祉施設が「指導員＋寮母・保母」職の職員構成にしたこ

とに比べると、大きく異なるところである。

わが国の障害児・者施設の基本は、児童の施設と成人の施設に分かれている。ただし、医療法上の病院でもあり、児童福祉法に規定されているところの、重症心身障害児施設（現、医療型児童発達支援センター、医療型障害児入所施設）だけは、児・者一貫によるケア体制となっている。

1965（昭和40）年、厚生省社会局所管の「精神薄弱者福祉法」を〈児・者一貫よるケア〉というねらいのもと、児童家庭局に移管した。このことは、窓口の一本化という利点をもたらしたと考えられる一方、知的な障害を持っていても一人の権利主体としての成人という見方が欠けていたと判断されても仕方ないような移管であるとの解釈を可能とする出来事であった。

1967（昭和42）年の「精神薄弱者福祉法」の改正によって、「精神薄弱者援護施設」が「精神薄弱者更生施設」（後に、知的障害者更生施設）と「精神薄弱者授産施設（作業訓練や職業訓練を行う場）」（後に、知的障害者授産施設）の2種類となった。以後、「精神薄弱者福祉法」は、1990（平成2）年の老人福祉法等福祉関係八法の改正まで、大きな改正を経ることなく、進行していく。

1990（平成2）年までの知的障害者福祉の性格を一口で言い表すならば、「施設福祉発展の時代」と位置づけられる。見方を変えれば、「在宅福祉が発展し難い時代」だったと言えるのかもしれない。

わが国の障害者対応は「収容」という視点が色濃く持ち込まれている、施設作り／病院作りから始まっている。いわば隔離主義からのスタートであった。知的障害者の場合、「親亡き後のために」親たちが安心できる施設作りを、身体障害者の場合、「誇り高き傷痍軍人に仕事を」ということで入所授産施設作りがその出発点であった。とくに、知的障害者福祉の領域においては、前述のとおり精神薄弱者福祉法の機軸に入所施設法の性格を持たせたり、1968（昭和43）年には更生施設に「重度精神薄弱者収容棟」が併設できるという制度ができて、施設福祉にとっては追い風が吹く時代が続いた。

更生施設は本来、治療、訓練、指導を中心とした通過施設である。したがって、利用者は一定の成果が上がれば、地域や家庭に戻るか、次の段階を目指すことが必要とされる。しかしながら、このような重度精神薄弱者収容棟

の併設は、結果的に施設内での利用者の重度化、重複化、滞留化を招き、更生施設本来の目的であるリハビリテーション機能が大きく変質し、生活施設化させる出発点となったといえよう。

　施設側からすれば、重度の知的障害者を受け入れることで重度加算という「運営上の安定」などが得られ、また、家族によってはケアから解放されることにより、やっと「安心できる生活の場」が訪れたということになる。すなわち、施設側と家族側の思惑がある面、一致した部分があったことは否定し難い。

　身体障害者福祉法が制定されるときに、法の基本的な性格として、保護にするか更生にするかで大きな議論となり、結果として更生となった。制定時（1949年）の身体障害者福祉法第1条は、「身体障害者の更生を援助し、その更生のために必要な保護を行い、もって身体障害者の福祉を図ることを目的とする」となっている。保護という文言はあるものの、更生が前提で、独立して保護が位置づけられているのではない[4]。

　一方、精神薄弱者福祉法第1条は、「この法律は、精神薄弱者に対し、その更生を援助するとともに必要な保護を行い、もって精神薄弱者の福祉を図ることを目的とする」となっている。文言上、更生への援助と必要な保護は、並列的に表現されているが、実態的には、前述の歴史的な流れを読み解くと、〈更生への援助〉が後退して、〈必要な保護〉が進められ、結果的には後述するように「不必要な保護」の現実が作られていったと判断される。そして、〈更生への援助〉と〈必要な保護〉の関係が変わるためには、次の1990（平成2）年の老人福祉法等福祉関係八法の改正を待たなければならなかった[5]。

2-2　1990（平成2）年の老人福祉法等福祉関係八法の改正等と地域福祉（地域生活移行）について

　地域福祉・在宅福祉への方向転換点となったのが、国際障害者年（1981年）や国連・障害者の十年（1982～1991年）を経ての、1990（平成2）年の老人福祉法等福祉関係八法の改正（市町村の役割重視、在宅福祉サービスの法定化、身体障害関連事務の市町村への一元化など）であった。知的障害者福祉領域においては、「精神薄弱者援護施設」に精神薄弱者通勤寮や精神薄弱者福祉ホ

ームが付け加えられ、居宅介護等事業、短期入所事業、地域生活援助事業からなる「精神薄弱者居宅生活支援事業」が第二種社会福祉事業として位置づけられることとなった。また、前年の1989（平成元）年には、精神薄弱者地域生活援助事業（グループホーム）が誕生している[6]。このことは、政策レベルにおいて初めて地域で暮らすことの視点が導入されることとなったと言えよう。

「ノーマライゼーション思想の育ての親」と呼ばれているベンクト・ニーリエ（スウェーデン）は、知的障害のある人たちに対して社会が提供すべき8つの原理のうちの一つとして〈その社会におけるノーマルな経済水準とそれを得る権利〉を挙げている[7]。すなわち、知的障害者に対して、法律により、年金、手当、最低賃金を含む給料等の実態的な経済保障をするとともに、その社会で生活している一般市民と同等（平等）に経済的な支援を受ける権利を保障することの必要性を指摘している。

1985（昭和60）年には、国民年金法が改正されて、障害基礎年金が位置づけられた。世間並の所得水準に到達したとは言い難い年金額であるが、それまでの低く抑えられた障害福祉年金に比べると、画期的な金額である。

ちなみに無拠出制の福祉年金（老齢、障害、母子）は、1959（昭和34）年11月から実施されている。次の図表2-2は、1985（昭和60）年度から1986（昭和61）年度にかけて障害福祉年金と障害基礎年金との差を表したものであり、当改正に伴い、50％弱ほど年金額がアップしている。

地域福祉というと、老人福祉法等福祉関係八法の改正のことが注目されがちであるが、1985（昭和60）年の〈障害基礎年金の創設〉がなければ、1989（平成元）年にグループホームが国制度として誕生していたかどうかはわか

図表2-2　障害福祉年金・障害基礎年金における年金額の対比

障害福祉年金	1985（昭和60）年度	障害基礎年金	1986（昭和61）年度	2007（平成19）年度
1級	39,800円	1級	64,875円	82,508円
2級	26,500円	2級	51,900円	66,008円

出所：厚生統計協会『保険と年金の動向』2004年（第51巻第14号）21頁、52頁、社会福祉の動向編集委員会編集『社会福祉の動向2009』中央法規、2009年、196頁をもとに筆者作成

らない。グループホームへの入居要件（1989年当時）として「日常生活を維持するに足りる収入があること」が挙げられていて、その収入源として、主たるものが障害基礎年金であり、それに就労収入を合わせて、入居費用をまかなうというのが当時の通常モデルであった[8]。つまり障害基礎年金というのは、後づけの結果論になるのかもしれないが、グループホーム制度創設のために最優先されるべき環境整備の一つであったと解することができないだろうか。

近視眼的な見方をすれば、地域福祉（地域生活移行）にとって、障害基礎年金の創設が障害者が地域で暮らせるための「種」となり、グループホームの誕生や老人福祉法等福祉関係八法の改正はその種が「発芽」したものという見方ができる。

平成の時代になって、施設サービスも地域福祉を支えるという視点のもとで、障害があっても地域で生きるための援助の模索が本格化してきた。そういった背景の中で、通所型の施設やグループホームの設置といった新しい障害福祉サービスの流れが生じた。思想的な流れと現実との間に時間的なズレは生じているものの、現在においても基本的にはその流れは続いている。

3　精神障害者に対する社会（制度）の対応について[9]

3-1　出発点としての社会防衛的発想

精神障害者に対する近代的な対応は、1950（昭和25）年に連合国軍総司令部（GHQ）主導のもとに作られた「精神衛生法」が戦後の出発点である。ただし、現在のような福祉的な視点が入った法律ではない。精神病院内での援助提供という現実はあったものの、併せて、市民の生活を守るための観点を持ちながら、精神障害者を捉えていた。

当時、厚生省の障害福祉の窓口として、身体障害は社会局で、知的障害は児童家庭局で、医療関係は、医務局と公衆衛生局が対応していた。そして、医療を対象にしていた医務局は精神障害者の問題を管轄しておらず、一般住民に対して加害性を持つ伝染病対策を管轄している公衆衛生局が精神障害者の問題を取り扱っていた。このことは、精神障害者の問題を社会防衛的な発

想を含みながら施策に反映させることを意味している。

3-2　外圧による２度の法改正

　わが国の場合、精神科医療の民間依存度が高く、精神科医療は儲かるとばかりに民間の精神科病院が増え続けてきた。その中で、自傷他害のおそれのある患者を入院させる措置入院制度をはじめとして、社会的入院ともつながってくる長期入院の問題が出現した。また、そういった状況の中で、アメリカのライシャワー駐日大使が精神障害のある人に危害を加えられた事件、いわゆる「ライシャワー事件」が1964（昭和39）年に発生した。その対応という形で、1965（昭和40）年に保健所を地域精神保健活動の第一線窓口として位置づけ、さらに通院医療費公費負担制度（現、自立支援医療）を導入することにより、経済的な軽減措置と併せて、通院医療費公費負担制度を利用する精神障害者を保健所に登録する形の管理システムを取り入れる形となった。

　1970（昭和45）年、「心身障害者対策基本法」（現、障害者基本法）が成立した。縦割り行政の中において、この法律は一つの法律に知的障害と身体障害の２つを視野に入れたということで、画期的な法律だと評価されている。しかし、「心身」の「心」の中に精神障害者は入っていなかった。

　1984（昭和59）年には、病院職員が入院患者に暴行を加えて死なせる事件、いわゆる「宇都宮病院事件」が発生した。その絡みで、1987（昭和62）年、精神衛生法が改正されて、「精神保健法」となった。改正精神保健法において、精神障害者社会復帰施設の法定化がなされ、精神障害者問題が医療だけではなく、公的な制度に乗る形での社会福祉の対象として捉えられることになった。

　前述した２回の法改正を見ると、どちらも「刑事事件」という外部の要因によってなされている。

3-3　遅れて、精神障害者が福祉の対象として入ること

　1993（平成5）年、心身障害者対策基本法が障害者の憲法と言われる「障害者基本法」に改正された。法律上、初めて精神障害者が障害者としての社

会的位置づけを得る形となった。やっと、障害者の仲間に入ることができるようになったと当事者や家族の中には喜んだ人も相当数いたという。一方では、これまで通り障害のことを隠し続けておきたいという気持ちの人もたくさんいた。まさに〈両価的感情（ambivalent feeling）にある人たち〉の存在が際立った社会状況であったと言える。このことは2年後の1995（平成7）年に精神保健法が改正されて、「精神保健及び精神障害者福祉に関する法律（精神保健福祉法）」になったとき、創設の精神障害者保健福祉手帳に写真を添付するか否かの検討において、当事者の意見も取り入れながら、写真は添付しないということに決定されていったことにつながったのではないだろうか。なお、精神保健福祉法改正の一環として、2006（平成18）年10月以降の申請からは、手帳への写真貼付が始まった。

4　社会的入院（精神障害者）と社会的入所（知的障害者）について

4-1　精神障害者／知的障害者の入所と退所——自立支援法の前後に焦点を当てて

『平成20年版障害者白書』によれば、精神障害者の入所率（分子；精神科病院入院者数＋精神障害者社会復帰施設入所者数35.3万人　分母；精神障害者の総数302.8万人）は、11.7％である。知的障害児・者の入所率（分子；施設入所者数12.8万人　分母；知的障害児・者の総数54.7万人）は、23.4％である。18歳以上の知的障害者の入所率（分子；施設入所者数12.0万人　分母；知的障害者の総数41.0万人）になると、29.3％になる。

また、社会的入所の問題と最も関連の深い知的障害者入所更生施設の退所率（分子：退所者数、分母：現員＋退所者数）は、2001年度が3.2％、2002年度が3.1％、2003年度が4.1％、2004年度が4.3％、2005年度が4.0％、2006年度が4.5％である。この6ヵ年平均は3.86％である[10]。傾向的には右肩上がりで退所者数が増加している。特に2002年度までは、3％の壁が大きく立ちはだかっていたが、その後の4年間は4％台の低位で、推移している。退所後の生活の場は図表2-3である。

退所率の厳しさ（低位）は続いているものの、2002年度から2003年度に

図表 2-3　知的障害者入所更生施設退所後の生活の場

	1 位	2 位	3 位
2001 年度	家庭　24.2%	知的障害者更生施設（入所）　21.1%	グループホーム・生活寮等　18.3%
2002 年度	知的障害者更生施設（入所）　26.2%	家庭　23.0%	グループホーム・生活寮等　22.7%
2003 年度	グループホーム・生活寮等　22.2%	家庭　22.0%	知的障害者更生施設（入所）　18.2%
2004 年度	グループホーム・生活寮等　29.6%	家庭　19.2%	知的障害者更生施設（入所）　15.5%
2005 年度	グループホーム・生活寮等　32.0%	家庭　17.0%	死亡退所　15.6%
2006 年度	グループホーム・生活寮等　29.4%	家庭　17.1%	知的障害者更生施設（入所）　14.3%

※ 2005 年度〜知的障害者更生施設（入所）14.4%（第 4 位）
出所：日本知的障害者福祉協会『全国知的障害児・者施設実態調査報告書』平成 13 年度〜18 年度における「退所後の状況—生活の場—」をもとに筆者作成

かけてが一つのターニングポイントとなって、退所後の生活の場としてグループホーム・生活寮等が増加傾向、他の知的障害者更生施設（入所）に移ることや家庭復帰は微減傾向という読み方ができる。

　政府は 2002（平成 14）年に、2003（平成 15）年度から 2012（平成 24）年度の 10 年を計画期間とする「障害者基本計画」を策定した。これを基に、障害者基本計画の後期 5 年間における諸施策の着実な推進を図るため、2007（平成 19）年に 2008（平成 20）年度から 2012（平成 24）年度の 5 年を計画期間とする「重点施策実施五か年計画（新障害者プラン）」を定めた。

　計画の核として、入所施設施関係費偏重の財政構造の枠組み（2003 年度予算額〜入所施設関係：通所施設・在宅サービス =67%：33%、利用者数〜入所施設関係：通所施設・在宅サービス =45%：55%）に変更を加えることで地域福祉の流れを作ろうとするねらいのもと、家族の入所施設を希望する声はなお大きかった中で、在宅サービスの充実と入所施設に関しては、真に必要なものに限定することの方針の打ち出しがなされた。その流れの中で、グループホーム等の利用者数を約 4.5 万（2007〔平成 19〕年度）から約 8.0 万（2011〔平成 23〕年度）に増やし、退院可能精神障害者数を約 4.9 万（2007〔平成 19〕年度）を約 3.7 万（2011〔平成 23〕年度）に減少させることの数値目標が掲げられた。

厚生労働省の資料によれば、2005（平成17）年10月1日から2007（平成19）年10月1日の2年間にかけて、9,344人（6.7%）が入所施設を退所し、生活の拠点をグループホーム・ケアホーム、福祉ホーム、一般住宅、公営住宅、自宅（家庭復帰）等に移している。

　退所する者がいれば、入所する者もいる。その入退所の差が直接、施設入所者数に跳ね返ってくる。この2年間で元の入所施設を退所した人の内訳は、地域生活移行者が9,344人、その他として他入所施設（障害）、他入所施設（老人）、地域移行型ホーム、病院等で、トータル18,945人の退所者がいたが、新規に入所した人は18,556人であった。したがって、差し引き389人の施設入所者数の減である。2005（平成17）年10月1日現在の総入所者数が139,009人であるので、割合的には、0.3%の減である[11]。

　〈9,344人の地域生活移行者〉と〈入所者数389人の減〉をどのように評価するか。つまり、〈入所者数389人の減〉という結果に至るまでの、〈9,344人の地域生活移行者〉という過程（動き）をどのように見るかが一つのポイントになる。

　2年間で、〈入所者数389人の減〉というのは、当初の計画からすれば、退所者数の評価としては厳しいものとならざるを得ない。しかし、〈9,344人の地域生活移行者〉というのは、2年間で元の入所施設を退所した人のうち、約半数である。退所先に対して一定の肯定的評価を与えていいのではないだろうか。

　元の入所施設からの退所は、施設を退所する〈本人〉、送り出す側の〈施設〉、受け入れる側の、家族の意向も含めた〈受け皿〉の3者の関係の中で実現していく。

　施設入所へのプロセスを考えるとき、一般的な言い方をすれば、ある当事者を積極的にせよ、消極的にせよ、施設に入れたい側（施設に入りたい人は、特殊な事情がない限り、きわめて少ないと思われるので）の意向が優先的に考慮されるのではないかと推察される。このように考えると、〈施設入所待機者〉の主体としては、当事者の周囲にいる人を指す方が実態に合うのかもしれない。もし、そうであれば、当事者は〈施設入所を待機させられている者〉なのである。そこには、地域生活移行の場合の関係者の関わり様、思いと施設

入所の場合の関係者の関わり様、思いとの間に〈構造的な隔たり〉が存在する。
　〈入所者数389人の減〉というのは、当初の計画からすれば、退所者数の評価としては厳しいものとならざるを得ないと述べたが、働きかけの結果としての〈9,344人の地域生活移行者〉に焦点を当てると、たかが〈入所者数389人の減〉ではなく、されど〈入所者数389人の減〉という見方も認められてよいのではないだろうか。

4-2　精神障害者の社会的入院と障害論

　施設・病院に目をやると、本来ならば、入院治療の必要がないのに社会的な受け皿の不足などの理由により、入院継続をせざるを得ない状況のことを「社会的入院（社会的条件による入院）」と呼んでいる。したがって、論理的には、しかるべき受け皿等環境が整備されれば、退院が可能となるということでもある。その割合は、約33万床の精神科ベッド数の五分の一から四分の一程度であると言われている[12]。
　病院は本来、病気やけがを治すところであり、その目的を達成したのちも、医療サービスを活用することは、いわゆる〈不必要な活用〉ということになる。そして、精神科以外の診療科目の場合、「必要と不必要の境界」が比較的、はっきりしやすい。それは医療機関の活用目的が「病気やけがを治すという一点」に収斂していることに他ならない。また、通常、医療機関に積極的にかかりたいという人は、一部の例外を除いて、普通はいない。だから精神科以外の診療科目の場合、一般的には「病気やけがを治すという一点」の問題が解決されれば、慢性疾患やがんなどの再発の可能性を有する一部の疾患を除き、医療機関と当事者との関係は、一旦、途切れる（させる）ことが自然な流れとなる。したがって、診療科目や障害の種別という問題を抜きにして、サービス提供における適合性の問題を考えるとき、基本的に必要のない医療サービスは提供されるべきではないというのは社会的な正義にかなっていると言えよう。
　しかしながら、精神科の場合、このようにきれいな流れになりにくい部分が存在する。この背景の一つには、「障害論」の問題がある。上田敏は、次

のような「障害論」を展開している[13]。

①疾患と障害とは別物という考え方

障害とは、治療が終結し、病気の結果が固定化した場合のことを指す。表現を変えて言えば、時間的継起関係の考え方で、治療の対象である疾患がなくなって、障害として残る（欠陥治癒固定）。小児マヒ、切断、盲、ろうなどの古典的な障害が相当する。

②疾患と障害とは共存するという考え方

疾患と障害とは別物ではなく、疾患を持った人間を別の角度から捉えたものである。疾患が慢性で、進行形。障害も進行形というところに特徴がある。また、疾患と障害とは因果関係にある。慢性関節リュウマチ、筋ジストロフィー、ALSなどの難病、内部障害やエイズなどが相当する。

知的障害の場合、療育手帳や障害年金にかかる有期認定[14]があり、そこには後者（②）の考え方を一部認めることができるが、総合的に障害というものを概観したとき、基本的に知的障害は前者（①）に、精神障害は後者（②）に分類されると考えられる。そして、精神科医療の場合、必要な入院と不必要な入院との境界が前述の障害論から見ても明快になり難いということもあり、また、地域や家族等の受け皿の問題もあって、7～8万人の「社会的入院」という事情が存在する[15]。

5　知的障害者の社会的入所

5-1　支援者側の判断の問題

前述の流れで考えると社会福祉施設において、入所によるリハビリテーションの必要がないのに入所生活を余儀なくされている状況を仮に「社会的入所」と定義することは可能であると考える。つまり、精神科医療のように障害者入所施設においても「必要な入所と不必要な入所」という分類は、論理的にも実態的にも可能であろう。

大雑把な言い方をすれば、医療の必要性は、基本的に医師が判定するので、そこが一つの根拠（診療報酬の対象である「診断書」は、ある面、公的な証明になる）となる。しかし、障害者入所施設の場合、高度な専門性を有し、社会

的に認知されている医師のような立場の者がいて、入所の適否を最終判定するわけではない（医師の所見が重要な参考意見として用いられることはあるが）。

　措置制度から支援費制度を経て、自立支援法／総合支援法の時代になった現在、障害者施設の入所者（以下、「利用者」）は「契約の当事者」になっている。

　契約が成立するためには、当事者間の合意というものが問われてくる。そこには、前述の施設に入れたい側、退所にかかる受け皿の問題においても触れたが、利用者の家族という大きな問題がある。後見的役割を担っている保護者の存在は大きい。そして、利用者とその保護者との利害が食い違う場合がある。一例を挙げれば、施設での日用品費に利用者が困っていても、保護者が障害年金を生活費に充当している場合などの背景があると、施設側に利用者の経済的な困難・危機に応じることが難しいといった実態も報告されている。このような実態は、施設利用者だけではなく、出身家族のもとで一緒に暮らしている障害当事者にもある。

　また、保護者が親世代か、きょうだい世代かによっても食い違いの質は異なる。きょうだい世代になると、一般的にはそれぞれに家庭もあり、親世代のときには行われていた利用者の一時帰省が難しくなるなど、保護者関係が変質することもある。

　社会的入所の問題を考えるとき、〈医師による医学的判断〉と〈福祉サービス利用者とその人に関わる関係者との関係性〉のなかで判断されることが「判断に関する車の両輪」とするならば、知的障害者の社会的入所は、後者を中心とした判断が主たるものになる。したがって、精神障害者の社会的入院と同様に、知的障害者の「必要な入所と不必要な入所」についても、あいまいな感覚はつきまとう。その中で、課題となって浮かび上がってくるのが、保護者との関係のほか、〈福祉サービス利用者の意思〉をどのように読み取るか、あるいは読み取れるか、すなわち、〈選択を行うための意思〉を把握するための技術の問題が絡んでくる（本書27-28頁「体験することと判断すること──当事者側の想像する力」）。

5-2 社会的入所と社会の姿勢

　医療分野においては、医療機関の活用の必要性が消失・軽減した人に対し、たとえば規定された入院期間を超えると、診療報酬額が下げられるなどにより、結果として他の社会資源を使ってくださいといった〈強い要請〉が発生してくる。

　しかし、措置制度・支援費制度のもとでの入所型生活施設の場合、入所継続の必要性がなければ退所すべきであるとの社会的な合意にまでは至っていなかった。次のステップのための社会資源が用意されたとしても、それを選択しないことによるペナルティーは発生しない。したがって、実態的には提起された社会資源を〈選択しなければならない〉ではなく、最終的には〈選択することも可能〉という程度に留まっているのが大方の現状ではなかったのではないだろうか。

6　人（利用者）はなぜ、グループホームを選択するのか

6-1　選択にかかる歴史的評価

　1971（昭和46）年に知的障害通勤寮が誕生したとき、それまでの施設か家庭かという選択しかなかった状況の中で、選択肢が一つ増えたことに対し関係者から喜びの声があがった。その後、前記の選択肢増加と同様の意味合いで、知的障害者グループホームが1989（平成元）年に、精神障害者グループホームが1992（平成4）年に制度化された。

　ところで、このような状況下での進路選択と飲食店に入ったときメニューから食べたいものを選択することを同じ選択と位置づけていいだろうか。つまり、人の生き方として〈やむを得ない選択〉と〈主体的な選択〉とを分けることが、通勤寮やグループホームにかかる選択を歴史的に評価するときに問われる姿勢・態度ではないだろうか。能動的に選択したのではなく、「選択せざるを得なかった」という障害のある人の声が過去にたくさんあり、人によっては、現在においてもその声をあげているであろう、あるいは声をあげることができないままでいるであろうという想像が援助者側に求められる。

6-2 選択にかかる利益、尊厳、自由（自立）

　すべての人の行動にあてはまるわけではないが、通常、人はある行動をとるとき、それに伴って生じる利益の量と不利益の量とを比べて、不利益を避けつつ、利益が多く出る方を選択するであろう。利益をどのように考えるかの前提の問題はあるのだが、素朴に考えると、この行動規準は、多くの人に支持されると考えられる。

　一般的には、人の行動として最終的に不利益が生じることが明白なもの（決まっているもの）を選択することは考え難い。たとえば、パチンコに行って、負けることが多い人が今日もまたパチンコにでかける。アディクション（嗜癖）としてのパチンコ依存という面もあるかもしれないが、昨日までは負け続けていたけれども、今日は大勝ちするかもしれないといった〈利益（≒希望）〉を思い描く。逆にこれを思い描くことができなければ、このような行動は取り難い。すなわち、確率としての負け（蓋然的な不利益）よりも、今日こそは勝つ、勝てるかもしれない、運が良ければ勝てるといった気持ちが上回る（利益獲得の希望的予測）からこそ、パチンコに行けるのである。

　施設での生活を考えるとき、入所施設にいれば基本的な生活ニーズは満たしてくれるし、地域で暮らす（グループホームなど）よりも障害年金を原資にして若干の貯金もできるかもしれない。筆者が以前勤務していた入所施設の職員から、知的障害児のある子どもについて、おいしい食事と暖かい部屋が提供され、何不自由ない生活が保障されている。一体、何に不満があるのかという言葉を聞かされたことがある。素朴に施設にいることは安全な生活が保障されるのに対し、地域で生活するということは、それなりのリスクと自己判断を背負うことになって、不利益を生じさせるという論理につながっている[16]。

　しかし、グループホームでの生活を考えるとき、経済的・物理的な利益・不利益の論理では割り切れないものがある。その人が大切にしているもの、それを〈利益〉と呼べるのかもしれないが、つまり「価値」の問題と絡めて、もっと大上段に構えて言えば、〈人としての尊厳〉につなげて、グループホームの生活を考える必要があるのではないだろうか。

　木下順二作『巨匠』という舞台（劇団民芸）がある。1944年、ドイツ占領

下でのポーランドの小学校の教室に5人の男女が潜んでいた。そこへナチスドイツのゲシュタポが現れ、昨夜の鉄道爆破への報復に4人の知識人を銃殺するという。旅役者だという老優は、簿記係の身分証明書を持っていたため、知識人であるとは認めないと言われる。その老人は生命と人としての尊厳との間に揺れて、選択を迷うけれども、最終的には、ゲシュタポの求めに応じて、シェークスピアのマクベスを演じ、知識人として引かれていき、銃殺刑に処せられる。

　人の成長というものを「自由（自立）」と「保護」との関係の中で考えるとき、大雑把な言い方をすれば、人は、「保護される存在」から「自由（自立）になる存在」への道をたどる。それは、一直線の動きではなく、「保護」と「自由（自立）」とを行きつ戻りつしながら、「自由（自立）」への道を歩む。

　成長するということは、ある面、自由の範囲を拡大させていくことでもある。靴を自分ではけない子どもに親は靴をはかせてやる。ある時点から、子どもは自分で靴をはこうと欲求し（自由への芽生え）、親が手伝おうとすると、それに対し「ノー！」と反応する行動も出現してくる。しかし、どうしても自分で靴がはけないときや、はきたくない気分のときには、親に手助け（保護）を求めてくる。自由（自立）を獲得するプロセスの中で、大人に保護されているという思いが子ども自身の中に常駐していることが、自分の行動に対する安心感の背景になっている。

　20年、30年、入所施設にいた人がグループホームに入居し、そこから出たくない、施設に戻りたくないという現実を見るとき、『巨匠』の旅役者だという老優の行動や、「保護」から「自由（自立）」への道をたどることを求める存在としての子どもを考えることは、当事者の施設に戻りたくないという想いへの理解につながるのではないだろうか。

6-3　「グループホームか施設か」と「グループホームも施設も」

　逆に施設生活が長年にわたっても、地域生活を希望しない人もいる。

　大規模施設に入所している人の話であるが、施設を退所して、生活することも可能なのに、人（職員、利用者）やモノ（環境）もその人にとって慣れ親しんだものであり、居心地もよく、そのまま施設での生活を望む利用者も

現実にはいる。これもまた、その意思と選択が尊重されるべき自己決定の一つの形である。このことは、最初の「人（利用者）はなぜ、グループホームを選択するのか」の問いとセットで、「人（利用者）はなぜ、グループホームを選択しないのか」の問いを考えることにつながってくる。

「グループホームか施設か」という問いは、あるべき論としての議論では成り立つのかもしれないが、前記のような現実を前にすると、最終的には、個々の選択においてはその人によるという答えになってしまう。結論的には、当事者の意向、支援の内容と程度等を踏まえると、「グループホームも施設も（生活ニーズのほとんどを施設内で充足していくという意味での自己完結型施設ではなく、機能を限定した施設）」という現実的な方向がある。

【注】
1 宮本秀樹「知的障害者グループホームに関する歴史的考察について――障害者自立支援法におけるグループホーム・ケアホームにかかる諸課題に対する"一つのモノサシ"とするために」(淑徳大学社会福祉学会『淑徳大学社会福祉研究 第13号・14号 合併号』2007年3月、189-203頁を一部改)
2 日本知的障害者福祉協会 地域支援部会『地域支援部会関係調査報告書2005』日本知的障害者福祉協会、2005年7月、27頁
3 本来ならば、自立支援法での決定事項を「新法」、自立支援法以前の決定事項を「旧法」と補足しなければならないが、この補足の表記は特別な場合を除き、省略する。一例として、「更生」「授産」「通勤寮」「知的障害者グループホーム」など、旧法に属する種別名称については、基本的に「旧法」という文言を省略。以下の章も同様の表記とする
4 丸山一郎『障害者施策の発展――身体障害者福祉法の半世紀』中央法規出版、1998年、9-13頁
5 日本精神薄弱者福祉連盟 編『発達障害白書 戦後50年史』日本文化科学社、1997年、154-196頁を参考にしてまとめた。
6 「精神薄弱者地域生活援助事業の実施について」(平成元年5月児発第397号 各都道府県知事宛 厚生省児童家庭局長通知)
7 ベンクト・ニィリエ著／河東田博・橋本由紀子・杉田穏子・和泉とみ代訳編者『ノーマライゼーションの原理――普遍化と社会改革を求めて［新訂版］』現代書館、2005年、129-130頁、145-146頁
8 2000（平成12）年4月に「精神薄弱者地域生活援助事業の実施について」(平成元年5月児発第397号)が改正されて、グループホーム対象者の就労要件が撤廃された。また、グループホームの運営主体としてNPO法人等の参入が認められることとなった。
9 参考文献
①岡上和雄監修『精神障害者の地域福祉――試論と最前線』相川書房、1997年
②秋元波留夫・調一興・藤井克徳編『精神障害者のリハビリテーションと福祉』中央法規出版、2000年

③滝沢武久 著『こころの病いと家族のこころ』中央法規出版、2000年
10　日本知的障害者福祉協会『全国知的障害児・者施設実態調査報告書』平成13年度〜18年度
11　社会・援護局障害保健福祉部障害福祉課「障害保健福祉関係主管課長会議資料」2008（平成20）年3月5日
12　「〈受入れ条件が整えば退院可能〉な精神病床入院患者の割合」より　（厚生労働省「患者調査」〈平成17年〉より厚生労働省社会・援護局障害保健福祉部で作成）
13　上田敏「障害の概念と構造——身体障害者のリハビリテーションの経験から」『第3回精神障害者リハビリテーション研究会報告書』1996年、114-124頁
14　知能指数（IQ）は、分母を生活年齢（実年齢）にとり、分子を精神年齢（何歳までの課題が解けたか）にとるので、論理上、精神年齢がある程度一定であっても、生活年齢は、毎年、1歳ずつ加算されていくので、変動することになる。
15　前掲12
16　2013年11月、千葉県社会福祉事業団内施設で職員の暴行による利用者の死亡事件が起きた。この重い現実を前にすると、このような素朴な施設安全・安心論は虚構になってしまうが、このことは別途の議論が必要であるということに今回は留めておく。

第3章　利用負担の方向性
── 措置制度・契約制度から応能負担・応益負担へ

I　措置制度と契約制度

1　措置制度の生い立ちと歴史的評価

　人の生は、その中で出会う様々な困難や不利益を乗り越えたり、迂回したり、解決したり、できなかったりの連続である。それらの諸課題・ハードルを一人で立ち向かう場合もあるが、その人が生きている社会（制度）に助けられて、生きられることも多い。

　私たちの社会は無限の人的・物的な資源があるわけではない。限られた社会資源というパイをどのように切り、分配していくかが社会を成り立たせていくための前提となる。今この社会に生きている人たちと将来、この社会で生きることになるであろう人たちとその両方がそれなりに納得できる幸せが得られるような切り方がその基本となる。この基本は持続可能性のある社会作りの土台になる。と同時に国（地域）や時代の制約を常に受けながら、社会（制度）は存在する。

　戦後、大多数の国民が悲惨としか言いようのない生活を余儀なくされた。政府としては、まずは国民の窮乏生活を何とかしないといけないということが緊急課題であった。また、連合国軍総司令部（GHQ）としては、軍国主義の排除と民主化の推進を核にして、占領政策を展開する必要があった。そういった背景の中、主として生活困窮者、児童、傷痍軍人等の身体障害者を援護の対象とする社会福祉制度が昭和20年代前半に制定され、1951（昭和26）年には、各個別法の共通基盤としての社会福祉事業法（現社会福祉法）が制定された。社会福祉事業法の成立は、生活保護法、児童福祉法、身体障害者福祉法の福祉三法とあわせて、行政が主導して社会的弱者と呼ばれている人たちを救済するという戦後の社会福祉の原型を形作る契機となった。その根

幹の一つになったものが、社会福祉事業法の中の「措置制度」であった。

　社会福祉行政における「措置」とは、広義には、社会福祉の法律に規定された種々のサービスの総称である。狭義には、都道府県知事、市町村長等の措置権者（措置機関）が対象者に社会福祉サービスを行う行政的な決定を意味する。措置制度という場合には通常、この狭義の措置に関する制度のことを指す。もう少し詳しく言うと、国が措置委託費という形で民間事業者のサービスを買い上げたり、民間事業者の施設設置等にかかわる補助金を負担するという〈公的な資金の流れの側面〉と、措置を狭義の意味で捉えたところの〈サービス給付の決定やサービス提供を行政処分の手続きで規制するという側面〉を持つ。すなわち、〈公的資金〉と〈手続き〉の２側面で措置制度を理解することが必要となる。

　社会福祉を学ぶ学生達の中には、措置制度の概要を説明すると、それに対して違和感、抵抗感を抱く者も多い。それは、措置制度の中央集権的性格や限定的・一方的なしくみと利用者の自己選択・自己決定の尊重、利用者と事業者との対等な関係の樹立、事業の透明性など新しい福祉の流れとがあまりにもかけ離れていることに由来するからであろう。換言すれば、人の人生を第三者が決める理不尽さに対する違和感、抵抗感が根底にあるからと言えるかもしれない。そして、前述した措置制度の二側面のうち、後者（〈サービス給付の決定やサービス提供を行政処分の手続きで規制するという側面〉）に対する反発が主であるとも言える。

　また、第２章でも述べているが、わが国の障害者対応は、施設作り／病院作りから始まっている。そこには、障害者というのはある面、恵まれていない人達という見方が背後にあり、障害者の生活問題に関しては、自治体や国等が責任を持って対応していくという姿勢にもつながっている。そして、それを具体的に長年支えてきたものが、歴史的・制度的に見れば、「措置制度」であった。

　措置制度に対する批判は多いが、利用者への福祉サービス提供を行政が主体となって決定するシステムは、戦後の動乱期から安定的に福祉サービスを提供するという歴史的役割を考えると、一定の肯定的な評価を与えることができる。つまり、〈制度疲労〉という言葉に象徴されるように、一部の例外

規定を除き、措置制度は間違っていたと評価するのではなく、次に述べるところの「分権化」思想の到来等とともに、歴史的使命を終えたという方がより適確なのではないだろうか。ただ、措置制度を時間的に引っ張り過ぎたという側面はあったが。

2 措置制度から契約制度へ──契約制度の成熟度とは？

現在、明確に措置制度として残っているのは、児童養護施設や養護老人ホームへの入所など分野的に絞られてきている。措置制度とパラレルの関係で拡充されているのが、介護保険、保育所、障害福祉サービスの利用などに際しての契約制度である。グループホームも契約による利用制度である。

障害関係でいえば、精神障害者社会復帰施設の利用等を除くと、社会福祉基礎構造改革を経て、2000（平成12）年に制定され、2003（平成15）年度から施行された「支援費制度」が〈契約制度の出発点〉として一般的にはあげられている。そして、支援費制度における契約の考え方は図表3-1にあるように、自立支援法においても踏襲されているし、総合支援法にも引き継がれている。

中央集権的性格を有する措置制度から契約への流れを考えるとき、キーワードの一つに「分権化」をあげることができる。

小笠原浩一は、社会福祉実施体制に関する「分権化」について、次の３つの次元で整理している。①「政府間分権」〜社会福祉実施にかかる費用負

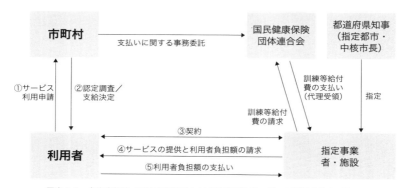

図表3-1　自立支援法／総合支援法における障害福祉サービスの利用手続きの流れ

担やサービス供給手続きにおける国と地方自治体との権限配分の見直し、②「福祉サービス供給における官から民への権限のシフト」～社会政策における規制緩和、③「個人への分権」～福祉サービスの実施における個人の決定権の重視。そして、個人への分権については、福祉サービス供給システムを公的関係から私人間の契約関係に転換する方向性を内包していると述べている[1]。

　介護保険、支援費制度、その後の自立支援法において、〈措置制度〉から〈契約に基づく利用制度〉に転換された。サービス給付手続きは、〈措置判定〉から図表3-1の〈②支給決定のための認定〉になった。つまり、支給決定のプロセスにおいて、認定調査をもとに障害程度区分（2014.4.1～障害支援区分）の認定がなされたのち、必要に応じて実施される「サービスの利用意向の聴取」を経て、最終的に支給の要否と程度が決定される流れとなっている。

　自立支援法／総合支援法第21条2項は、障害程度区分（障害支援区分）の認定の際、市町村審査会は、必要があると認めるとき、障害者等に意見を聴くことができる、となっている。自立支援法／総合支援法第22条3項は、支給要否の決定等に際、市町村審査会、身体障害者更生相談所等又は前項の厚生労働省令で定める機関は、必要があると認めるとき、障害者等に意見を聴くことができる、となっている。文面から判断すれば、主体は、制度を利用する当事者ではなく、支給決定等の認定する側にある。また、意見聴取の形は、〈しなければいけない〉規定ではなく、〈できる〉規定となっている。ということは、〈できる〉規定が、各自治体の運用によっては、〈しない〉〈できない〉規定になる幅・可能性を含む形となる。

　支給認定が終了して、具体的な契約とサービス利用につながっていく。契約行為そのものは、社会の中で一般的になされているものと基本的には同じであるが、契約行為に入る前の「前提条件（認定調査、支給決定、サービスの利用意向の聴取など）」において手続き上の主導権を握っているのは、認定する側にある。

　制度設計上、このような認定する側と認定される側との関係があるにせよ、障害のある人達の地域生活移行に関しては、〈当事者の声を聴くことを始めよう〉という現場の流れがあることに伴い、個人の決定権を重視する「個人

への分権」という思想は着実に拡まり続けてきている。

　中西正司らは、介護保険になって、利用者の主体性と契約が重視されるようになったことについて一定の評価を加えながらも、実際にカネが移動するのは、「代理受領」という形で自治体の保険財政と事業者との間であって、利用者と事業者の間ではないことの問題点を指摘している。このことは、自立支援法／総合支援法においても同様である。本来的には利用者は障害福祉サービスの提供に対して、事業者に費用を全額支払ったうえで、市町村から給付費の支給を受けるという形が基本的な仕組みであると考えられるが、自立支援法／総合支援法29条第4項及び第5項は利用者の一時的な負担の重さや「償還払い」に伴う事務手続き上の煩雑等もあって、「代理受領」による〈できる〉規定となっている。

　一方、北欧、カナダ、イギリスの諸国では、福祉サービスの購入費用を自治体が利用者に提供し、利用者は提供された利用料を介助者（サービス提供者）に手渡す、「ダイレクト・ペイメント方式」が採用されている。自治体がカネのやりとりを仲介した場合に比べて、介助者の利用者に対する敬意と仕事に対するやりがいの増加などプラス面の報告が紹介されている[2]。と同時に、ダイレクト・ペイメントの利用者には、ケアの必要に対する自己査定能力・ケアの利用に関する金銭管理能力・アシスタント（サービス提供者）の雇用主としてのケア管理能力の3つの要件が求められる。ダイレクト・ペイメント方式は利用者側の負担がかなり大きいしくみであるとしながら、それでもダイレクト・ペイメント方式が拡がった歴史的背景として、利用者による「ケアの自律」の欲求と行政当局による「コストの削減」の思惑が一致したことを岡部耕典は指摘している[3]。

　仮定の話として、現行制度をベースに「ダイレクト・ペイメント方式」を導入した場合、利用者の一時的な負担の重さや事業者の障害福祉サービス費用の回収に伴う困難性など実務上の諸問題があるにせよ、「代理受領」と「ダイレクト・ペイメント方式」とを比較したとき、制度的には、後者の方が〈個人の分権化〉がより進められた形であるのはいうまでもない。わが国において、「ダイレクト・ペイメント方式」が現実的な選択肢になりうるかどうかは別として、誤解を招く表現かもしれないが、〈できる〉規定の「代理

受領」というのは、〈措置制度の性格を部分的に残しながらの契約制度〉という見方もできるのかもしれない[4]。

II 応能負担と応益負担

1 費用負担に関する近年の動向——応能負担から応益負担へ、応益負担から応能負担へ

　自立支援法の附則第3条（検討）のもと、社会保障審議会障害者部会での議論を受けて、まとまった報告書「社会保障審議会障害者部会報告 ～障害者自立支援法3年後の見直しについて～」（2008年12月）において、費用負担の問題は「形式的には応益負担、実質的には応能負担[5]」の現状を維持するというものであった。

　一方、障害者運動として、社会保障審議会障害者部会での議論が進行する中で、自立支援法で定める障害福祉サービス利用料の原則1割負担（応益負担）が、憲法が定める法の下の平等に違反するとして、同法の適否をめぐる集団訴訟が起こり、最終的に原告は14地裁で計71人となった。これに対して、国側は当初、応益負担は障害者差別に当たらないので合憲という立場を有していた[6]。

　しかし、第45回衆議院選挙の結果、従前より現行自立支援法に対して反対の立場をとっていた民主党が圧倒的多数の議席を得て与党となり、同党の長妻昭元厚生労働大臣は、2009（平成21）年9月19日に同法を廃止し、応能負担などを柱とする新法を制定すると明言した。さらに、同年10月30日には、障害当事者が多数参加した全国フォーラムにおいても、同法の廃止と当事者参画による新しい制度を作ることを同元大臣は強調している。そして、2010（平成22）年1月7日、訴訟団（原告団、弁護団、訴訟の勝利を目指す会の三者で構成）と国との間で、訴訟の終結に関する合意がなされた。その基本合意文書には「2013（平成25）年8月までに障害者自立支援法を廃止し新たな総合的な福祉法制度を実施する」などが明記された。なお、本合意の前に当たる2009（平成21）年12月8日には、内閣において「障がい者制度改革推進本部」の設置に関する閣議決定がなされ、本合意の後に当たる2010（平成

22) 年1月12日より「障がい者制度改革推進会議」が実際に動き始めた。

同年12月、政府提案ではなく、議員立法によって改正障害者自立支援法（「障害保健福祉施策を見直すまでの間において地域生活を支援するための法律」）が成立した。1割負担の応益負担から家計の負担能力に応じた応能負担に舵が切られた[7]。

利用者負担の見直しは2012年4月以降に実施されているが、障害福祉領域において制度上、応益負担の時期が6年間存在したことの意味は大きい。訴訟にまで発展した応益負担を含む自立支援法は、司法、立法、行政の三権の中で、社会的に大きく揺さぶられた法制度である。

現在、負担方法の問題は一定の決着が見られているが、本章は「応能負担から応益負担へ。そして、再び応益負担から応能負担へ」という歴史的な流れの中、以下の方法を用いて、応能負担・応益負担にかかる諸課題についての整理を行う。

（1）岡部論文[8]等を使って、応能負担・応益負担に関する歴史的、及び施策的な検討を行なった上で、障害者の就業、収入に関する既存の調査結果を新たな切り口として加え、応能負担・応益負担による障害者の生活への影響にかかる考察を行う。

（2）「障がい者制度改革推進本部」において、これからの障害福祉のあり方に関して、精力的に議論が展開されてきたが、そのねらいの一つとして「障害のある人の権利に関する条約」に関する批准のための国内法にかかる条件整備があると言われている。そのためには費用負担の方法に関しても本条約との整合性が図られなければならない。このことを踏まえて、本条約第12条「法律の前における平等な承認」の規定と応能負担・応益負担との関係に関する考察を行う。

当然のことながら、これらを整理することは、グループホームを利用している当事者の置かれている生活状況・経済状況に対する費用負担のあるべき姿への方向性を考えることに他ならない。

2　あらためて素朴に応益負担の〈益〉という言葉にこだわってみること

自立支援法では障害福祉サービスの利用に際して、軽減措置を考慮しなけ

れば、原則1割の利用者負担（2008年度、緊急措置実施後の平均的な利用者負担率は、概ね3％程度）が生じるというのが施行当時における基本的な考え方である。基本的理解として、応能負担がその人の能力、資力などに応じての負担とするならば、応益負担は、その人が福祉サービスを受けた際に発生する利益に応じての負担とする考え方である。そして、応能負担から応益負担に変更となった背景・理由について、厚生労働省は、〈財源不足〉、〈障害のある人もそれなりに社会の支え手になってもらうことの必要性〉などをあげている[9]。

最初に、応益の「益」という言葉にこだわってみよう。福祉で使われる言葉と日常生活で使われる言葉の温度差を考えるとき、出発点として応益の「益」は温度差のある言葉として、印象づけられる。

一般的な言い方をすれば、「益」という言葉に含まれるニュアンスとして、その人にとって良いもの、ためになるもの、得をするもの、欲しているものなどの属性が挙げられる（この視点は、個人の利益という立場に立脚したものであり、社会に反映や還元する、できる益の視点は外している）。こういった属性を踏まえ、障害者になって、自立支援法による障害福祉サービスを使うこと（→障害のない人と同じように食べる、寝る、入浴する、トイレに行く、買い物をする、移動する、働くなど人として当然の営みのために必要な諸行為）が益と言えるだろうか。日常生活で使われる益にこだわる限り、益と表現することに対し抵抗感がつきまとう。平野方紹は、応益負担について「福祉サービスの利用を利用者の『利益』と考え、その公共性を否定」する「応益主義」と呼んでいる[10]。

一方、ある一定の年齢に達して、介護保険を使うことは、〈益〉に値することになるだろうか。介護保険を使うということは通常、当事者や家族等にとって困っていること、不自由なことなどの〈理由〉があるから使う。例えば、寝たきりによる全面的なケアから週1回の家事援助まで、困っていること、不自由なことの幅は広い。しかし、難病や癌の末期など特別な疾患をもつ40歳以上の人を除けば、介護保険が主たる対象としている第1号被保険者の場合、65歳まで社会の中で生きることができたのである。やや乱暴な言い方になるが、それぞれの個人的な事情を無視して言えば、65歳まで、こ

第3章　利用負担の方向性　55

の社会の中で生きることができたことの一点において〈益〉の面があったと、かろうじて後づけの理由づけが可能かもしれない。

したがって、障害福祉サービスを使った量に応じての負担の仕方を表現する言葉としては、実態の変更はないものの、「応益負担」よりも「定率負担」の方が、それを使う人の価値判断による違いや福祉で使われる言葉と日常生活で使われる言葉の温度差の縮小にはつながると言えよう。

3　利用者負担と障害者の生活状況について

3-1　応益負担の「益」にかかる理解——岡部論文を使って

3-1-1　自立支援法までの応益負担・応能負担にかかる歴史的理解の分析・整理

岡部の論における骨組み、及びその他の資料を使って、筆者が整理したものが図表3-2である。

自立支援法にかかる訴訟問題にしろ、少なくとも自立支援法施行直後は、「応能負担」か「応益負担」かの戦いの様を呈していた印象を受けるが[11]、岡部は、応益負担の話しが出始めた1980年代当初の審議会等の議論を踏まえて、「措置制度に組み込まれていた応能負担を前提としさらにそれを強化しようとするものであり、必ずしも利用料に応じた定率の負担を意識したものではなかった」と指摘しているように[12]、当時の応益負担にかかる出発点は、現在のような応益負担の考え方ではなかった。すなわち、改正前自立支援法の場合、軽減措置をいろいろと積み重ねてきて、性格的には、「応能負担的な応益負担」という位置づけができるであろうが、1980年代当初においては、「応益負担の要素を取り入れた応能負担」の状態であったと言えよう。

そして、施設福祉の時代から地域福祉の時代への大きな変換点となる「老人福祉法等の一部を改正する法律」改正の背景となった、中央社会福祉審議会、身体障害者福祉審議会、中央児童福祉審議会による合同企画分科会（1986-1989年）の審議を経ての意見具申においては、措置施設にあわせ利用契約型施設の設置の促進が改正ポイントの一つとしてあげられている。1980年代当初の審議会等においては、措置制度強化の一つの方策としての受益者負担の議論であったが、同意見具申においては、措置制度に基づく応能負担とは別の利用者負担を模索するための土壌作りが出発したと解釈できないだ

図表 3-2 応益負担・応能負担にかかる歴史的変遷（戦後～自立支援法）

時　代	思想・背景	施　策	備　考
戦後	「福祉に欠ける」者たちの経済状況の悪化		福祉施設利用等の際において、措置制度のもとでの費用徴収にかかる<u>一部負担としての応能負担</u>
1980年代	主として、老人福祉施設利用における「受益者負担」という考え方のクローズアップ ↓ 適正な利用者負担の実現のためには、私的便益と公共的便益とに分けて、費用負担を配分する「公私の役割分担」論への発展		「受益者負担」＝「応分の負担」の考え方 （<u>利用に応じた定率の負担という意味ではない</u>）
1994年	「新たな高齢者介護システムの構築を目指して」（厚生省　高齢者介護・自立支援システム検討会）において、<u>社会保険方式では受益に見合った応益負担が望ましい。</u>		メリット： ・中間所得層に対する負担軽減 ・社会保険化による財源の確保
1996年	「高齢者介護保険制度の創設について－審議会の概要・国民の議論を深めるために－」（老人保健福祉審議会の最終報告）において<u>利用者負担を「定率1割」</u>と明記する		
2000年		介護保険のスタート	応益負担（1割）
2004年	「今後の障害保健福祉施策について（改革のグランドデザイン案）」（社会保障審議会障害部会） 国・都道府県の補助制度見直し（居宅生活支援費の義務的経費化）とだき合わせで<u>応益負担を導入する考え方</u>		負担に関する基本的な考え方 ①<u>サービスの利用に応じた負担</u> ②食費や日常費などホテルコストに関する自己負担
2006年		障害者自立支援法施行	1. 応益負担（1割） 2. <u>定率負担の軽減措置</u> 　①入所施設の個別減免 　②社会福祉法人減免 　③障害者自立支援法円滑施行特別対策 　④障害者自立支援法の抜本的見直しに向けた緊急措置

・丸山一郎著『障害者施策の発展［身体障害者福祉法の半世紀］リハビリテーションから市町村障害者計画まで』中央法規、1998年、36-37頁
・身体障害者ケアマネジメント研究会監修『新版　障害者ケアマネジャー養成テキスト』中央法規、2002年、6-18頁
・岡部耕典「障害者自立支援法における「応益負担」についての考察」国立社会保障・人口問題研究所『季刊・社会保障研究』第44巻2号、2008年、186-195頁
をもとに筆者作成

第3章　利用負担の方向性

ろうか。

　岡部は、介護保険における応益負担の制度化の経緯から、障害福祉領域における応益負担の導入がはじめてかつ唐突に言及されたのは、「今後の障害保健福祉施策について（改革のグランドデザイン案）」（2004年、第18回社会保障審議会障害者部会）においてであると指摘している[13]。岡部の言うように、応益負担の出方として確かに唐突であったが、議論としては、「今後の障害保健福祉施策の在り方について（意見具申）」（身体障害者福祉審議会・中央児童福祉審議会障害福祉部会・公衆衛生審議会精神保健福祉部会の合同企画分科会、1999年）においても応益負担のことは出ている。つまり、支援費制度導入をにらんで、利用者負担のあり方に関し、本人の所得等に応じた応能負担の考え方とサービスの内容等に応じた定率の応益負担の2方法について検討がなされている。検討の結果、サービスを利用する者としない者との公平な観点から、応益負担的な考え方を求める声もあったが、新制度へのスムーズな移行、障害者の所得の状況等を考慮して、現行の応能負担（当時）による利用者負担となったいきさつがある。すなわち、直線的に応能負担のまま進んだのではなく、応益負担への舵も取りながら、方向性として応能負担に進んだと考えるべきではないだろうか。

　1999（平成11）年の意見具申から2004（平成16）年の改革のグランドデザイン案までは、わずか5年の期間である。5年の中で支援費制度のもと、障害福祉サービスの利用が予想外に多く、財源不足になり、「背に腹はかえられぬ」という論法で、唐突に応益負担が新しいカードとして切られる。一度は議論の俎上にのっているわけだから、手元に応益負担のカードを残しておいて、後からジョーカーのように出している。ただ、障害者の所得の状況等に関しては、この5年の中で大きく改善したわけではないので、出方としては、やはり唐突である。

　自立支援法に関しては、その出発点から応益負担の介護保険との統合問題が様々な場所で議論されてきた。システム的・技術的に統合の可能性が含まれているからこそ議論されるのである。たとえば、介護保険の要介護認定の調査で用いられる79項目が障害程度区分の一次判定でも用いられていることや、ケアマネジメントのしくみなど自立支援法と介護保険とには制度設計

上の共通点もあり、統合後の持続可能な制度としてどうあるべきかへの問いがその背景にはあった。

利用者負担の1割もまさに共通点の一つとしてあげられる。したがって、介護保険の定率1割負担と障害福祉サービス利用の際の基本1割負担という考え方に対しては、「たまたま双方1割であった」というよりも、「少なからず影響を及ぼし合いながらの1割」と考える方が自然である。しかし、1割の根拠となるものは、介護保険の場合は社会保険方式に伴っての1割負担であったが、自立支援法の場合は皆で制度を支えることに伴っての1割負担となった。したがって、アウトプットとしての応益負担（1割）にかかる費用負担の根拠において、出発点が異なる。

3-1-2 「だれにとって／なんのための応益負担化か」

岡部は図表3-3を使って、低所得者層と高所得者層にとっての「益」と「不利益」について、ケン・ジャッジや京極高宣の説等を用いて検討したところ、応益負担が相対的低所得者層にとっては「不利益」の増加につながり、相対的高所得者層にとっては「益」の増加につながると分析・整理している[14]。

応益負担と応能負担とがそれぞれに有している負担方法の特性上、相対的

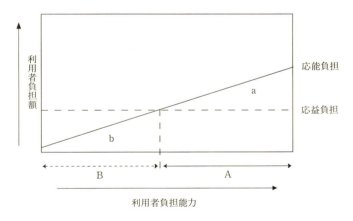

図表3-3 応益負担と応能負担にかかる費用負担ボックス
出所：岡部耕典「障害者自立支援法における「応益負担」についての考察」国立社会保障・人口問題研究所『季刊・社会保障研究』第44巻2号、2008年、192頁

低所得者層Bにいる者は、応能負担に比して応益負担による負担増の層bになりやすい。ところが、相対的低所得者層B以外の層A（相対的な中〜高所得層）にいる者は、前述の関係が逆転する形で、応益負担に比して応能負担による負担増の層aとなりやすい。

概念操作上は、相対的な低所得者層と相対的な中〜高所得者層の線引きは可能であるが、具体的・現実的な線引きとなると、子ども手当にかかる所得制限の議論においてもそうであったように（2009年12月、民主党政権時）、その指標となる数字をはじき出すのは、なかなか難しい。本章においては、応益負担が「相対的低所得者層にとっては、『不利益』の増加につながる」という岡部の分析・整理に関し、就労と収入に関する既存の統計データを用いて、数字上での考察を加えることとする。

3-2　統計データから読み取れる就労率の意味
3-2-1　調査対象の母集団について

図表3-4は社会・援護局障害保健福祉部企画課が、図表3-5は職業安定局高齢・障害者雇用対策部障害者雇用対策課が実施しているが[15]、同じ厚生労働省内の調査と言っても、全国推計値の読み方に留意しなければいけない。図表3-4は15歳以下、64歳以上が含まれている。図表3-5は15歳以上64歳以下の者であって障害者手帳を所持している者と限定している。つまり、図表3-5に関しては、年齢と障害者手帳の制約があるので、全国推計値と実際の就業実態とは「構造的なズレ」が生じる。

しかし、「構造的なズレ」と言っても、障害の種別によってズレの程度が随分異なる。知的障害児・者に関しては図表3-4の計が407千人、図表3-5の計が356千人とズレが比較的少ない。ところが、身体障害児・者と精神障害者については、母集団の構成が多少なりとも近似的になることをねらいとして図表3-4の18歳以上と図表3-5の15歳以上64歳以下の全国推計値を比較すると、身体障害児・者の場合、図表3-4の計が3483千人、図表3-5の計が1346千人、精神障害者の場合、図表3-4の計が2508千人、図表3-5の計が351千人となる。特に精神障害者の場合は、データ的に約7倍の差があり、その開きは顕著である。背景の一つとして、障害者手帳を取得せずに就労し

図表 3-4　在宅の障害者数の全国推計値

障害の区分	身体障害児・者	知的障害児・者	精神障害者
年齢による区分	3483 千人（18 歳以上）	290 千人（18 歳以上）	2508 千人（20 歳以上）
	93 千人（18 歳未満）	117 千人（18 歳未満）	161 千人（20 歳未満）
計	3576 千人	407 千人	2669 千人

※年齢不詳については、在宅の障害者数に含めていない

出所：以下を一部改
　身体障害児・者について：厚生労働省社会・援護局障害保健福祉部企画課「平成 18 年身体障害児・者実態調査」
　知的障害児・者について：厚生労働省社会・援護局障害保健福祉部企画課「平成 17 年知的障害児（者）基礎調査」
　精神障害者について：厚生労働省社会・援護局障害保健福祉部「平成 17 年患者調査」

図表 3-5　障害者就業状況に関する全国推計値（15 歳以上 64 歳以下）2006（平成 18）年 7 月 1 日現在

	身体障害者	知的障害者	精神障害者
就業者	578 千人(43.0%)	187 千人(52.5%)	61 千人(17.3%)
不就業者	722 千人(53.6%)	160 千人(45.0%)	283 千人(80.7%)
無回答	46 千人(3.4%)	9 千人(2.5%)	7 千人(2.0%)
総計	1346 千人(100.0%)	356 千人(100.0%)	351 千人(100.0%)

出所：厚生労働省職業安定局高齢・障害者雇用対策部障害者雇用対策課「身体障害者、知的障害者及び精神障害者就業実態調査の結果について」を一部改

ている人の存在が大きいのではないかと推察される。

3-2-2　障害者就業状況にかかる考察

次に障害者就業状況について、「平成 18 年身体障害児・者実態調査」（図表 3-4）における就業の状況に関する調査結果（実際の回答数［身体障害者：有効回答 4,263 人、身体障害児：有効回答 301 人］に基づく集計結果）（以下、「社会・援護局の調査（身）」）と図表 3-5 における身体障害者に関するデータ（以下、「職業安定局の調査（身）」）の比較、及び「平成 17 年知的障害児（者）基礎調査」（図表 3-4）における就業の状況に関する調査結果（実際の回答数 2,075 件による集計結果）（以下、「社会・援護局の調査（知）」）と図表 3-5 における知的障害者に関するデータ（以下、「職業安定局の調査（知）」）の比較を行う。

ア．身体障害者について
　職業安定局の調査（身）においては、43%の人が就業しているとの推計値になっている。
　社会・援護局の調査（身）においては、身体障害者の有効回答数 4,263 人のうち、871 人（常用雇用労働者の割合は、304 名で 34.9%）が就業していると回答している。全体では 20.4%の就業率（調査実数値の割合）になっている。

イ．知的障害者について
　職業安定局の調査（知）においては、52.5%の人が就業しているとの推計値になっている。
　社会・援護局の調査（知）においては、知的障害者の有効回答 2,075 人のうち 779 人（正規職員の割合は、122 名で 15.7%）が就業していると回答している。全体では 37.5%の就業率になっているが、正規職員の割合の低さや作業所での就労数（454 人、58.3%）の多さがその内訳となっている。

ウ．精神障害者について
　患者調査においては、就業率（不就業率）のデータはない。職業安定局の調査においては、17.3%の人が就業しているとの推計値になっている。

3-2-3　調査データから読み取れること
　以上、職業安定局の調査データと社会・援護局の調査データを使って、3障害の就業率、常用雇用労働者（正規職員）の割合についてみてきたが、基本的な構造としては次のように整理できる。
　身体障害者と知的障害者の就業率については、高位のデータを援用すると 50%前後の数字のところで就業率が推移しているが、その内訳として比較的、安定的に収入が期待できるであろう正規職員の率は低位である。また、精神障害者に関しては、8 割以上の者が仕事に就いていないデータになっている。つまり、この 2 つの調査データから判断すると、3 障害ともに多くの者は推計的に、主たる生計費となる就労による収入が見込み難い層であることをあらためて確認することができる。

3-3 統計データから読み取れる障害のある人達の収入の意味づけ

3-3-1 収入に関する線引き

「相対的低所得者層」と言う場合、「相対的」も「低所得者層」も比較の中で決定されていく。一般的な言い方をすれば、生活保護世帯や市町村民税非課税世帯などの例を除き、生活が苦しいと言っても、その人が送りたい生活水準をどこに置くかによって、苦しさの度合いが規定されてくる部分が存在する。まさに「相対的」そのものである。

本書においては、国が示した「相対的貧困率」の「貧困線」のデータを使って、「相対的低所得者層」とそうでない層との線引きをしていく[16]。

「相対的貧困率」とは、経済協力開発機構（OECD）が提供している計算方式でもって、直接税・社会保険料を除いた就労所得・財産所得・公的年金・その他の現金給付・仕送り等の「可処分所得」の所得中央値（国民全体のちょうど真中の位置している所得額）の半分以下の所得の人が、国民全体の中で占める割合のことである。そして、半分の線が「貧困線」となる。

図表3-6は、貧困にかかるわが国の近年の状況である。

3-3-2 障害種別における収入の状況

高藤昭の「第Ⅱ部 障害を持つ人の生活実態と所得保障の理論」を参考にしながら[17]、既存の調査データ［厚生労働省「平成18年身体障害児・者実態調査」（平成18年7月1日現在）「平成17年度知的障害児（者）基礎調査」（平成17年11月1日現在）（以下「国調査」）、東京都 平成20年度東京都福祉保健基礎調査「障害者の生活実態」（平成20年10月15日現在）（以下「東京都調査」）、国立

図表3-6 相対的貧困率と貧困線に関するデータ

	1997 (平成9)年	2000 (平成12)年	2003 (平成15)年	2006 (平成18)年	2009 (平成21)年
所得中央値 (万円)	259	240	233	228	224
貧困線 (万円)	130	120	117	114	112
相対的貧困率 (%)	14.6	15.3	14.9	15.7	16.0

出所：厚生労働省「平成22年国民生活基礎調査の概況」一部改

図表 3-7 身体障害者にかかる収入調査

調査名	調査結果（筆者：一部改）
厚生労働省「平成 18 年身体障害児・者実態調査」 ・ 実際の回答数［18 歳以上。 　有効回答 4,263 人］に基づく集計結果	ア．課税状況 　所得税：課税 30.2%　非課税 50.9% 　　　　回答なし 18.9% 　市町村民税：課税 36.4%　非課税 40.4% 　　　　回答なし 23.2% イ．1 ヶ月の総収入＝年金、手当、就労収入等の計 　・0 〜 9 万円（108 万円）未満　24.1% 　・9 万円（108 万円）〜 15 万円（180 万円）未満 　　14.4% 　※（　）内は、12 ヶ月を掛けた収入（年収）。 　若干のズレ・誤差はあるものの、108 万円は 　100 万円に、180 万円は 200 万円と見なして考 　察する。
東京都　平成 20 年度東京都福祉保健基礎調査 「障害者の生活実態」 　※調査対象数（有効対象数、回収率）； 　　18 歳以上の身体障害者 4,000 人 　　（2,762 人、69.1%）、	平成 19 年中の収入額（生活保護費を除く） 　・　0 〜 100 万円未満　36.4% 　・100 〜 200 万円未満　26.6%
国立社会保障・人口問題研究所 「第 1 回生活実態調査研究」 　※東京都稲城市在住の 18 歳以上 65 歳未満の住 　民で、障害者手帳の所持者、難病で公費負担 　医療費の受給者、自立生活支援センターや授 　産施設への通所者が調査対象。 　留め置き法で、回収率は、24.7%（図表 3-8、 　3-9 も同じ）	本人所得 　・　0 〜 100 万円未満　33.4% 　・100 〜 200 万円未満　22.8%

出所：筆者作成

図表 3-8　知的障害者にかかる収入調査

調査名	調査結果（筆者：一部改）
厚生労働省 「平成 17 年度知的障害児（者）基礎調査」 　・ 実際の回答数［有効回答 2,075 人］に基づく 　　集計結果	ア．有効回答 2,075 人のうち、779 人の就業者に 　かかる就労収入（1 ヶ月） 　・0 〜 3 万円未満　61.2% 　・3 〜 5 万円未満　12.9% イ．有効回答 2,075 人のうち 　・年金・手当の受給者　69.4%
東京都　平成 20 年度東京都福祉保健基礎調査 「障害者の生活実態」 　※調査対象数（有効対象数、回収率）； 　　知的障害者 1,200 人　（805 人、67.1%）	平成 19 年中の収入額（生活保護費を除く） 　・　0 〜 100 万円未満　48.4% 　・100 〜 200 万円未満　38.0%
国立社会保障・人口問題研究所 「第 1 回生活実態調査研究」	本人所得 　・　0 〜 100 万円未満　68.8% 　・100 〜 200 万円未満　25.1%

出所：筆者作成

図表 3-9　精神障害者にかかる収入調査

調査名	調査結果(筆者：一部改)
東京都　平成20年度東京都福祉保健基礎調査 「障害者の生活実態」 ※調査対象数(有効対象数、回収率)： 精神障害者800人(529人、66.1%)	平成19年中の収入額(生活保護費を除く) ・　0～100万円未満　64.3% ・100～200万円未満　20.3%
国立社会保障・人口問題研究所 「第1回生活実態調査研究」	本人所得 ・　0～100万円未満　32.9% ・100～200万円未満　42.8%

出所：筆者作成

図表 3-10　障害者の収入幅　―図表 3-7 から図表 3-9 より―

	0～100万円未満(X)	100～200万円未満	0～200万円未満(Z)
身体障害者	24.1%＜X＜33.4%	18.8%＜Y＜22.8%	38.5%＜Z＜56.2%
知的障害者	48.4%＜X＜68.8%	25.1%＜Y＜38.0%	86.4%＜Z＜98.9%
精神障害者	32.9%＜X＜64.3%	20.3%＜Y＜42.8%	75.7%＜Z＜84.6%

出所：筆者作成

社会保障・人口問題研究所「第1回生活実態調査研究」(平成17年現在)(以下「研究所調査」)〕を用いて、各障害種別における収入状況を整理したものが、図表3-7～3-9である。

精神障害者については国の調査がないが、身体障害者と知的障害者については国、自治体、研究機関と実施主体の異なるものを挙げている。調査方法や調査対象の抽出方法、調査項目や指標等が各調査によって異なるので、その比較には「荒さ」が出てしまうが、各障害者の収入(推計)にかかる位置づけについて、以下おおまかな考察を行う。

国調査、東京都調査、研究所調査の3つの調査結果(図表3-7～3-9)を使って、収入幅の最小値と最小値より次に大きい数値を抜き出し、予測される収入の閾値を不等式で表わしたものが図表3-10である。

身体障害者については国調査、東京都調査、研究所調査の3つのデータを比較しているが、知的障害者(国調査のデータもあるが、就労収入に限っているので、比較のためのデータとしては使用しない)と精神障害者に関しては、東京都調査と研究所調査の2つのデータを使用する。各収入幅に占める割合が一番小さいものとその次に大きいものを採用することで、各収入幅

第3章　利用負担の方向性

に入る割合を最小値側に求めることになり、収入状況の厳しさに対し、「少なく見積もって」という視点を組み込む形がとれる。そして、この不等式は、当該障害種別の人達の収入にかかるおよその実態として位置づけられる。

たとえば、知的障害者の収入額 0 ～ 100 万円未満（X）を例にとると、最小値が東京都調査の 48.4％ であり、最小値より次に大きい数値が研究所調査の 68.8％ となる。これを不等式として、48.4％＜ 0 ～ 100 万円未満の収入額（X）＜ 68.8％ と表記した。また、身体障害者の収入額 0 ～ 200 万円未満（Z）を例にとると、国調査が 38.5（24.1 ＋ 14.4）％、東京都調査が 63（36.4 ＋ 26.6）％、研究所調査が 56.2（33.4 ＋ 22.8）％ となる。最小値と最小値より次に大きい数値を用いた不等式は、38.5％＜ 0 ～ 200 万円未満（Z）＜ 56.2％ となる。

X は貧困線以下、Y と Z は貧困線以下の人達とそうでない人達が混ざっている。図表 3-6 の日本全体の相対的貧困率にいる人達に比して、障害のある人達の相対的貧困率は著しく高いと言わざるを得ない。

図表 3-10 を雑駁に解釈すれば、身体障害者の場合、4 ～ 5 割の人は年間 200 万円以内の収入で生活している可能性が高い。また、知的障害者と精神障害者に関しては、データが非常に似通っており、100 万円以内で生活している人が 5 割を越しているかもしれないし、8 割前後の人達が年間 200 万円の収入に届いていないのであろうという類推が可能である [18)]。

前述の 3 障害の人達の収入の低さと就労率の低さ（雇用体系の厳しさを一部含む）とを関係づけて、その生活の実態を推察すれば次のようになる。たとえば、50 ～ 54 歳の非正規社員の平均賃金が 19 万 1300 円（年収ベースで約 230 万円）（厚生労働省『2008 年賃金構造基本統計調査』）であることの比較において、また 3 障害の人達の収入が就労収入だけでなく、年金・手当収入を含めたものであることも考慮に入れれば、さらに日本全体の相対的貧困率と 3 障害の人達とその比較において、3 障害の人達が相対的に低所得者層の中心的な構成をなすという意味で、「マジョリティとしての相対的低所得者層」をなしていることへの推測とその位置づけが見立てとして可能である。

以上、主に既存データからの考察を進めてきたが、あらためて図表 3-3（費用負担ボックス）に立ち戻り総括を行う。

「マジョリティとしての相対的低所得者層」を図表3-3の記号を使って考えれば、次のような記述になる。相対的低所得者層の増加に伴って、B（利用者負担能力が低い層）が伸び、A（利用者負担能力が高い層）が縮む。利用者負担能力の軸上にあるAとBとの境から垂直に上がったところが応能負担と応益負担との交差点になるので、応能負担の勾配（イメージライン）は緩くなる。このことは論理的に、「応能負担による利用者負担額」より「応益負担による利用者負担額」の方が大きくなる範囲が拡大する方向になる。このことは、「マジョリティとしての相対的低所得者層B」にとって「不利益」の増大を招く形となるという解釈が成り立つ。

　費用負担の問題を考えるとき、障害当事者の生活の維持・向上と社会制度を安定的に運用していくことにおいて、両者をどのように調和させていくことができるかが一つのポイントとなる。そして、調和させていくことの先には、私達の社会がある社会的・経済的・文化的地位にいる人達の「立場性」をどのように、どの程度認めていくか、ある社会的・経済的・文化的地位にいる人達の「期待されている役割」を社会の中にどのように、どの程度組み入れるかの課題がある。そして、この個人と社会が「折り合い（歩み寄り）」をつけていくことが調和の方向性であり、本章に即して言えば、障害者が置かれている困窮状況の指標と費用負担の方法との関係について考察することである。

　筆者は岡部のいう「相対的低所得者層B」という概念について、各種調査データを用いて、具体的に障害者の経済状況と困窮度の問題を関連づけながら考察してきた。その結果、障害のある人達の低所得状態について多分そうであろうという予測やイメージの喚起は容易であるが、特に知的障害者・精神障害者達の相当数が相対的貧困にいるであろうという類推が可能となるデータの大雑把な確認ができた。

　相対的低所得者層が応益負担という方法によってより相対的低所得の度合いが大きくなることの方向性は、障害のある人達と社会とが歩み寄るための条件整備にはならない。

4　障害のある人の権利に関する条約第12条と応益負担・応能負担

　2006（平成18）年12月13日、「障害のある人の権利に関する条約」が第

61 回国連総会にて、満場一致で採択された。本条約は、前文と50の条文で構成されている[19]。

2007（平成 19）年 3 月 30 日に署名が開放され、わが国は同年 9 月 28 日に本条約に署名を行った。2013（平成 25）年 12 月 4 日に締結のための国会承認を得たのち、2014（平成 26）年 1 月 20 日に批准書の寄託を行い、同年 2 月 19 日から本条約が我が国に効力を生ずることとなった。

本条約には、応益負担・応能負担に該当するであろう文言そのものは見当たらないが、崔英繁は、方法論としての応益負担が次の 2 点において、条約が求めるものではないと解釈している[20]。

①応益負担は、障害のある人の社会参加や地域生活を脅かしている現実があり、第 19 条の障害のある人が自立した生活及び地域社会に受け入れられるために、条約の締約国は効果的かつ適当な措置を講じることの規定にあわない。

②第 28 条において、障害のある人に対する社会的な保障について、それは障害のある人の権利であり、その権利の実現と促進のために締約国は適当な措置をとることを求めている。このことは、受けたサービスの量に応じた負担ではなく、負担能力に応じた負担を条約は原則としている。

筆者は更に、第 12 条の「法律の前における平等な承認」の規定が、思想的には、応益負担の考え方とのズレを生じさせるのではないかと考える[21]。

第 12 条-1 項：「締約国は、障害のある人が、すべての場合において法律の前に人として認められる権利を有することを再確認する」

第 12 条-2 項：「締約国は、障害のある人が生活のあらゆる側面において他の者との平等を基礎として法的能力を享有することを認める」

通常、私達は特別な事情がなければ、法律的なことを特段意識せずに日常生活を送っている。そして、スムーズな日常生活の背景には、私たちの社会を守ってくれている多くの法律が存在している。公道上の移動に関しては、たとえば、道路交通法によって私たちの生命・財産等が守られているが、その条文を常に意識しながら自動車を運転している成人は少ないだろうし、横断歩道を渡る者も同様であろう。信号の色を見ながら、次の行動をそれほど意識することなく決定しているのが、普通の姿である。しかし、結果として

は、道路交通法の趣旨をその個人の中に取り入れながら、運転や歩行などにかかる法的能力の行使を行っている。つまり、私たちの日常生活とは、社会構成員がその人に応じた法的能力を行使した結果の束という見方もできる。

したがって、たとえば喫煙や飲酒などの具体例において、成年・未成年の各属性に応じ、法的能力の行使できる範囲は異なってくる。この違いは一定の社会的な承認のもと、即、日常生活のありようにつながっていく。しかし、個性を持った日常生活のありようの違いが、障害のある人とない人との間において、法的能力を行使する範囲の違いに起因することになれば、場合によっては、「他の者との平等を基礎として」の考え方に抵触する面が発生する。

「他の者との平等を基礎として」については、本条約上、前文、第2条（定義）、第9条（アクセシビリティ）などにおいても同様の表現が使用されている。東俊裕は、「他の者との平等を基礎として」を権利の享有や行使において実質的な平等を確保するという意味づけを行っている[22]。東の言うように、権利の享有や行使において実質的な平等を確保するためには、日常生活・社会生活の各場面において実態的な不平等性に対する評価を適格に実施することにかかっているし、「他の者との平等を基礎として」が社会のある部分において欠如していれば、法的能力の享有は不全的なものになる。

この問題について、もう少し具体的な例で考えてみる。例えば、日常生活において障害のある人もない人もホームヘルプサービス（居宅介護）を利用することが、公共交通機関の利用のように日常生活上、普通の状態であれば、その利用に対する対価の発生は、原則的には平等に発生すると考えていい。ただし、これは利用に対する対価そのものの平等の発生であって、減免措置に見られるように実際には、対価を支払うことの平等とはイコールにはならない。

ところで、現実的な生活をみるとき、障害のない人がホームヘルプサービスを利用することがどのくらいあるだろうか。加齢に伴って様々な生活障害を有するようになった人達等を除きながら、それを利用することがあるとすれば、病気やけがなど不測の事態に対して想定される程度で、通常の社会生活においては稀なケースと言ってもいいだろう。しかし、障害の種別や程度にもよるのだが、脊髄損傷等により日常的に家事援助や身体介護が必要な人

にとって、ホームヘルプサービスの利用はまさに生活そのものである。

　では、前記のことを踏まえ、障害福祉サービスのほんの一例であるが、ホームヘルプサービスにかかる障害のある人と障害のない人との「生活のあらゆる側面における平等を基礎とした法的能力」の実現のためにはどうすればいいのであろうか。

　まず、崔英繁は「法の前の平等」と「法の下の平等」を同じ意味としながら、平等の状態として法的な待遇が平等であることの指摘をしている[23]。一般論で言えば、障害のある人は、障害福祉サービスを利用することにおいて、費用負担と減免措置がセットで展開される。一方、障害のない人は、基本的に障害福祉サービスを利用する必要はないので、費用負担そのものが発生しない。したがって、費用負担において、障害のある人とない人の「生活のしやすさなどの差の現実」（以下、「差の現実」）と、「生活のあらゆる側面における平等を基礎とした法的能力」との関係を考えるとき、応益負担と応能負担のどちらが「差の現実」を縮める方法としてベターなものになりうるのかという問いにつながっていく。この問いに対して、障害者の生活実態におけるマジョリティとしての相対的低所得者層という特徴や、また、崔の指摘や結果としての平等への近接性を考慮すると、応益負担よりも応能負担の方が「差の現実」を縮める実効的な方法に近い。

5　社会的公平性と人間の矜持について――まとめにかえて

5-1　社会的公平性と責任の引き受け方

　わが国の所得税にかかる基本的な考え方は累進課税方式で、所得の多い者は多くの税金を納め、所得の少ない者は税金の負担は軽くなるしくみとなっている。そして、所得の多寡に関係なく徴収される消費税とは異なり、この徴収の考え方を私たちが受け入れている。

　この背景には、徴収された所得を一定のルールのもと移転させることで、健全な社会の維持・発展のために使われているという「社会的公平性」を認めていることがあげられる。

　また、介護保険制度成立の背景には、家族の中で営まれていた私的介護を「介護の社会化」という形で、ある面家族の中から介護問題を抜き出し、家

族以外によるサービス提供を制度化するというねらいがあった。介護問題に伴う負担は社会全体で共有しようという、「痛み分けの思想（≒お互い様）」がそこにはある。だからこそ、個々には生計的に苦しくても応益負担が受け入れられ、この社会の中で何とか生きようという姿勢が各自の中で醸成されてきたと言えよう。ここにも「社会的公平性」の精神が見出せる。

そして、障害福祉サービスにかかる費用負担の方法の源流には、方法論においても、障害者が置かれている生活実態から見ても、「社会的公平性」がどのように担保されているのかの問いが横たわっている。

「4　障害のある人の権利に関する条約第12条と応益負担・応能負担」では、障害者の日常生活と権利の享有や行使における「平等性」とをリンクさせながら、条約が求める「法の下の平等」について考察を進めた。そして、応益負担が「差の現実」にかかる視点のもと、「平等性」に抵触しやすくなる旨を結論づけた。費用負担に関し、理念的には、「平等性」という柱が必要不可欠であるが、同時に「平等性」の前に「当事者がある程度、納得できる公平性」というものを大事にしないといけないのではないか。応益負担のもとでは、「個々の納得性（個人）」と「公平性（社会）」とがスムーズに結びつき難い。

一方、障害があるからといって、社会的な責任がすべて免除されるわけではない。大事なことは、障害の当事者からすれば、責任の引き受け方にある。応益負担のもとでは、「個々の納得性」と「公平性」において、責任を引き受けることができない、責任を引き受けることをしないということにつながっている（だから、訴訟にまで発展しているのであるが）。

また、「3　利用者負担と障害者の生活状況について」においては、「個々の納得性」と「公平性」といった理念的な問題とは別に、現実面・生活面の視点が前面に出てくる。そこには、データ的に応益負担によって発生するであろう「貧困の上塗り的な部分」が認識される。このことは、社会的に様々な立場にある人達の社会的・経済的なバランスや社会政策上、少なくとも方法論的には応益負担（軽減措置等というサポートは考慮せずに）は社会的公平性を実現する世界から遠くなるしくみであると判断される。

5-2 「人間の矜持」──誇りと負担に視点を当てて
5-2-1 「負担の存在」そのものは否定していない

　2008（平成20）年12月21日の朝日新聞「耕論」のテーマは、〈障害者の自立　支援いかに〉で、当事者の立場から福島智（当時、東京大学教授）、障害児の母の立場から石井めぐみ（当時、女優）、学識経験者の立場から京極高宣（当時、国立社会保障・人口問題研究所所長）の三者の意見が述べられている。福島と石井は、応益負担に反対の立場で、京極は応益負担賛成の立場である。

　福島は、当事者としての体験をベースに「たとえ1割でも本人に利用料を求めるのは、無実の罪で閉じ込められた刑務所から出るために保釈金を払えということだ」と述べている。

　石井は、「私はサービス料をゼロにしろとは言いません。しかし、軽減措置などでごまかさず、『応益負担』の見直しに踏み込むべきです」と述べている。

　京極は、応益負担のメリットとして、財源確保、需要コントロール、ただ乗りの横行予防、権利性の発生というシンボル効果の4つをあげながら「低所得者には負担の上限を低くする応能的な配慮がなされている。応益か応能かという空中戦ではなく、どんな負担なら国民も納得できるかを議論すべきだ」という。

　この三者の意見を読む限り、福島の立場は若干、微妙な部分はあるものの、三者とも「負担の存在」そのものは否定していない（≠積極的な肯定）と読み取れるのではないだろうか。京極は〈応益か応能かという空中戦ではなく〉と言っているが、福島は、終始〈個人の利益〉にこだわっている。石井は、当事者本人が誇りを持って生きる大切さを述べているが、〈応益負担に反対の立場の福島・石井〉と〈応益負担賛成の立場の京極〉との溝は、まさに誇りの問題をどう詰めていくかにつながることを意味しており、費用負担問題の重要な柱となっている。

5-2-2 「人間の矜持」にかかる原点

　応益負担導入の背景となった、障害者一人ひとりが社会の支え手になること、これは〈誇りの問題〉をどう取り扱うかにつながってくる面がある。

櫻田淳は、脳性小児麻痺者で、青森県立八戸第一養護学校中学部、青森県立八戸高校、北海道大学、東京大学大学院を終了後、衆議院議員の政策担当公設秘書を経て、東洋学園大学で教職に就いている（2015 年現在）。
　櫻田は、『「福祉」の呪縛』（日本経済新聞社、1997 年）の中で、従来の福祉に対する一定の成果を認めながらも、障害者＝社会的弱者／保護される存在という考え方が福祉の前提になっていること、障害者や高齢者などの福祉の対象になる人々が経済社会においては正当な担い手になり得ないことなど、社会の障害者に対する〈不当なバリア、門前払い〉に対して抗議している。『「福祉」の呪縛』には、「自助努力型政策の構想」という副題がついている。その絡みで櫻田は、障害者施策の究極の目標は障害のある大多数の人を「納税者」（tax-payer）にすることであると主張している[24]。これは、「経済学」の発想である。経済学者である中島隆信は、政府助成による特定サービスの無料化や安くする政策は高く評価されないという経済学の理論を紹介しながら、重度障害者の権利の確立と所得保障をした上で、受けたサービスに対して一定の対価を支払って経済システムに参加することが独立した意思を持つ国民の暮らしであるとしている[25]。
　櫻田は、人間である限り、社会で正当な役割を持ち、有用な人間でありたいとする人間観を持っている。「人間の矜持」が櫻田の行動の原点になっており、場合によっては、徹底的に人と戦い、血のにじむような努力に努力を重ねて、今の〈税金を納める地位〉を獲得している。それは盲ろう者で、同じく大学教員に就いている福島についても同様なことが言えるだろう。
　日本国憲法において、勤労は権利、納税は義務と規定されているが、桜田の中では、納税は努力して、獲得すべき権利に近い位置づけがなされているのではないだろうか。
　櫻田は言う、一定の収入を得ることによって納税という形で、社会の中で一定の役割を得る。福島は言う、障害があるがゆえに支払わなければいけない保釈金に関しては、1 円たりとも払いたくない。これら〈一定の税金を払いたいこと〉と〈1 円たりとも保釈金のような利用料は払いたくないということ〉について、言葉だけで判断すれば、かけ離れた場所にこの 2 つは位置しているように見えるかもしれない。また、京極の出発点は、「どんな負担

第 3 章　利用負担の方向性

なら国民も納得できるかを議論すべきだ」という言葉にあるように、障害があってもなくても、一定の経済的負担に関して個別的な可否検討をすることが、社会から求められていることであり、それを踏まえて、負担をしたり、軽減措置を受けたりという結果が続くと考えている。

「人間の矜持、誇り」という視点から見ると、福島と櫻田との考え方は重なって見えるが、福祉政策的には、京極と櫻田とは近いと考えられる。ただし、櫻田は、社会の障害者に対する〈不当なバリア、門前払い〉に対する抗議が原点にあり、そこは障害のある櫻田個人の強烈な体験から出発している。その点、京極には、櫻田のような出発点は認め難いのではないだろうか。つまり、結果（ゴール）の位置は近くても、思想の背景となる出発点には、相当な開きがあると考えられる。

費用負担問題の源流において、〈生活と誇りとの関係〉をどう組み立てていくかが横たわっているのである。

【注】
1　小笠原浩一・武川正吾編『福祉国家の変貌』東信堂、2002年、169-171頁
2　中西正司・上野千鶴子『当事者主権』岩波新書、2003年、139-142頁
3　岡部耕典「誰が『払い／律する』のか――ダイレクト・ペイメント論」（上野千鶴子・大熊由紀子・大沢真理・神野直彦・副田義也編集委員『ケアその思想と実践3　ケアされること』岩波書店、2008年、213-224頁）
4　岡部耕典は、「利用契約」という一点を除き、従来の措置制度と実体的な変更はないとし、代理受領という擬制により自治体－事業者－利用者の三者の関係は、措置制度の追認・強化するものであるとさらに踏み込んだ表現をしている。前掲3、225頁
5　社会保障審議会障害者部会における各関係団体が提出している資料を見る限り、数的には「応益負担」に対して、反対の意見が多かった。自立支援法による負担増や障害者の所得保障の不十分さから、利用者負担を求めるべきでないとか、「応能負担」に戻すべきという意見が報告書には紹介されている。しかし、報告書の結論としては、「低所得者に配慮した、所得に応じたきめ細やかな負担軽減措置」を行って、現実的には「応能負担」的な措置をとっているので、負担軽減措置の継続を前提とした、「応益負担」の原則を継続する考え方を示した。「応益か応能かという二者択一ではない、応益と応能とを共存させる」的な考え方と言えるであろう。この考えのもと、負担軽減にかかる平成20年度の緊急措置実施後の利用者負担率は、居宅サービスが平均約2%、通所サービスが平均約1%、入所サービスが平均約5%で、平均すると約3%になっている。
6　2009（平成21）年2月には、与党（自由民主党）障害者自立支援に関するプロジェクトチームによる「障害者自立支援法の抜本的見直し（報告書）」（2007年12月）を具体化する観点から、「障害者自立支援法の抜本的見直しの基本方針」が打ち出された。自由民主党は当初、

応益負担支持の立場であったが、わずか2～3ヶ月の期間のうちに応能負担支持を打ち出してきた。そして、政府は同年3月31日、応能負担に大きく方向転換した自立支援法の改正法案を閣議決定し、第171国会（常会）に提出したが、同年7月21日の衆議院解散に伴い廃案となった。

7 ただし、サービス利用量が少なく、1割負担の方が低い場合は1割負担とするとなっている。〈負担を1割以内に抑えるため〉がその理由となっている。これをどのように評価するかは課題の一つであるが、この改正は、実質的にも形式的にも「応能負担」への変更であると筆者は評価している。

「障がい者制度改革推進会議総合福祉部会」は、「障害者権利条約」（2006年、国連）と「基本合意文書」（2010年1月、国と訴訟原告との間で締結）の2つの文書を前提として検討作業を行った。その検討結果は、2011（平成23）年8月30日、「障害者総合福祉法の骨格に関する総合福祉部会の提言――新法の制定を目指して」にまとめられた。利用者負担に関する結論は、「他の者との平等の観点から、食材費や光熱水費等の誰もが支払う費用は負担をすべきであるが、障害に伴う支援は、原則無償とすべきである。ただし、高額な収入のある者には、収入に応じた負担を求める」としている。

8 岡部耕典「障害者自立支援法における「応益負担」についての考察」国立社会保障・人口問題研究所『季刊・社会保障研究』第44巻2号、2008年、186-195頁

9 障害者福祉研究所 編集『逐条解説　障害者自立支援法』中央法規出版、2008年、3-8頁

社会サービスの利用負担について、母子保健対策の諸サービスなど公共的性格が比較的強い公的サービスは、原則として無料にすることが望ましい。しかし、一般に私的財の性格が強いものは有料にすることが望ましいと大野義輝は言う。（大野義輝『社会サービスの経済化』勁草書房、1997年、157-159頁）

障害福祉サービスを使う人（使わざるを得ない人）と、使う必要がない人がいるという一点にこだわると、障害福祉サービスは、公共的性格が比較的強い公的サービスには分類されにくいのではないだろうか。とすれば、前提としては、〈有料ありき〉が出発点になるのかもしれない。論理的な展開に着目すると、障害福祉サービスは、私的財の利用ゆえ「益」という形に帰結するのだが、本章で述べるように言葉と現実との乖離がつきまとう。

10 平野方紹「障害者福祉サービス利用負担の変遷と応益主義導入のねらい」（障害者生活支援システム研究会編『障害者自立支援法と応益負担』かもがわ出版、2005年、45頁

11 野沢和弘は、「自立支援法＝悪法？」というテーマで、「サービス受給が削られた人は、声高に自立支援法批判を叫ぶが、新たな受益者は、自立支援法に賛成している。前者の声が大きく、後者は積極的に声を上げないというところに、実態と評価とのギャップがあるように思える」と述べている。特に、民主党が政権を取って以降は、後者を支持する声は一段と小さくなっているのではないだろうか。

野沢和弘「障害者自立支援法をめぐる現状と課題」全国社会福祉協議会『月刊福祉12月号』2009年、44-45頁

12 前掲8、187頁
13 前掲8、188-189頁
14 前掲8、192-193頁
15 ①「図表3-4　在宅の障害者数の全国推計値」の出典データについて
内閣府『平成20年版障害者白書』2008年、226頁を一部改
資料：◆在宅の身体障害児・者について～「平成18年身体障害児・者実態調査」（厚生労働省社会・援護局障害保健福祉部企画課、平成20年3月24日発表）
　　［調査目的及び方法］

在宅身体障害児・者の生活の実情とニーズを把握し、今後における身体障害児・者福祉行政の企画・推進のための基礎資料を得ることを目的とする。自計郵送方式。
　　［調査対象及び客体］
　　身体障害者実態調査～18歳以上の身体障害者（身体障害者手帳所持者及び手帳は未所持であるが身体障害者福祉法別表に掲げる障害を有する者）のいる世帯を対象とし、2,600国勢調査調査区に居住する身体障害者（平成18年7月1日現在）
　　身体障害児実態調査～18歳未満の身体障害児（身体障害者手帳所持者及び手帳は未所持であるが身体障害者福祉法別表に掲げる障害を有する者）のいる世帯を対象とし、9,800国勢調査調査区に居住する身体障害児（平成18年7月1日現在）
◆在宅の知的障害児・者について～「平成17年知的障害児（者）基礎調査」（厚生労働省社会・援護局障害保健福祉部企画課、平成19年1月24日発表）
　　［調査目的及び方法］
　　在宅知的障害児（者）の生活の実情とニーズを把握し、今後における知的障害児（者）福祉行政の企画・推進のための基礎資料を得ることを目的とする。自計郵送方式。
　　［調査対象及び客体］
　　全国の在宅知的障害児（者）を対象として、平成12年国勢調査により設定された調査区から、150分の1の割合で無作為抽出された地区が対象調査区。客体は2,584人、調査票の回収数は2,123で回収率は82.2%、有効回答数は2,075件で有効回答率は80.3%。（平成17年11月1日現在）
◆在宅の精神障害者について～「平成17年患者調査」（厚生労働省社会・援護局障害保健福祉部）
②「図表3-5　障害者就業状況に関する全国推計値（15歳以上64歳以下）」の出典データについて
「身体障害者、知的障害者及び精神障害者就業実態調査の結果について」一部改（厚生労働省職業安定局高齢・障害者雇用対策部障害者雇用対策課、平成20年1月28日発表）
［調査目的及び方法］
障害者の障害の種類・程度及び就業形態、職種等就業に係る状況の把握を行い、身体障害者、知的障害者及び精神障害者の自立と社会経済活動への参加をより一層促進するための基礎資料を得ることを目的とする。自計郵送方式。
［調査対象及び客体］
　全国の身体障害者、知的障害者及び精神障害者（平成18年7月1日現在、15歳以上64歳以下の者であって、身体障害者手帳、療育手帳又は精神保健福祉手帳等所持者）及びその属する世帯を対象として、平成12年国勢調査により設定された調査区を100分の1の割合で無作為抽出した調査地区内に居住する身体障害者、知的障害者及び精神障害者が客体

16　イメージ的には、「低所得」の中に「貧困」が含まれる。つまり、「貧困」状態にあれば、同時に「低所得」の状態であるが、「低所得」の状態であっても、「貧困」状態の場合もあれば、「貧困」状態にあるとまでいかないケースが考えられる。
17　髙藤昭 著『障害をもつ人と社会保障法――ノーマライゼーションを越えて』明石書店、2009年、168-211頁
18　「障害者自立支援給付支払い等のシステム」によれば、世帯単位による所得区分毎の利用者数とその割合が出ている。2008年1月現在のデータによれば、生活保護が9.77%、低所得1（市町村民税非課税世帯であって、利用者本人（障害児の場合はその保護者）の年収が80万円以下の人）が20.38%、低所得2（低所得1を除く市町村民税非課税世帯）が39.41%、市町村民税課税世帯が30.45%である。本文は、本人所得にかかる類推であり、注18は世帯単

位による市町村民税課税状況なので、この２つを直接的に結びつけることは論理上の飛躍が
　　　あるが、関連性の高い収入状況と推察できる。
19　崔英繁は、条約の基本構造を次のように整理している。

　　「本条約は全50条からなる。第１条〜第９条は総則に当たる一般規定である。条約を貫く基
　　本的な概念または原則であり、第10条以下の個別の条項を解釈するときには解釈の基本と
　　すべき重要な部分である。第９条〜第30条は「教育」や「雇用・労働」、「自立生活」等い
　　わゆる実体規定であり、国内的、国際的モニタリング等、条約の実施規定が第31条〜第40
　　条となっている。国内モニタリングの規定自体が他の人権条約にはない新しいものである。
　　そして、条約の効力発生や批准手続き等の最終条項規定が第41条〜第50条である。」

　　　崔英繁「障害のある人の権利に関する条約と障害者自立支援法——条約上の『自立生活条
　　項』からの検討」茨木尚子・大熊由紀子・尾上浩二・北野誠一・竹端寛編著『障害者総合
　　福祉サービス法の展望』ミネルヴァ書房、2009年、200頁
20　①前掲19、211-222頁
　　②崔英繁「自立生活」長瀬修・東俊裕・川島聡編『障害者の権利条約と日本——概要と展望』
　　生活書院、2009年、199-200頁
21　高藤昭は、機会平等を超えて、結果平等促進を本条約は求めており、第12条は障害のある
　　人の「法的能力（legal capacity）の享受ないし行使」が中心に据えられている条項であろう
　　という読み取りをしている。前掲17、87-91頁
22　前掲20-②、48頁
23　崔英繁「第12条【法の前の平等】条項をめぐる議論　パラダイム転換—支援された自己決
　　定—」DPI日本会議『われら自身の声Vol.23.1』2007年、19頁
　　「法的能力」という言葉の解釈が条約成立の最終段階まで争点になった。日本を含む大陸法
　　系の国々では、一部の精神障害者などの行為能力を制限する現行法との整合性確保のために
　　法的能力は「権利能力」であり、「行為能力」を含まないとしている。
24　櫻田淳『「福祉」の呪縛——自助努力支援型政策の構想』日本経済新聞社、1997年、98頁
25　中島隆信『障害者の経済学』東洋経済新報社、2008年、185-189頁
　　中島は、障害者がその人なりに能力を発揮して就労等を通じて社会に価値を提供することの
　　大事さを説き、福祉サービスは無料という発想を変えないといけないと述べている。また、
　　経済的負担があればこそ、サービス内容に不満があれば抗議できるとも述べている。（同書、
　　２〜６頁）まさに、この自立観は、障害者自立支援法の理念と一致するところであるし、応
　　益負担論者である京極の立場と基本線は同じである。

第4章　世話人の位置づけ

1　世話人の専門性と報酬等にかかる近年の動向

　日本グループホーム学会の資料（自立支援法施行前）によれば、「(自立支援法における)世話人・生活支援員の資格要件について，厚生労働省としては考えていないようです。しかし、高度の専門性が必要な仕事であるにもかかわらず，何も資格がいらないとなっていると、報酬が低く設定されたままになるという問題があり検討が必要です」（傍点：筆者）となっている[1]。善意に解釈すれば、新制度を動かしながら、世話人の資格要件等を考えていこうという場合もありえるのかもしれないが、資格要件的には、これまでと同様の世話人で可とするということが現実的な解釈であろう。

　前記の意見には、〈資格〉、〈専門性〉、〈報酬〉の3つのキーワードがある。この3点は相互に関連しあう。一般論的な言い方をすれば、専門性はある、しかし、報酬は低いということは筋としては成り立ちにくい。資格がない、(高度な専門性が求められるにもかかわらず)専門性がない(と認識されてしまう)、だから報酬を低くするというのは、一定の説得力を持ちながら、論理として成り立っていく。

　理念として自立支援法／総合支援法は障害者の地域生活移行をうたっている。しかし、自立支援法施行当時、障害程度区分によっては、報酬単価が切り下げられ、これに対応する形で、グループホーム等の新設を手控えたり、サービス水準を下げざるを得なかったり、また現状のグループホーム等を統廃合して、法人全体を維持しようとしたとの報告もあった。

　DPI日本会議議長(当時)で、頸髄損傷の三澤了(2013年逝去)は、2003(平成15)年の支援費制度も2006(平成18)年の自立支援法においても財政抑制の仕組みが強く持ち込まれたことに触れ、その一つに報酬単価の引き下

げが行われ、事業者の縮小と労働環境の悪化や仕事が長続きしないことの深刻な事態について危惧を示している。

　「福祉の現場で、働く人たちの生活が保障されなければ、それを利用している障害者の生活も成り立たない」[2]

　まさにそのとおりである。ごく当たり前に理解できる論理である。控え目に言葉を選んで言えば、普通の生活が、普通に実現できていない現実にケアを提供する側もケアを受ける側もさらされることを意味する。

　近年、介護の世界では、人材が定着しない、仕事に就いても賃金的に生活できない（ワーキングプア）など介護現場で働くことの脆弱さが指摘されて久しい。これと併行して介護・福祉にかかる教育の場における入学者の減少、さらには入学後に介護・福祉の現場の実態を知ることによって、学生達が民間企業に進路変更することも珍しくない。これらの現状に対し、厚生労働省は人材の確保・処遇改善を行うために、業務負担、専門性、地域差の実態を報酬（加算）に反映させるなどの対応策を打ち出している。

　また、障害福祉サービス報酬の見直しは定期的に行われているが、専門性につながる加算として2009（平成21）年度からスタートした「福祉専門職員配置等加算」がある。とても地味で、世話人の職務にかかる専門性に関連する加算として、以下の加算（Ｉ）、加算（Ⅱ）のどちらかの要件を満たしていれば、グループホーム・ケアホームおいて「福祉専門職員配置等加算」がつくしくみである[3]。

　本加算は、総合支援法においても、継続しており、平成27年度障害福祉サービス等報酬改定においては、社会福祉士等の資格保有者が35％以上雇用されている事業所に対して10単位／日の新設加算が追加された。このことは加算（Ｉ）に伴う専門性に対して相当な評価を与えたものと解釈できる。

　相談援助の専門職として社会福祉士の社会的位置づけは、業務独占の資格（例：医師免許がなければ、診察、手術などの医療行為はできない）ではなく、名称独占の資格（例：社会福祉士の資格がなくても福祉の仕事に就くことはできるが、社会福祉士を名乗ることはできない）である。

【福祉専門職員配置等加算】
(1) 福祉専門職員配置等加算（Ⅰ）7単位／日
　世話人または生活支援員として常勤で配置されている従業者のうち、社会福祉士、介護福祉士又は精神保健福祉士である従事者の割合が25％以上である場合に加算される。
(2) 福祉専門職員配置等加算（Ⅱ）4単位／日　①か②のいずれかに該当する場合。
　①世話人等として配置されている従事者のうち、常勤で配置されている従事者の割合が75％以上であること。
　②世話人等として配置されている従事者のうち、3年以上従事している常勤で配置されている従事者の割合が30％以上であること。

　このことを踏まえ、専門職と報酬を結びつける法整備として、医療現場においては、2008年度の診療報酬の改定により、社会福祉に関連する加算として「退院調整加算」が新設された。退院調整加算の施設基準に、「専従の看護師又は社会福祉士」の配置が条件づけられ、社会福祉士が行う退院調整に加算がつくことになった。診療報酬の点数そのものは低いけれども、医療という専門職集団の中で、医療ソーシャルワーカーの業務の一部が医療保険上で点数化の対象となったことは意義深い。

　実態的には、加算（Ⅰ）の対象となるグループホームは数的には少ないだろうし、また加算額自体も高くはないけれども、世話人の専門性に対する社会的認知度を向上させるためには大切な加算である。しかし、一定以上の勤続年数者割合と常勤者割合を専門性の評価指標とすることについては、退院調整加算に象徴されるように「職種・職務に伴っての専門性」だけを切り取って考えれば、本来の専門性に対する評価とは質的に異なるものではあるが、世話人の定着という視点から見れば、加算（Ⅱ）は考慮されるべき考え方である。

2　世話人とソーシャルワーク・ケアワーク

　社会福祉士を目指す学生たちの中には実習先施設・機関を選択するとき、その実習先でソーシャルワーク実習をやらせてもらえるのか、ケアワーク実習が中心なのか、などソーシャルワークとケアワークとの関係に関心を抱いている者が相当数いる。また、社会福祉士養成教育の集まり（教員、実践現

場)においても、ケアワークとソーシャルワークとの関係、それぞれの役割や機能、構造等について長年にわたり様々な議論が積み重ねられてきている。

社会福祉実習との絡みでいえば、実習の形としてケアワークかソーシャルワークなのかへの関心は、実践現場より教育側の方に強い。なぜならば、実習先で展開されている実習の形が教育内容との関係上、教育側の存在意義、アイデンティティに直結するものだからである。

笠間幸子は、ケアワークを「社会福祉分野の専門的な教育を受けた者が、加齢・心身障害等により社会生活上に困難をもつ人や成長途上にあって援助を必要とする人に対して、直接的かつ具体的な技術を活用して、身体的側面・精神的側面・社会的側面から援助すること」とし、さらに具体的な中身として、「①身体介護に関する技術（入浴・排泄・食事の介助）、②家事援助に関する技術（調理・掃除・洗濯・最善の環境整備等）、③社会生活の維持・拡大に関する技術（移動時・外出時の介助、レクリエーション・学習等の機会の提供）」と整理している[4]。

職種としては、介護福祉士、ホームヘルパー、全身性障害者・視覚障害者・知的障害者に対するガイドヘルパー等が挙げられる。

岩間伸之は、ソーシャルワークを「社会福祉の実践体系であり、社会福祉制度において展開される専門的活動の総体」とまとめている[5]。

さらに笠間は、ケアワークについて「ソーシャルワークとの関係で整理すると、基盤となる知識や技術の部分的重複はみられるが、両者は個別の援助として存在し、技術の統合はない」としている[6]。このことは、たとえば障害者支援施設の生活指導員はソーシャルワーカーという位置づけがなされているが、現場業務を考えたとき、実際的には、ケアワークの部分も多い。これは教育的背景（ソーシャルワーク教育／ケアワーク教育）の違いはあるものの、まさに笠間のいう「知識や技術の部分的重複」にあたることを示している。

では、世話人の業務とケアワークやソーシャルワークとの関係はどのように考えればいいのだろうか。笠間の整理に従えば、ケアワークとソーシャルワークはともに社会福祉分野の専門的な教育を受けた者が前提になる。制度上、世話人の資格は問われない（国家資格や任用資格等の縛りがないということ）ことを前面に打ち出すと、文言上の論理だけで考えれば、世話人の仕事

はケアワークにあてはまらないし、ソーシャルワークにも該当しないことになってしまう。しかし、グループホームは、第二種社会福祉事業に位置づけられており、また、援助の実際の場としても、様々な社会福祉の援助技術が展開されている。

　この状態のままだと論理と実態との整合性が図り難いので、論理上の枠組みに対して若干の工夫が求められる。つまり、ソーシャルワーカー（ケアワーカー）が行う援助は、ソーシャルワーク（ケアワーク）の手法を使っているが、社会福祉分野の専門的な教育を受けていない者であっても、援助の場において、ソーシャルワーク（ケアワーク）は成り立つということを前提にする必要がある。

　世話人の業務とケアワークやソーシャルワークとの関係についての議論は、現場はもとより、2004（平成16）年に発足した日本グループホーム学会においてもあまりなされていないのではないだろうか。その理由の一つとしては、実践現場側からすれば、世話人の業務とケアワークやソーシャルワークとの関係がどのようになるのかについて、「関心の度合いが低いのではないか」ということが予測の一つとして考えられる。予測の背景には、この問題がグループホームや世話人のあり方において、あるいは実務上の必要性において、検討すべき課題として優先順位が下位に位置づけられているからではないかと推察される。

3　世話人の要件等について——障害者自立支援法以前に立ち戻って

　自立支援法のもと、グループホームで働く職種としては、世話人のほか、「管理者」「サービス管理責任者」「生活支援員」が挙げられる。「障害者自立支援法に基づく指定障害福祉サービスの事業等の人員、設備及び運営に関する基準について」（2006年9月29日、厚労令171）によれば、世話人及び生活支援員の要件等は、「知的障害者福祉及び精神障害者の福祉の増進に熱意があり、知的障害者及び精神障害者の日常生活を適切に支援する能力を有する者でなければならない」と記載されている。さらにグループホーム利用対象者に身体障害者が含まれるようになり、総合支援法の制定に伴い「障害者の

福祉の増進に熱意があり、障害者の日常生活を適切に支援する能力を有する者でなければならない」となっている。
　次に、世話人が、自立支援法以前にはどのような位置づけであったのかを整理する。

3-1　要綱、及びハンドブックより

　知的障害者のためのグループホーム事業創設の際（1989年）、「精神薄弱者地域生活援助事業実施要綱」（その後、知的障害者地域生活援助事業実施要綱）（以下、「要綱」）が作成された。さらに精神障害者のためのグループホーム事業創設の際（1992年）には、「精神障害者地域生活援助事業実施要綱」が作成された。
　前記の各要綱において世話人は、次のように規定されている。
　①グループホームに世話人を配置すること。
　②世話人は、知的障害者（精神障害者）の福祉の増進に熱意があり、数人の知的障害者（精神障害者）の日常生活を適切に援助する能力を有する者であること。
　※世話人の要件等について、〈数人の〉という文言を除くと、自立支援法の前後で変更はない。
　③世話人は、グループホームの運営主体と委託契約又は雇用契約を結んだ者であること。
　また、知的障害者地域生活援助事業実施要綱とは別に厚生省児童家庭局障害福祉課監修による『知的障害者地域生活援助事業（グループホーム）設置・運営マニュアル2001年版』（以下、「マニュアル2001年版」）が作成されている。マニュアル2001年版の中で、世話人に関して、①世話人の要件等、②世話人の心得、③世話人の身分及び業務内容、④世話人の業務（1日・1年）、⑤代替要員の確保、⑥世話人の家族、の各項目について具体的な記載がなされている。（第7章　資料1）
　マニュアル2001年版によれば、専任の世話人を置かなければならないとし、「世話人の要件等」として、「資格、性別、年齢等は特に問わないが、知的障害者の地域生活について理解し、健康で、継続してグループホームの業

務が可能なことが要件となる」と記載されている。そして、注書きには、障害の理解、家事処理能力、受容的態度など世話人業務遂行能力が問われるとし、職業人としての経験や知的障害者と接した経験は役立つが、障害児の親であることや施設経験者であることは必要条件ではない（傍点：筆者）との記述がなされている。

　世話人の要件等を素直に解釈すれば、前段の「資格、性別、年齢」については、客観的な条件に分類され、人によって解釈が異なるものではない。どちらかと言えば、一般的な雇用条件に含まれるものである。

　後段の「……理解……健康……継続して……」は、判断する人によって解釈が異なる場合がある。障害の理解について、ここまで理解していれば、理解していることになるという客観性を持った判断基準はないし、健康と健康でない境というものも明確な線引きができるものではない。すなわち、実施主体側の採用条件等個別性の問題を考慮せずに解釈を緩やかにとれば、世話人という仕事を希望すれば、その門戸は広く開かれていると考えていいだろう。

　知的障害者グループホーム運営研究会は、世話人を希望している人が世話人にふさわしいかどうかは最終的には個別的な判断に委ねられるとしても、年齢的には少なくとも20歳以上、あまりにも高齢者であったり、病弱であったりするのは、ふさわしくないであろうと述べている[7]。これは常識的な判断を述べたものであり、実質的には、ほとんど制約がないのと同様である。

　世話人の援助観を中心に問うた聞き取り調査（2008年、第9章）において、精神障害者に初めて接して、心の病気をどう捉えたらいいのか、入居者との人間関係の中で世話人の心の安定が保てなくなるなど、世話人業務の継続可否について重大な要因になりうるエピソードが多く語られた。個人差を無視して、一般化した言い方をすれば、世話人の業務に〈就くこと〉は容易かもしれないが、それを〈継続すること〉の難しさにつながる含みが読み取れる。

3-2　世話人の要件等に関する背景

　中澤健（精神薄弱者地域生活援助事業創設時の厚生省障害福祉専門官）は、前述の「世話人の要件等」のことで、グループホームの質を軽視しているのではないかといった批判を浴びることになったと述べている。そして、この批

判に対して中澤は次の考え方を示した。グループホームのポイントは、街の中の普通の暮らしであり、グループホームが全国津々浦々にできることやグループホームが特別な場ではないことが必要である、と[8]。

「世話人の要件等」に関して間口を広げる（ハードルを低くする）ことと、グループホームが地域の中で普通の存在として見られることとの関連づけについては、議論が噴出するところである。しかしながら、仮に「世話人の要件等」のハードルを高くした場合、グループホームが全国津々浦々にできることの現実性は薄れたであろう。誤解を恐れずに言えば、グループホームに関する「量（グループホームの数）」と「質（支援内容や世話人の支援水準など）」との関係で言うと、ベストは勿論、「質も量も」ではあるが、ゼロからの出発を鑑みると、まずは「質より量」の発想が優先されたのであろう。

また、中澤の発想は、当時（主に戦後の一時期から始まった施設作りのラッシュ期を想定したもの）の施設作りのコンセプトとは根本的に違っている。街の中（≒イメージ的には、多少の日常生活上の不便はあっても、日々の暮らしにさほど支障がないエリア）に作られた施設もあるが、施設の多くは、地域住民との関係（施設の必要性は認めるが、それがわが町にできることに対しては異議ありなどの反対運動等。いわゆる総論賛成、各論反対）や経済的なこと（都外施設が一例として挙げられるが、施設の建設において、ある程度の広さを持つ土地が必要なので、地価の高い中心街に土地を求めることが困難）などを背景に、結果として、街から遠く、かつ、限定的に（街の中の普通に見られる光景ではなく、特別な存在としての建物とその役割という趣旨）作られてきた歴史がある。一方、グループホームの多くは街のできるだけ中心に、かつ、非限定的に（街の中にそれほど違和感なく溶け込む風景として、普通に存在する建物とその役割という趣旨）作られてきている歴史がある。勿論、原則と例外との関係で言えば、街中に作られた入所施設があるように、グループホームにおいても、街から離れて作られているグループホームがあることは言うまでもない。

3-3 制度の未熟の象徴として

3-3-1 「制度が成熟すること」の意味合い

「世話人の要件等」について考えることは、〈無資格者でもよいということ〉

と〈専任であることの必要性〉との関係について考えることでもある。この関係の中での世話人とは、〈普通のおばさん（世話人に対するイメージとしてしばしば語られていること）〉[9]と〈地域生活支援の実践家〉とを融合させた職種であると筆者は位置づけている。また、生活支援のジェネラリスト（食事や衛生管理など、日々の生活を維持・管理していくための生活技術を持った人）であり、課題解決のスペシャリスト（入居者の困り事相談等について対処したり、精神科関連の退薬などに対する危機管理等ができる人）でもある職種と言い換えられるのかもしれない。

しかし、看護師や介護支援専門員など公的な職種のように全国共通の理解が得られるのとは異なり、世話人の場合、運営主体ごとに、地域ごとに、世話人ごとにその捉え方や実際的な立場が異なる。地域ごと、法人ごとなど、あるまとまりで世話人を並べてみると、理解の得られ方において相当な幅があるだろう。全日本手をつなぐ育成会は、こういった世話人の位置づけについて「制度の未熟の象徴」といった表現をしている[10]。

では、逆に制度が成熟することの意味を考えてみたい。

わが国において、成熟した制度としてその代表的なものは、1950（昭和25）年から出発して、60年余りの歴史を積み重ねてきている「公的扶助（生活保護法）」を挙げることができる。現場のソーシャルワーカーが被保護者（保護受給者）たちから投げかけられる様々な生活問題に対して、ある一定の対応が〈蓄積〉として積み重ねられている。この〈蓄積〉は、日本のどこに暮らしても、居住地による保護基準（→生活保護費の算定根拠）に一定の差があるものの、福祉事務所の生活困窮問題に対する基本的な対応については、合理的な判断の範囲内において差がないことの担保となっている。つまり、各福祉事務所の若干の個別的判断の余地はあるものの（保護の申請受理や就労指導など保護の実施水準において問題をはらんでいる事務所の対応等を含む）、どの福祉事務所においても生活保護の実施水準が一定の範囲以内におさまるといった〈金太郎飴〉的な性格を有し、かつ制度の安定度も高い。このことは制度が成熟することの一つ形である。

制度が成熟することの意味合いについて、グループホームの現場と公的扶助の現場を比較して述べたが、公的扶助の場合、常に保護費という金銭（一

部、医療福祉サービス等の現物）がからみ、生活保護の開始・廃止という誰がみても〈わかりやすさ〉〈透明性〉が求められる領域である。したがって、ある面、制度として成熟せざるを得ないという責任・役割を有している。しかし、グループホームの現場は、世話人等が日常的に他者の家に入って、職人的・属人的な支援が求められる部分もあり、いわばマニュアル化しにくい部分が多く存在するという特性を有している。このような違いの中で、世話人の位置づけに対して、公的扶助のような制度の成熟性を求めることは現実的でない。

　したがって、方向性として、制度の成熟ということを考えるとき、公的扶助のような全国区での成熟と、グループホームの現場のような、その集団や地域などによって特色が出やすい、いわば地方区での成熟とに分けて考えることが必要ではないだろうか。

3-3-2　「制度の未熟性（度）」——中心と周辺との関係から
　次に世話人の待遇にスポットを当てて、「制度の未熟性」について考察する。
　日本知的障害者福祉協会地域支援部会のグループホーム調査（2001年）などにおけるまとめによれば、世話人の待遇の特徴として、低給与、社会保険の不備、勤務時間や休日等の定めの不備などが挙げられている。また、「2011年度障害福祉サービス等経営実態調査結果」（厚生労働省）においても、他の福祉関連従事者との比較の中で、世話人の待遇に関しては良くないことが認められる[11]。

　仮に就業している職員の満足度は別として、客観的な待遇条件としては、相当なもの（≒世間並み）であるとするのを「中心」とし、職員の待遇が必ずしも良くないというもう一つの現実を「周辺」と仮定してみる。このことは帰結として、周辺だから小さな問題であるというのではなく、状態として「中心」と「周辺」との関係を述べたものに過ぎない。それを踏まえて、注11の世話人の待遇条件を考えるとき、「周辺」が大き過ぎると認めることは容易であろう（「周辺」部分の拡大に対抗するため、方策の一つとして、介護報酬や障害福祉サービスの報酬改定がなされ続けている。本書79-80頁）。

　そうであれば、そこに制度の未熟さの一面を見出すことにそれほどの抵抗

感はないと思われる。ただし、このことは、各法人の組織的努力等を超えたところの、報酬単価など制度設計における構造上の問題によるところが大である。

　南高愛隣会の前理事長で、宮城県福祉事業団の理事長も経験した田島良昭は、人をどう育てるかについて、それ相応の処遇をすることが大事で、処遇なしには人は育たないと述べている[12]。処遇とは、まさに仕事に見合った待遇条件の整備であると言えよう。本章の冒頭で、三澤了の職員の生活を守ることが、障害者の生活を守ることにつながると語ったことの紹介をしたが、主張の柱は同じである。

4　世話人の社会的位置づけ

　「社会的位置づけ」というとき、ある程度、社会的な尺度でもってそれを測定できるものさしがあれば、それは一つの指標になる。ここでは、総務省統計局の「日本標準職業分類」と「日本標準産業分類」を用いることによって、世話人の社会的位置づけについて概観することとする[13]。

4-1　「日本標準職業分類（第5回改訂。2009年12月統計基準設定。2010年4月1日から施行）」における世話人の位置づけ

　「日本標準職業分類一般原則」によれば、職業とは個人が行う仕事（一人の人が遂行するひとまとまりの任務や作業）で、報酬（賃金、給料等労働への対価として給されたもの）を伴うか又は報酬を目的とするものをいう。また職業分類は、仕事の分類と人に対してその仕事を通じて適用し、職業別の統計を表示するために用いられるものである。分類構成としては、大分類（12）－中分類（74）－小分類（329）となっている（カッコ内はその数。以下、同様）。

　総務省統計局のホームページ上において、グループホームの世話人という文言そのものは、見当たらない。世話人の仕事に近いと推察される職業分類を小分類から探ってみた。1997年12月（第4回改訂）において、小分類「福祉施設寮母・寮父」が、母子生活支援施設、身体障害者福祉施設、老人福祉施設等において、更生・介護の仕事に従事するものという説明がなされてい

る。その内容例示として知的障害者福祉ホーム管理人、身体障害者福祉施設寮母・寮父等が挙げられており、近似的に世話人が当てはまるのではないかと思われる[14]。

小分類「福祉施設寮母・寮父」について、第4回改訂と第5回改訂とでは、その位置づけが異なっている。第4回改訂では、大分類「専門的・技術的職業従事者」－中分類「社会福祉専門職業従事者」―小分類「福祉施設寮母・寮父」となっているが[15]、第5回改訂では、小分類「福祉施設寮母・寮父」そのものがなくなっている。小分類「福祉施設寮母・寮父」(第4回改訂)に近いものとしては、小分類「介護職員(医療・福祉施設等)」(第5回改訂)が考えられる。小分類「介護職員(医療・福祉施設等)」の説明としては、「医療施設、福祉施設、老人福祉施設等において入所者及び通所者に対する入浴、排せつ、食事等の介護の仕事に従事するものをいう」となっており、その例示として、障害者支援施設等寮母・寮父が挙げられている。ちなみに、小分類「介護職員(医療・福祉施設等)」にかかる大分類は、「サービス職業従事者」(中分類「介護サービス職業従事者」)となっている。

この分類枠組みの変更には、論点として次のことが挙げられる。

①結果として、介護職員(医療・福祉施設等)に関して、生活支援員(本書21-22頁)の説明としては適合するが、世話人も介護職員に含まれるとなると、生活支援員と世話人に関し、制度上の説明と統計分類上の位置づけの間にズレが生じてくる。

②寮母・寮父という職種に着目すると、障害者支援施設等の寮母・寮父の方は、第5回改訂に際し、前述の変更があった。しかし、母子生活支援施設の寮母・寮父は、第5回改訂での変更はなく、第5回改訂の表記を使うと、大分類「専門的・技術的職業従事者」以下は、中分類「社会福祉専門職業従事者」－小分類「福祉施設指導専門員」の位置づけとなっている[16]。つまり、社会福祉施設という括りは一緒でも、領域の種別(支援の対象)によって、統計上の分類枠組みが異なるということになる。

京極高宣は、福祉専門職の職業分類上の位置づけについて、次のように述べている。社会福祉士が成立する以前は、具体的な職種名としては、保母と社会福祉主事の2つが小分類として明記されていたのみであった。前記のよ

第4章　世話人の位置づけ　89

うな小分類になったのは、社会福祉士及び介護福祉士法が成立する1年前の1986（昭和61）年である。京極は、「こうした職業分類の改正は人目につかない地味なものであるが、社会福祉士法の成立の前哨戦としてそれなりの歴史的意義を有したと思われる」と評価している[17]。

4-2 「日本標準産業分類（2007年11月改定）」における世話人の位置づけ

「日本標準産業分類一般原則」によれば、この産業分類は、各事業所で行われている経済活動を各事業所の単位として分類したものである。

分類構成としては、大分類（20）－中分類（99）－小分類（529）－細分類（1,455）となっている。

グループホームについて、まずは、大分類として「医療 福祉」がくる。つぎに中分類として「社会保険・社会福祉・介護事業」がくる。さらに小分類として「障害者福祉事業」が、細分類として「居住支援事業」がくる。「居住支援事業」には、「施設等に入所・入居して生活する障害者につき、入浴、排せつ又は食事の介護、身体機能又は生活能力の向上や日常生活の世話、就労に必要な知識及び能力の向上のために必要な訓練その他の便宜を供与する事業所をいう。例示として、障害者支援施設；ケアホーム（障害者福祉事業のもの）；グループホーム（障害者福祉事業のもの）」と説明が続いている。「日本標準職業分類」に比べると、ケアホーム・グループホームにかかる事業分類はきわめて明確である。

ただ、行政分類の制約上やむを得ないのかもしれないが、「施設等に入所・入居して生活する障害者につき」という表現は気にかかる。グループホームが〈施設等〉の〈等〉に入るのかもしれないが、グループホームが地域のなかにあるごく普通のアパート暮らしのことを示す、あるべき形とのズレが想起される。このことは、認知症高齢者のグループホームの火災等（2006年大村市、2010年札幌市）に絡み、グループホームの位置づけが自立支援法／総合支援法では住まいとなっているが、消防法では社会福祉施設並みの防火基準を求められている建築物であることのズレにも関係してくる。ただし、このズレは人の生命・財産を守るために必要不可欠なズレである。

【注】
1 障害のある人と援助者でつくる日本グループホーム学会　編集『季刊　グループホーム Vol.9　夏号』Ｓプランニング、2006年6月、13頁
2 DPI日本会議『DPI日本会議「われら自身の声」Vol.24.2』2008年
　DPI（Disabled Peoples」International）は、身体、知的、精神など障害の種別を超えて活動する障害者当事者団体として1981年に設立。DPI日本会議は第1回世界会議（シンガポール）に参加した障害者リーダーを中心として1986年に発足。
3 本加算は、療養介護や生活訓練など他の障害福祉サービス事業においても、一定の条件のもと、算定できる。
4 笠間幸子「ケアワーク」山縣文治・柏女霊峰編集委員代表『社会福祉用語辞典　第8版』ミネルヴァ書房、2011年、72頁
5 前掲4、岩間伸之「ソーシャルワーク」、245頁
6 前掲4、笠間幸子「ケアワーク」、72頁
7 知的障害者グループホーム運営研究会編『知的障害者グループホーム運営ハンドブック』中央法規出版、2001年、90頁
8 中澤健編著『グループホームからの出発』中央法規出版、1997年、28-29頁
9 ①日本知的障害者福祉協会地域支援部会『地域支援部会関係調査報告書2002』日本知的障害者福祉協会、2002年6月、33頁、116頁
　　国の制度による全国のグループホームにおける運営状況と利用者の実態調査。2001年8月1日現在、1,646ホーム（回収率74.9％）、世話人1,946人が対象。1ホームあたり平均1.2人の世話人が従事。男女比では、男9.7％、女89.5％。（利用者　男64％：女36％）。40才台以降が82.5％。
　②日本知的障害者福祉協会　地域支援部会『地域支援部会関係調査報告書2008』日本知的障害者福祉協会、2009年3月、29頁、43頁
　　平成20年度グループホーム・ケアホーム実態調査。2008年4月1日現在、3,184ホーム、世話人2,885人が対象。男女比では、男12％、女88％。（利用者　男：女＝6：4）。40才台以降が81.2％。
　※自立支援法施行前後において、世話人に関する男女比や年齢構成上に大きな変化は認められない。
10 全日本手をつなぐ育成会編『地域生活ハンドブックⅠ　グループホーム』全日本手をつなぐ育成会、1998年、78頁
11 ①前掲9-①、117頁。
　　以下、世話人に関するものを一部、要約。
　　・給与・委託料の月額～雇用形態に関係なく、15～20万円未満が30％前後で最も多い。勤務時間との関係もあるのだろうが、5万円未満の人が9.8％である。
　　・勤務時間、休日・休暇の定め～「定めがない」が、勤務時間ついては27.3％。休日・休暇については、23.3％。
　　・賞与または期末手当について～「支給されている場合」が合わせて52.7％。時間外手当が27.6％、通勤手当が28.4％。
　②「2011年度障害福祉サービス等経営実態調査結果」（厚生労働省社会・援護局障害保健福祉部）
　　※2010年度における収支状況、従事者数、給与等を調査したものである。以下、グループホームに関連した調査結果の一部である（2011年4月1日現在）。

- 従事者の配置状況として、
  12 の直接処遇職員の常勤率は、全体が 81.0%（2008 年調査 81.5%）。
- ※ 12 の直接処遇職員～サービス管理責任者、サービス提供責任者、看護職員（保健師、看護師、准看護師）、理学療法士・作業療法士、児童指導員又は保育士、就労支援員、職業指導員、生活指導員・生活支援員、ホームヘルパー、相談支援専門員、世話人、栄養士
- 世話人の定着率は
  共同生活援助 単独型で 61.5%（2008 年調査 65.1%）
  共同生活介護 単独型で 45.7%（2008 年調査 42.1%）
  共同生活援助・共同生活介護一体型で 54.9%（2008 年調査 36.8%）
- 従事者 1 人当たりの給与（年収）の状況として、常勤者（全体）の場合、世話人は、12 の直接処遇職員の中で一番上の最高収入額から 11 番目に位置しており、2,963 千円（2008 年調査 2,499 千円）。最高収入額は、サービス管理責任者の 4,906 千円（2008 年調査 4,371 千円）。また、12 の直接処遇職員の給与（年収、単純平均）は 3,866 千円（2008 年調査 3,535 千円）。（厚生労働省ホームページより）

12　田島良昭『施設解体宣言から福祉改革へ』ぶどう社、1999 年、135 頁
13　以下、総務省統計局のホームページより。
14　世話人の分類について、総務省統計局に電話で問い合わせたところ、仕事の性格から判断して、筆者の見立てで間違いないのではないかとの回答であった（2006 年 1 月 10 日）。
15　第 4 回改訂（1997 年）
　　大分類「専門的・技術的職業従事者」～「高度の専門的水準において、科学的知識を応用した技術的な仕事に従事するもの、及び医療・教育・法律・宗教・芸術・その他の専門的性質の仕事に従事するものをいう（一部）」。
　　中分類「社会福祉専門職業従事者」～「福祉事務所、児童相談所、更生相談所、婦人相談所、社会福祉施設及び福祉団体等において、専門的調査・判定、相談、保護、教護、援護、育成、更生、介護等の仕事に従事するものをいう」
　　小分類「福祉相談指導専門員」、「福祉施設指導専門員」、「保育士」、「福祉施設寮母・寮父」、「その他の社会福祉専門職業従事者」の 5 つが設定されている。
16　第 5 回改訂（2009 年）
　　小分類「福祉相談指導専門員」～児童福祉施設、障害者支援施設、老人福祉施設等の福祉施設において、専門的な保護、自立支援、援護、育成、介護の指導の仕事に従事するもの
17　京極高宣『日本の福祉士制度』中央法規出版、1998 年、115-117 頁

第5章　世話人の専門性[1]

1　世話人と専門職

　社会福祉士養成教育における相談援助実習の関係でいえば、社会福祉協議会、児童相談所、児童福祉施設、障害児・者施設、高齢者福祉関連施設、医療機関など様々な現場で実習が展開されている。そのねらいはいうまでもなく、福祉の「専門職養成」である。

　社会福祉の専門職とは何か。これはこれで大きなテーマであるが、ここでは、「国家試験や認定講習会、あるいは競争試験を経るなど一定の知的水準を超えたことの証明として、社会的評価を含んだ免許・資格や競争試験の合格等を得て、高度な倫理観を基盤にしながら、専門的な知識・技術を福祉の対象者等に提供できる人材」と仮に定義しておこう。

　世話人は制度上、国家資格としての社会福祉士や精神保健福祉士のような位置づけの専門職ではない。また、前述の仮の定義にあてはまるような専門職でもない。しかし、世話人は、グループホームを支える、重要というよりも中心的な職種である。このことは、自立支援法以前の知的障害者（精神障害者）グループホームの時代においても同様である。

2　専門職の専門性と関連職種等の専門性

2-1　専門性とその周辺

　「社会福祉における専門性とは何か」。長年にわたって、問われ続けられてきた問いであるし、これからも問われ続けられる問いである。

　『社会福祉用語辞典　第8版』（2011年、ミネルヴァ書房）には「専門職（profession）」[2]という用語は出てくるが、『六訂　社会福祉用語辞典』（2012年、

中央法規出版）には「専門」にかかる用語は掲載されていない。

　『社会福祉の専門技術』という本がある。1975（昭和50）年が初版なので、社会福祉士が誕生する前の書物である。そこには、短期大学を卒業して保育園に勤めた１人の保母（保育士）の１年間のソーシャルワーク活動（ケースワーク、グループワーク、コミュニティ・オーガニゼーション、社会福祉調査、社会活動法、社会福祉運営管理など）を通じて、援助者として成長する軌跡がフィクションの形式で描かれている。

　「専門職（profession）」と「専門家（specialist、specialized worker）」に関しては、定義とその関係について簡単に触れられているが、〈専門性とは何か〉について、具体的な内容には触れられていない。「『専門』の二字が多くの意味をあらわすので、混同も起こっているようだが」としながら、この保母の活動を通して、ソーシャルワークというものを「人間の特定部分だけに関わるのではなく、『社会環境における一全人』として個人を掴まえる、そういう専門性をもったものである」（傍点：筆者）と結んでいる[3]。「専門性」それ自体に関する定義はせずに、社会福祉実践活動（この場合、保母活動）という多くの時間と場面とを有機的・立体的に組み立てたものの中に「専門性」という本質が存在する、という表現の仕方である。

　社会福祉士誕生以降のものとしては、秋山智久が「専門」に関して多くの仮説等を用いながら言及している。社会福祉の「専門性」の意味合いとして、①社会福祉の専門性、②ソーシャルワークの専門性、③施設・機関の専門性、④職員の専門性の４つの区分があるとしながら、前述の『社会福祉の専門技術』と同様に、「専門性」「専門職性」「専門職制度」の概念が混同されていることに触れ、この３つを以下の図表5-1で整理している。

　「『専門性』は専門職性の基礎となる『学問・研究のレベル』の課題を持ち、抽象度が高い項目が要点となる」としている[4]。

　社会福祉士の職能団体である日本社会福祉士会は、「社会福祉士の倫理綱領」と「社会福祉士の行動規範」において、〈社会福祉士の専門性〉とは、ソーシャルワークにかかる価値・知識・技術の総体であり、地域や文化等の背景によって、必要とされる専門性が異なると位置づけている。また、専門性を身につける方法として、スーパービジョン、教育・研修、情報交換・自

表 5-1 援助専門職の専門性・専門職性・専門職制度の要点

	専門性	専門職性	専門職制度
A レベル	学問・研究	職業	制度・システム
B 理念・目的	独自の視点 　アプローチ 　知識の探求	実用性・有用性の重視 問題解決・援助 生命・生活・人生への支援 生活と人権の擁護	サービス利用者のための社会的発言力の強化 職業的確立 身分安定 社会的承認
C 理論	理論的体系学問の相対的独自性	独自の対象 　方法 　業務 　　の探求	試験科目
D 実践の方法・技術 （サービス利用者のための）	実践・援助の方法・技術の探求	独自の技術習得と開発 技術の普遍化	技術テスト 技術レベルの確保
E 手段的価値	価値の解明 独自の価値	秘密保持 非審判的態度 受容 専門職の権威 情緒的中立性 利用者の自己決定 個別性の尊重	禁止条項（懲罰） 倫理綱領
F 理念・目的の達成手段 （専門職のための）	研究方法 　（文献研究 　　調査 　　観察）	専門職集団組織化 養成 訓練・研修 チームワーク スーパービジョン 他職種との連携	有資格者集団 法定資格 民間認定資格 人材確保の財源 業務指針 配置基準 給与体系 労働条件 専門職的下位文化

出所：秋山智久 著『社会福祉実践論[方法原理・専門職・価値観]』ミネルヴァ書房、2000年、207頁

主勉強会などの自己研鑽、情報収集などをあげている[5]。

　三井さよは、対人専門職（person profession）について、医療・福祉・教育・法律などの分野で他者の「生」を支えることを職務とし、通常の対人サービスが対象者の要望にただ従うことが職務であるのに対して、対人専門職は自らが対象者に対して何をなすべきか、できるかを規定できることに根本的な特徴があると整理している。その中で、当事者の意思を軽視するわけではないが、当事者が自らの「生」を支える上で何が必要かを十分に把握して

いるとは限らないという前提のもと、「当事者（＝対人専門職にとっては対象者）の自己決定に任せればいいというほど問題は単純ではない」として当事者の自己決定の限界について述べている[6)]。

　長期入所（入院）の知的（精神）障害者の場合、人によっては、本来ならば入所（入院）生活の必要がなかったにもかかわらず、周囲の意向が強く反映して、入所（入院）生活を余儀なくさせられてきた歴史がある。つまり、家族を含めて福祉・精神科医療の専門職が、三井の表現を借りれば、〈自らの対象者に対して何をなすべきか、できるか〉の結果として長期入所（入院）の歴史を作ってきた部分がある。

　三井の前提は、阪神・淡路大震災での対人専門職のボランティア経験からというある種限定された条件のもとで、当事者の意向を尊重しながらも、対人専門職の判断・能力にその正当性・専門性を置いた専門職論である。三井の前提を障害者の地域生活移行問題と直接的に結びつけることの無理はあるが、長期入所（入院）の知的（精神）障害者に関わった福祉・精神科医療の専門職が積み重ねてきた実践活動の中で、〈自らの対象者に対して何をなすべきか、できるか〉という点において、結果として当事者・関係者間のズレ（具体的には、社会的入院・社会的入所など。本書37-43頁）を生じさせてきた。このことを踏まえて、自立生活運動における〈リスクを犯す権利〉や利用者主体の尊重などの中で、三井の言う専門職に課せられた責任の重さを社会的にも対人支援的にも、専門職の専門性に絡めて、どう実現していけるかが問われている。

2-2　援助風景の中での専門性

　「専門」という言葉の意味は、「一つの学問・職業などをもっぱら研究・担当すること。また、その学問や職業」（『新潮国語辞典』新潮社版、1965年）である。換言すれば、専門職に付随する専門知識・技術・（倫理）という捉え方になるであろう。

　西欧社会において、「専門職（profession）」という場合、一般的には、〈聖職者・医師・弁護士〉に対して用いられていた。しかし、目覚しく科学技術が発達した現在において、専門職の領域は、この３つにとどまらない。

専門職と呼ばれるための特性として、まずはその仕事に「専門性（≒専門知識・技術・倫理）」が伴わないといけないということは繰り返し述べられてきている。また、高度な倫理観を基盤にしながら、医師・弁護士など免許・資格にかかる名称独占や業務独占の性質として有する「排他性」、研究者など免許・資格という社会的な制度はないけれど、その業務を行うのに高度な知識や技術を要する「独自性」といった別の規準も必要となるであろう。
　次に福祉の現場と専門職や専門性とが交わる風景について考えてみよう。
　"あの人は、A県で福祉専門職の採用試験に合格した"などの例にあるように、専門職と仕事との結びつきは、容易にイメージしやすいであろう。
　では、仕事と専門性との関係はどうであろうか。たとえば、24時間対応の重度障害者への食事支援に関する専門性ということを考えるとき、そこには障害福祉サービス事業所の常勤職員、家族、学生、ボランティア、非常勤のホームヘルパーなど多くの人の関わりが想定される。同じ食事支援をある立場の人（専門職）がやれば、専門性の高い支援になり、別の立場の人（関連職種等）がやれば、専門性の低い支援になるかといえば、そういうことにはならない。支援を受ける側にとって、支援の提供者が専門職か関連職種等かよりもどのような支援を受けられるのかといったニーズの充足の方が重要な関心事である。したがって、支援を提供する側の癖・やり方などに個性（個人差）はあるが、提供される支援の質（≒専門性）は、一定レベル以上であることが求められる。また、福祉現場の中には、専門職と関連職種等とが専門性を協同的に発揮しながら、支援を行っている現実がある[7]。
　このことは、専門性は専門職のみに付随・占有されるものではなく、現場で展開されている実践を尊重するために、少なくとも福祉現場においては専門性の守備範囲を拡げることが現実的に求められていることを意味する[8]。このように考えることは、前述の様々な立場の人が関わるであろう、24時間対応の重度障害者への食事支援における専門性に関する論理上の整合性をはかることにもつながる。
　判断能力が不十分な成年者（認知症、知的障害など）を保護するための制度として、成年後見制度（民法）がある。厚生労働省は、専門職後見に加えて、市民後見の重要性として、「弁護士などの専門職後見人がその役割を担うだ

けでなく、専門職後見人以外の市民後見人を中心とした支援体制を構築する
必要がある」（「市民後見推進事業実施要綱」の目的より）としている。このこ
とはまさに、上記専門性の守備範囲を拡げることの一つの形である。

3　世話人の専門性──２つの事例を通じて

3-1　施設経験者と普通の主婦のはざまの中で

3-1-1　コロニー雲仙（長崎県雲仙市／本部）[9]

　田島良昭らは、平成元年に国のグループホーム事業が始まって、世話人
の確保の大変さに触れ、世話人としては、２つのタイプがあることを述べて
いる。「一つは、施設勤務の経験があり、ある程度専門的な知識のある人で、
もう一つは、これまで知的障害のある人に接したこともない。いわゆる近所
のおばちゃん的な専業主婦の人で、利用者に人気があったのは、『近所のお
ばちゃん』の方だったのです。（中略）施設を出て、まちの中のグループホー
ムで暮らしても、そこで受ける支援がまた施設の延長のようで息が詰まる、
ということなのでしょう」[10]

　田島のこの考え方は、科学的な根拠があってのものではない。しかし、こ
の考え方には、重要な知見が含まれている。施設勤務を経た人が全て、世話
人に不向きかというとそうではないし、近所のおばちゃんが全て、世話人と
して成功するかといえば、そうではない。施設勤務経験者であっても、入居
者に対して良質の支援を行っている人はたくさんいるし、近所のおばちゃん
の中にも、一人よがりで、他者の意見を聞かずに、自分の経験を入居者に押
し付けるなど良質とは言い難い支援を行っている人はいる。

　結論的には、〈その人次第〉ということになるのだが、「人は考えているほ
ど経験から自由にはなれない」という一面は注目されるべき点ではないだろ
うか。施設経験者がグループホームで仕事をするとき、「人は考えているほ
ど経験から自由にはなれない」という前提に立てば、入居者との関係のなか
で、いわば、〈負の遺産としての施設経験〉が出現してしまう可能性が含ま
れることになる。田島の本意は、施設経験者において〈負の遺産としての施
設経験〉が必ず出現してしまうからということではなく、出現の可能性に対

する危惧を示したものに近いのではないだろうか。

3-1-2　太陽の園（北海道伊達市）

以下、太陽の園が運営するグループホームにかかる支援活動方針の一部である。

人口3万5千人が住む北海道伊達市には、約200人の知的障害者が地域で暮らしている（1990年代後半当時）。そして、地域生活援助のための社会資源の一つとして多くのグループホームが存在し、世話人の多くは障害者福祉の仕事にまったく関わったことがない主婦が担っている。その理由としては、地域生活では食事や健康面の援助が最も大切であると考え、グループホームを普通の家庭と同じようなものにしたいと考えたからであるとしている[11]。

施設の色、匂いなどを排除したいということにおいて、先の田島が述べていることと共通している。

ところで、グループホームでの食事支援を普通の家庭と同じようなものにすることは専門性の軽視につながるのであろうか。

家庭の台所でできたことが、同じようにグループホームの台所でストレートにできるかといえば難しい。仕事で食事を作ること（グループホーム）と家族のために食事を作ること（家庭）を単純に比較しても、作られた食事を食べる人の違い（入居者と家族成員）、台所のつくり、グループホームでの食事支援に関する運営主体の考え方、食事支援にかけられる時間と予算など環境そのものが大きく異なる。したがって、グループホームで煮物を作るにしても、作る手順を家庭とは変えなければいけない場合もあるだろう。「グループホームでの食事支援」と「家庭での食事作り」、この橋渡しをいかに行うかが、世話人には問われている。世話人自身が有している生活技術について、微調整能力（修正能力）が求められているとも言える。また、グループホームの食事支援において、入居者と一緒に食事をとりながら、高品質のコミュニケーションが求められることもグループホームによってはある。これらのことを総合的に判断すると、グループホームにおける支援はきわめて専門性の高い営みと言わざるを得ない。

図表 5-2　ソーシャルワーク実践にかかる2つの理念型

	知の源泉	実践主体の主要な属性	実践の実行上の機構
立場A	経験	人柄	技能（勘、コツ）
立場B	理論	資格	技術（マニュアル）

出所：米本秀仁／安井愛美「実践構造論：序説」日本社会福祉学会『社会福祉学』第30-2号、1989年、2-3頁をもとに筆者作成

3-2「普通のおばさん」と社会福祉実践の理念型

　前述の2つは、グループホームの先進的な取り組みを行っている地域の事例であるが、共通項は「普通のおばさん」である。

　実践報告の中において、雇用条件、援助の特性などにより以下の従事者が少ないせいもあるのだが、「普通のおじさん」「普通のお兄さん」「普通のお姉さん」という言葉は出てこない。このことは、「普通のおばさん」だけがよくて、「普通のおじさん」「普通のお兄さん」「普通のお姉さん」が世話人業務に適さないということでは勿論ない。

　「普通のおばさん」からイメージされるところは、世話人全体において40歳台以降の女性が多いという背景のもと、象徴的な意味合い（≒身近に存在する主婦層）で用いられているのだろう（本書91頁注9）。また、支援内容において、食事支援が時間的にも、支援の必要度（優先順位）からも、中心とならざるを得ない現実が一枚加わって、「普通のおばさん」というイメージ強化につながっていると考えられる。

　では、「普通のおばさん」は何によって支えられているのだろうか。米本秀仁らは、社会福祉実践やソーシャルワーク実践を行う場合、〈何を知の源泉にして、実践を行うか〉ということで図表5-2にあるように2つの理念型を描いている。

　立場Aは実践の態様が、「人格化（≒誰が行うか）」されるのに対し、立場Bでは「脱人格化（≒どのような資格条件を備えた人が行うか）」されることになる。そして、この2つの立場が対立・排除し合うものなのか、折衷的に調停されるものなのか、別の立論がありうるのかという問題意識を持って論が進められている。

本章に立ち戻れば、世話人に関して特別な資格要件が求められていない現状（熱意と適切な対処能力があれば可）において、また、立場A、Bの構成要素から判断して、技術（マニュアル）的な要素が求められる部分はあるものの、世話人の基本的立場としては「立場A」である。

3-3 あらためて、世話人の専門性を問う

　社会福祉実習において、多くを学んできた学生よりも白紙の状態で現場実習に臨む学生の方がよいという声を中堅の立場にいる施設職員から聞いたことがある。この施設職員の言葉と前述したコロニー雲仙、太陽の園の考え方とを繋いでみると、一見すれば、共通して専門性を軽視しているかのように見えるかもしれない。しかし、その背景には、専門性の軽視ではなく、ある一定の経験（この場合、専門教育を受けていたり、福祉現場の実務を経験していること）が、その業務（学習）を行う際に、阻害要因になる場合がありうるという見方が含まれているのではないだろうか（→「負の遺産としての施設経験」）。表現を変えて言えば、「過去の体験を大事にしつつも、そこから時には自由になることの難しさというものが存在する」と書き換えることができる。

　一般的な言い方をすれば、人や人の営みを理解しようとするとき、知識を含めた経験、それまで受けてきた教育、人間関係、習慣、自分自身の性格・ものの見方などが複雑に絡み合ったものを総合化して、人は判断する。そして、積み上げてきた〈その人の知の体系〉はとても尊い。反面、人は〈その人の知の体系〉があるからこそ、自由に人や人の営みを理解することを困難にしている場面にも出くわす。すなわち、過去の経験則に縛られて、思考したり、行動することは往々にしてある。特に、その経験がその人にとって人生上の大きな位置を占めているならば、なおさらである[12]。

　知的障害者グループホームでの、ある世話人からの「洗濯の話」。

　施設では通常、洗濯を夜にしていたのだろうが、そのグループホームでは洗濯物の量によっては朝にしてもよいことになっている。世話人が朝に洗濯をすることも可能であるという助言を入居者に伝えたが、受け入れてもらえなかったという。

実際に解決すべきトラブルの場面ではないということを踏まえつつ、この状況の背景を入居者の自己決定の結果とみるか、性格的に融通がきかないとみるか、判断能力の問題とみるか等によってこの洗濯行動の解釈が違ってくる。

　しかし、視点を変えて、入居者からすれば、長年、施設で積み上げてきた大切にすべきことは「夜の洗濯」という経験であり、それを臨機応変に塗り替えていくということは、ある面それまでの入居者が生きてきた証しを塗り替えることになるのかもしれない。「たかが洗濯ではなく、されど洗濯」という見方も可能である。

　前述のようにそれまでの経験から自由になることの大切さと困難性を併せ持ったのが人間である。このような人間観のもと、抽象的な表現ではあるが、〈世話人の専門性〉を筆者なりに定義するとすれば、次のようになる。

　　「経験が持つある種の不自由さと生活体験の大切さを踏まえて、普通の暮ら
　　しを普通の方法で演出・実践できる能力」

　「グループホームのあり方検討委員会報告書」（2004年）において、グループホームが抱えてきた課題の一つである〈世話人の資質〉について、次のようなまとめがなされている。「国制度発足当初は、一般就労している人が対象で、世話人は食事作りが主な業務であった。利用者の世話をするから『世話人』で、『普通のおばさん』でよく、（中略）その後、利用者の生活の質の向上、利用者の多様化などから、世話人の資質向上が課題となっている」[13]。

　つまり、時代的には、国制度発足当初の一般就労している障害者という入居対象者の枠が拡がっていることもあり（就労要件の撤廃）、「普通のおばさん」を基盤にして、積み上げの部分が求められてきている。このことは、支援費制度から自立支援法／総合支援法の時代になり、法制度上の変更に伴って、場合によっては、複雑な事務手続き等の業務をこなすことの困難性に加えて、入居者との関わりを深めれば深めるほど、食事支援のみでは終わらない日々の現実を多くの世話人は体験していることを見ても、容易に理解できる。

4 普通を実現するための専門性とは——限りなく普通の感覚を

4-1 〈普通〉と〈専門〉との隔たり

普通とは、「広く一般に通じること」「一般、通常」（新潮国語辞典）という意味である。"私の仕事は特殊だから…""私の学校は特別だから…"という日常的な会話がある。普通でないことが特別や特殊になるのであろう。しかし、言葉で説明するとき、普通に比べたら、特別や特殊の方がどこか説明しやすい感覚はないだろうか。それは、違いや突出した部分に触れることができれば特別や特殊につながると考えられる部分があるからではないだろうか。

一方、〈普通〉には、世間一般に通用する尺度がイメージされる。そして、世間一般に通用する尺度を説明しようとするとき、どこか漠然とした感覚がある。このことが、"普通にやればいい"と言われたときにその難しさを実感する源になっているのかもしれない。

〈普通〉と〈専門〉——この２つの言葉の間に距離感を感じる人は多いであろう。このことの背景には、一般的な言い方をすれば、誰にでもできるのが〈普通〉であり、誰にでもはできないのが〈専門〉であるとするイメージの存在がある。洗濯をすることは普通のことであり、一定の知識・技術を持った国家資格保持者のみに許される注射をすることは専門的なことであるという意味においては、この距離感に多くの人が同意できるであろう。しかし一方、〈普通〉をそんなに単純に考えていいのだろうかという思いを抱く人も相当数いるであろう。筆者もその一人である。

4-2 普通のなかの専門性と人間の「枠」の拡大

ある世話人は、入居者の日常生活の観察を通じて、知的障害の有無に関わらず、大体は同じ動きであるけれど、洗濯物を干すときにしわを伸ばさず、そのままで干すので、生乾きになって臭いと述べている（「回答3」、本書164頁）。

通常、洗濯物をハンガーにつるすとき、天気のことを案じたり、左右のバランスを考えたり、人によっては外に干してよいものとそうでないものとの

区分けをしながら、その作業を行う。普通をより普通らしくするために、「生活の知恵」という「ある種の専門性」が必要になってくる部分である。つまり、質の高い普通の生活を演出するためには、「普通のなかの専門性（≒経験知）」という要素が重要になってくる。

　経験知を得るためには、ただ経験すればよいというものではない。社会福祉実習に関わっている教員は、「現場での観察」の大切さを学生達に伝えている。観察も経験の一つであるが、その際、ただ見ていればよいというものではない。観察に対する意味づけをその学生なりにしなくてはならない。前述の例で言えば、「生乾きによる匂いという経験」を「しわを伸ばして干すという経験知」にどれだけ引き上げられるかが問われているのである。

　養護学校（現：特別支援学校）の元教員で、現在、評論活動を幅広く展開している佐藤幹夫は、人間の「枠」を拡げることの大切さを説いている。障害を持つ子どもの中には、言葉を持たない、労働も困難である、社会的権利も制限されているという面では西欧的近代が作った人間的理念から外れる者もいる。しかし、どんなに障害が重くても間違いなく人間である。現実と理念をつなぐため、「労働であるならば労働という概念のもつ枠を拡げよう。手を挙げるとか、握る-離す、などの動きができるのであれば、それを活用し、一連の作業過程の中に組み入れて、活動を組織していく。そのことも労働なのだと認めよう」と述べている[14]。

　佐藤自身、教員として、日々繰り返される障害を持つ子どものとの教育的関わりの中で、"人間とは何か"を問い続けた結果として、西欧的近代が作った人間的理念の枠を拡げるという一つの経験知をもつに至っている。

　専門性を狭く捉えると、国語辞典に載っている意味合いや社会で通常使われている専門性になり、「普通のなかの専門性」と間にズレが生じる。しかし、前述したように関連職種等の専門性や佐藤の論理を借りて、専門性の「枠」を拡げれば、世話人の専門性を強化する論理や根拠になりうる。

4-3　かけがえのない世話人への脱皮に向けて

　世話人の専門性にかかる定義の次にくるのは、具体的な実践場面で、専門性の具体的中身を何とするか、どのような状態であれば、専門性が身に付い

ていると判断されるのか、あるいはどうすれば身に付けることができるのかなどへの問いである。これらの問いに対し、どのような場合でも該当するという意味での一般化した答えを導き出すことはできない。もし、正解というものがあるとすれば、それは各実践現場の中にしかない〈個別性への帰結〉ということになるのかもしれない。ちなみに専門性が身に付いているかどうかの判断は、知識・技術を自分の内から外に取り出す、具体的には他者に伝えることを通じて確認ができる。したがって、知識・技術が身に付いていなければ、他者に伝えることができないという現実に出くわすことになる。

　世話人の力量形成（専門性）において、抽象的な表現ではあるが、普通というものさしにどれだけこだわれるかを実践の中で試してみる価値はある。このことは、仕事の入り口として「誰にでもなれる世話人（one of them）」から、業務の中で「他の誰でもない、Bさんでないとなれない世話人（only one あるいは No.1）」に変質していくことにつながっていく。

5　数字に換算できる専門性と数字に反映し難い専門性を車（援助）の両輪に

　2004（平成16）年12月に厚生労働省は、グループホームの支援費区分１の単価の２割削減という提案をしている。厚生労働省はこの提案の背景として、グループホームの数が予想以上に増え、予算が足りなくなったが、グループホームの数の増加を抑制したくないので、支援費単価を２割削り、数を増やしていきたいと説明している。論理は「数字の組み換え」である。総枠はいじらないから、それと引き換えにそれぞれの現場において経営上少しずつガマンして欲しいという論理である。一見、"そうかなぁ？"と思わせるところがミソである。

　限りある財源の中で、報酬単価が決められていく原理そのものは知的には理解できる（納得ではない）。数字による論理を押し返すためには、数字による論理とは別の論理を鍛えることが必要である。つまり、一般論で言えば、第三者に理解してもらえる「資格要件等が求められない職種の専門性」をどうやって組み立てていくかが問われている。

本章は、文献と日常、普通などの言葉や風景にこだわりながら、筆者なりに世話人の専門性について整理・考察したものであるが、数字の論理には対抗し難い限界性を有しているのも現実である。

　日本グループホーム学会受託による独立行政法人福祉医療機構（高齢者・障害者福祉基金助成）平成17年度「グループホーム支援方策推進事業」報告書に「グループホームスタッフ業務調査報告」が記載されている[15)]。グループホームにおける支援の実際を模擬障害程度区分判定調査と支援時間をサンプリング的な郵送調査等によって把握し、それに関連して世話人の業務分析や業務タイム把握のなかで、グループホームの業務を具体的な数字に置き換えている。さらには、時間数に表しにくいが、日常生活上、対人的、社会的関係の問題を引き起こす者への対応を「関係支援」という概念を用い、これを障害程度区分に反映させることの重要性を述べている。このことは、様々な場面で展開されている専門性を有する業務を「数字として」読み替えていく作業であり、すなわち、援助という定性的な場面を〈数字という共通言語〉を使って、定量的な場面に変換する分析を意味している。

　数字に換算できる専門性と数字に反映し難い専門性－この2つの専門性を車（援助）の両輪とする考え方である。福祉施策に現場の問題を反映させるためには、できるだけ〈数字に換算できる専門性〉に転換するための技術の構築という方向性を持たせるのが、基本となる。しかし、前述の「関係支援」のように数字には換算し難い現実というものも一方にはある。それに対しては抽象的な表現であるが、リアリティを伝えるための〈描写〉という方法の精度を高めることが、現場を支える力になる。

【注】
1　宮本秀樹「障害者グループホーム・ケアホームの世話人にかかる『専門性』に関する一考察」（常磐大学 コミュニティ振興学部紀要『コミュニティ振興 第9号』2009年3月、125-135頁を一部改）
2　「熟練した秘儀的な専門技能サービスをクライエントに有償で提供する職業」で体系的な理論、高い職業倫理が求められるとしている。
　　山田浩「専門職（profession）」、山縣文治・柏女霊峰編集委員代表『社会福祉用語辞典 第8版』ミネルヴァ書房、2011年、240頁
3　塚達雄編著／井岡勉・木内正一著『社会福祉の専門技術』ミネルヴァ書房、1975年、206-209頁

4　秋山智久『社会福祉実践論［方法原理・専門職・価値観］』ミネルヴァ書房、2000 年、206-208 頁
5　社団法人日本社会福祉士会倫理委員会編集『社会福祉士の倫理　倫理綱領実践ハンドブック』中央法規出版、2007 年、46 頁、145-147 頁
6　三井さよ『ケアの社会学——臨床現場との対話』勁草書房、2006 年、30-38 頁
7　宮本秀樹「実習と福祉職」(小木曽宏・柏木美和子・宮本秀樹編著『よくわかる社会福祉現場実習』明石書店、2005 年、14-15 頁を一部改)
8　知的障害者グループホーム運営研究会は、世話人のすべてに専門性を求めることは難しいし、理念的にも正しいことであろうかと疑義を提示している。さらに、世話人とバックアップ施設との役割がうまく進めば、世話人に特に専門性を求めなくても運営できると述べている。これは、筆者の立場とは異なり、専門性に関する中身と範囲の捉え方の違いに拠る。
　　　知的障害者グループホーム運営研究会編『知的障害者グループホーム運営ハンドブック』中央法規出版、2001 年、91 頁
9　田島良昭が理事長をしていた「社会福祉法人　南高愛隣会」(コロニー雲仙)は、「ふつうの場所で　ふつうの暮らしを」を合言葉に、障害者を中心に、子どもから高齢者までの地域の暮らしを支える多種多様な事業展開や医療・福祉・司法・労働・教育分野にわたる調査研究や政策提言を行っている。(「社会福祉法人　南高愛隣会」のホームページより一部改)
10　田島良昭 編著『ふつうの場所で、ふつうの暮らしを～コロニー雲仙の挑戦　くらす篇』ぶどう社、1999 年、110 頁
11　太陽の園・旭寮 編『施設を出て町に暮らす』ぶどう社、1993 年、85-86 頁
12　前掲 7　宮本秀樹「利用者からの学び」、125-126 頁を一部改
13　日本知的障害者福祉協会　地域支援部会『地域支援部会関係調査報告書 2005』日本知的障害者福祉協会、2005 年、33 頁
14　西研・佐藤幹夫『哲学は何の役に立つのか』洋泉社、2004 年、92-95 頁
15　障害のある人と援助者でつくる日本グループホーム学会編『新たなグループホーム支援の展開　「NAGAYA 文化論的グループホーム支援を考える」——地域で支えるグループホーム支援のあり方検討』、2006 年 4 月、9-34 頁

第Ⅱ部
世話人の声に耳を傾けて

第6章 グループホームにおける生活世界へのまなざし[1]
——入所施設生活との比較において

1 グループホームの生活風景

1-1 入所施設の「集団生活」とグループホームの「集合生活」

　　「集団は、まことに多彩なかたちでわれわれの前に現れるが、われわれは当初から、多かれ少なかれ、何らかの集団のうちにおいて自己を見出すのであり、パーソナリティの形成に際しても、人々の生活の維持に対しても、集団は、重要な役目を果たすのである」(山岸健)[2]

　障害者福祉で地域生活移行というとき、病院を含む施設入所生活が必要以上の期間にわたって生活の場となっていることを社会的課題の象徴的事象として捉え、このことを変えていく方向性のスローガンとして、「入所施設から地域へ」という流れを一般的には指す。そして、「地域」という場合、原家族への復帰、アパートでの一人暮らし（あるいは共同生活）、グループホーム等障害福祉サービス事業による居宅支援の３つが代表的な受け皿としての社会資源になる。

　入所施設（以下「施設」、もしくは「入所施設」）の生活を短い言葉で表現すると、日常的な対人接触場面において、個と個との距離が近くならざるを得ない〈集団生活〉という言葉が適合的である。"ここは集団生活の場だから、皆で整理整頓をしよう"とか、"集団生活なのだから、一人のわがままはいけないよ"といった言葉が自明のものとして日常生活に現れてくる。このように個と集団との関係を考えると、個よりも集団が優先されることは多々あり、このことは私たちの日常生活を振り返ってみても、一般的には、大した抵抗感なく受け入れられている。集団が優先される前記の言葉に対して明

らかに間違っていると抗議をする人は、極めて少数派に分類されるであろう（間違っていないと認識されているがゆえに、逆に困る部分もあるのだが）。

その逆は、"集団生活においても、個々人の好き嫌いは大事にしないといけないよ"とか、"整理整頓は個々人が判断すべきであって、皆できれいにしようという合意まで必要ないよ"と主張する場合などを例として挙げることができる。これらの主張は通常、周囲からそれ相当の反発を受けるであろうことは容易に想像できる。その先において、集団生活（行動）を軽視する〈自分勝手〉というレッテルを貼られかねない。

一方、グループホームを入所施設での集団生活と比較すると、グループホームは日常的な生活場面において、個と個との距離を必要に応じて変更することが可能となる、あるいは集団からの個への圧力を逓減できる〈集合生活〉というイメージで捉えることができる。「集合住宅」という居住形態があるが、グループホームの生活は、理念型的には「個に配慮した援助付き集合住宅」と表現できる。

「個に配慮した援助付き集合住宅」の性格づけが可能な居住形態として、〈援助付き〉の部分を留保しながら、私たちの生活を見回してみると、個室タイプの大学の寮や会社の独身寮が外形的には似ている[3]。ところが、グループホームと大学の寮や会社の独身寮との間には、決定的（根本的）な違いがある。大学の寮や会社の独身寮での生活は、基本的に〈期限（条件）付き〉である。学生、独身という属性を失った時点で、その集合住宅的な生活を終了しなければならない。しかし、グループホームは違う。通常、本人が望めば、基本的には継続して生活することが可能である。つまり、他の集合住宅との比較において、「期限なしの援助付き集合住宅」という見方もできる。ただ、細かいところでは、当該集合住宅を退去するための諸条件（次のステップへの移行等）などの違いはあるのだが。

1-2　グループホームの風景場面

建築思潮研究所編／林章著『建築資料研究　80グループホーム——知的障害者の住まいと生活支援』（建築資料研究社、2004年）という本がある。林という建築家が、①すぐれたバックアップシステムの実践、②居住者の障害の

程度が偏らないことへの配慮、③グループホームを広義に解釈して、厳密にはグループホーム等には入らないものも含む、の3つの基本的な選定基準を設定して、専門家の意見も参考にしながら、全国百数十か所のグループホーム等を見て回った結果選定された、グループホーム等の写真集である。

　福祉的な説明に加えて、建築設計上の面積、設備、平面図などのデータの記載や外観、内観を写真にしていることにこの本の特徴を読み取ることができる。

　ところで、「一般市民の暮らし」というものが定義できないのと同様、「グループホーム入居者の暮らし」という一般的な定義もできない。100人の入居者がいれば、100通りの生活がある。しかし、これだと何もグループホームのことを伝えていないし、グループホームのことをまったく知らない人に対して、知らないままにしておくことになってしまう。したがって、本章においては、「グループホーム入居者の暮らし」という球状のものから暮らしの一部の風景を写真という形で切り取り、グループホームでの暮らしに関するイメージ化を試みる。

　前述の林は、知的障害者グループホームの3要素として、①住まい、②世話人、③バックアップ施設を挙げている。私たちが家探しをするとき、住まいの場所や大きさ、同居人、周囲の環境、交通の利便性などその人（家庭）それぞれの事情によって、選択している。ハードとしての住まいは、生活の質を左右する重要な柱である。それは、グループホームにおいても同様である。

1-2-1　全体の見取り図・写真1[4)]
　既存の一戸建て、アパート、マンション、社員寮、公営住宅などを改修したもの、新築住宅など全国には様々なタイプのグループホームがある。写真1の見取り図は、人間に例えれば、レントゲン写真における骨格のようなものである。建物自体の大きさや各々の部屋の空間は多様であるが、間仕切りとしては、典型的なつくりであると思われるものを選んでみた。

1-2-2　各部屋〜外からの風景・写真2[5)]
　前述したように、グループホームは〈集団生活〉ではなく、〈集合生活〉である。一人ひとりの独立した生活の存在が必要である。他の人と同じ屋根

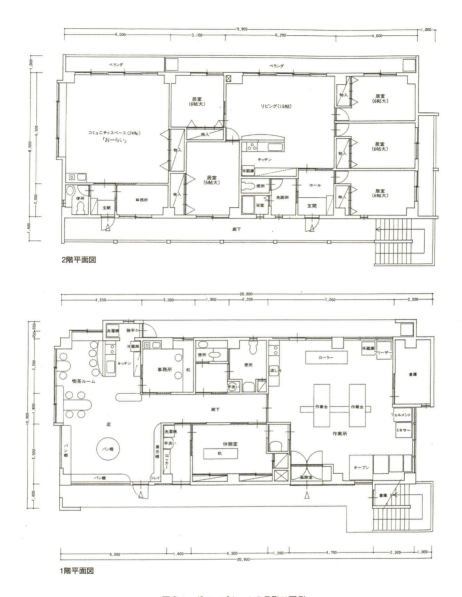

写真1　グループホームの見取り図例

写真2　各個室が並ぶ　©岡本寛治

写真3　入居者同士での食事風景　©鈴木悠

の下で暮らそうとも、独立した空間の確保のために、まずは「個室」が必要となる。

1-2-3　食事・写真3[6]

　生きること（生活・暮らし）において、〈食を切り離した生活〉というのは、考えられない。一般的な言い方をすれば、食は人の生を支え、また楽しみの部分にもあたる。

　食事作りは、世話人が料理を作るパターン、世話人と入居者とが協同して作るパターン、入居者が自分自身で作るパターンと大雑把に分類すれば、この3つに大別でき、1つのパターンで固定しているところもあれば、パターンを組み合わせて運用しているところもある。そこに入居者が自由に買ってきたものを食べるというパターンがくっついてくる。また、具体的な食事の風景としては、この写真のように入居者同士が一緒に食事をとるパターン

もあれば、別々に食事をとるパターン、さらには、一緒に食事をとるときと別々に食事をとることを組み合わせた食事パターンなどがある。入居者同士の食事に世話人が加わって、一緒に食事をとるところもある。

　食の領域は、世話人にとって力を発揮できるところであり、世話人と入居者、入居者と入居者との日常の人間関係が現れやすい部分でもある。本書の第8～9章において、食に関する世話人の言葉は豊富かつ多彩であった。

1-2-4　専用の居室において一人で過ごすこと——他者を正当に排除できる 写真4[7]

〈集合生活〉の一つであるグループホームにおいては、他者と同じ屋根の下で暮らそうとも、通常、一人ひとりの独立した生活空間の確保が求められる。と同時にグループホームでの〈集合生活〉は、他者との共同生活である。つまり、生活空間が、入居者が排他的に占有できる部分と共同的に使用することが求められる共有スペース（例「食事・写真3」本書114頁）の2つに分けられている。

　施設において、2人部屋に2人で生活するということは、特別な事情がない限り、同室者の排除は許されないということである。つまり、専用の居室を持つということは、一定の社会的なルールのもと、他者を正当に排除できる権利（≒一人になれることの権利）を行使することであり、断りなしに自室に他者が入り込むことを拒絶できる権利が保障されることを意味している。

写真4　テレビやゲームなど、一人の時間を楽しむ入居者　©畑亮

設備としては、共有スペースにあたるトイレなども、性格的には、この権利が同様に保障されている。

施設生活において、同室の他者とトラブルが生じて、同室者との共同生活維持が困難になった場合、〈居室調整〉[8]という形で、入居者の移動が行われ、結果的に一人部屋になることがある。しかし、それは、排他的に他者を排除できる権利の行使として一人部屋になったのではなく、第三者（≒職員）が入っての調整による結果としてである。一人でいることの意味がグループホームと比較して、その出発点が異なる。選択や自己決定といった権利性にかかる側面で根源的な相違がある。

1-2-5　相談援助場面・写真5[9]

〈集合生活〉といっても、会社の独身寮や大学の寮と違い、オプション（これを使う、使わないは入居者の判断によるという意味なのだが）としての〈相談援助機能〉が、生活の中に組み込まれていることはグループホームの特徴の一つである。

向谷地生良は、年間1億円の日高昆布等の売り上げのある「浦河べてるの家」（精神障害者の当事者活動や昆布販売など様々な事業を運営している有限会社・社会福祉法人）を支えている実践活動として、「ミーティング」「話し合う力」を挙げている。そして、ミーティングを各自が抱えている問題の解決ではなく、問題を出し合い、お互いを励ますプログラムとして位置づけている（傍点は筆者）[10]。一般的には、そ

写真5
（上）玄関の壁にある連絡事項を伝えるポケット
（中）相談室で相談員と話し合う
（下）相談室にはスケジュール表などが貼られている
Ⓒ鈴木悠

の人が抱えている生活課題の解決が援助の目的と捉えられがちであるが、ここではミーティングの中で、他者との関わり過程の中に身を置いたり、話し合いの時間を共有すること〈それ自体〉を援助の目的としており、援助の位置づけを幅広く見出している。

また、中西正司と上野千鶴子は、障害者自身が福祉サービスの受け手から担い手に代わるというスローガンを掲げている自立生活センターの基本的な事業として「ピアカウンセリング」を挙げている。中西と上野は、「ピアカウンセリングでエンパワーした障害者が、施設や在宅生活から出て、地域で自立生活をする時に必要となる生活技術を、先輩の障害者が後輩の障害者に伝えていく、障害者文化の伝達活動」と表現している[11]（傍点は筆者）。

ここには、相談援助を〈障害のない人－障害のある人〉の関係だけで考えるのではなく、ピア的な関わりである〈障害のある人－障害のある人〉との関係の中で再定義し、当事者固有の体験を「文化」として捉え直す視点が盛り込まれている[12]。

相談援助場面というとき、入居者と相談員との話し合いの場の光景が一般的には連想されやすい。持ち込まれた問題の性質にもよるが、個人情報にかかる細心の注意のもと、個に関わる問題を共有化できれば、そのグループホームにとって相当な知的財産や活動の源になり得る。〈相談援助機能〉は、向谷地、中西、上野が述べているように当事者間の関わりを含め、間口の広い、奥行きのある営みを含んでいる。

1-2-6　日中活動の場の場面・写真6[13]

ここは、2階がグループホームになっていて、1階部分が日中活動の場になっている。

外形的には、〈職〉と〈住〉とがとても近い距離にある。そして、〈職〉と〈住〉との距離は、微妙な問題を孕む。

障害福祉サービスを組み込んだ1日の生活を機能的な視点で見ていくと、「日中活動の場（≒職）」と「夜間支援（≒住）」とに分けられ、日中活動の場としては、収入を伴わない活動（創作活動、環境整備など）から一般就労や福祉的就労（作業所など）まで、幅広い。

生きがい、経済的保障、人間関係などにおいて、グループホームでの生活がうまく送れるかどうかの重要な鍵を、時間的に1日の四分の一から三分の一を過ごすであろう、この日中活動の場が握っている。一般的に、日中活動の場は、共同生活の場（≒夜間支援）であるグループホームとは別空間に存在する。ところが、入所施設のように、この〈職〉と〈住〉がとても近い距離にあるグループホームもある。

サラリーマンのような給与生活者などの場合は、〈職〉と〈住〉との空間的関係は、その距離の差はあれ、一般的には離れている。一方、自営業者などは、この写真のように〈職〉と〈住〉との距離が隣接、あるいは近接していることが、珍しくない。つまり、生計の基盤となる働き様によって、〈職〉と〈住〉との距離が規定されてくる。しかし、自営業者やこ

写真6
（上）入口の外観。1階が作業所、2階がグループホーム
（下）作業所の様子
© 岡本寛治

の写真のグループホームのように〈職〉と〈住〉との距離が近くても、生活ニーズを外で充足する環境の存在が、多くの市民が日常的に過ごしている暮らしという意味での「普通の生活」の実現にとっては、必須となる。

一方、入所施設は、「職住一致」はもとより、生活ニーズのほとんどをその施設内で充足する機能を有している場合も多い（Ex. 公共交通機関が利用できない、人里離れた場所に建てられた施設はその典型例）。このような環境を「自

己完結型生活環境」と整理することができる。必要最小限のニーズの充足はできるが、自己決定や選択について相当な制約を受ける環境である。したがって、重症心身障害児施設（現、医療型児童発達支援センター、医療型障害児入所施設）など一部の施設を除き、ノーマライゼーション重視の視点からすれば、グループホームと日中活動の場とのあるべき関係は、「自己完結型生活環境」といかに距離をとれるかという課題につながっていく[14]。この距離の問題は、日中活動の場そのものの充実と同程度に、重要なポイントになってくる。

2　入所施設を体験することの意味合い

2-1　入所施設をめぐる価値評価

　　「人間であることは、社会的世界のうちにおいて生活すること、社会的リアリティ（現実）のうちにおいて生活することを意味するのであり、（中略）日常生活は暮らしにほかならない」」（山岸健）[15]

　『もう施設には帰らない』[16] という本がある。知的障害のある人の声を関係者が聞き取り、文章化した本である。題名や編者名だけで判断すると、〈施設は良くない〉、〈グループホームは良い〉といった、ある種、一方的な印象を与えるし、当事者の声を読んでも、大体、そのようなトーンである。
　仮の話として、入所施設・グループホームの良さ（支援内容、職員の質、利用者の満足度など）というものを測るものさし（基準）が存在するとして、日本全国の津々浦々にある入所施設・グループホームにそれをあてはめた場合、ものさし（基準）上では質的に〈良い施設〉と〈良くないグループホーム〉というものが出てくるかもしれない。
　『もう施設には帰らない』の「はじめに」において、野沢和弘（2015年現在、毎日新聞社論説委員）は次のように述べている。「自然に囲まれ、明るく、広々として、職員たちの処遇技術や意識が高い、素晴らしい入所施設もあります。親が愛情を込め、長い年月をかけて築いてきた入所施設もあります。では、こうした良い施設で暮らしている障害者は果たして幸せなのでしょうか？と

きどき施設を訪ねてくる親や行政の関係者の目には素晴らしい施設に映っても、その中でずっと生活している人がどう思うかはまったく別問題です」。

　野沢は視点の置き方によって見え方が違ってくることを指摘している。あらためて問う。入所者にとって〈良い施設〉と思える場所に住んでいれば、『もう施設には帰らない』ということは起こらないのだろうか。

　私たちがいきいき感を実感するためには、山岸が他者たちの出会いとそのなかにおいてこそ人間が人間として生きられると述べているように[17]、「生きられる世界」を体験できるかどうかにかかっている。「生きられる世界」の中にこそ社会的リアリティはある。社会的リアリティが感じられない所に暮らしはない。「生きられる世界」を体験する、社会的リアリティを感じる暮らしとは、A.シュッツの表現を借りれば、「われわれは単にこの世界の中で活動しているだけでなく、それに対して活動している」（A.シュッツ、傍点は原文のまま）体験を積み重ねることを指す[18]。

　「はじめに」で、野沢は自身の大学、予備校の寮生活での体験を踏まえて、次のように述べている。「私の寮生活は一年で終わりました。初めから期間が決まっていた集団生活でさえも苦痛でならなかった私にとって、入所施設で暮らしている知的障害者のことを論じる資格などないのかもしれません」

　寮生活の一年を苦痛に思うか、思わないかにおいて、個人差というものはあるだろう。しかし、仮にその寮生活が〈良い生活〉で、20年も30年も続くとしたらどうだろうか。20年間、30年間という期間は一つの区切りかもしれないが、人生を振り返ったとき20年、30年の寮生活を肯定的に受け入れる範囲内にあるかどうかという意味において、この長さの区切りはあまりにも厳しい時間である。仮に、〈良い生活〉という指標があるとすれば、具体的に何年とは決められないが、その当事者にとって納得ができ、かつ取り返しがつく有期限の入所施設の場合に限り、かろうじてその判定は論理の上で、可能になるのかもしれない。しかし、「あえて判定しようとすれば」というただし書きがつく形での判定基準であり、現実的にはきわめて個別的な判断部分に占める割合が多くならざるを得ない。人生という複雑な要素が絡み合い、一回性で不可逆的なものに対して〈良い生活〉の判定は難しい。

　微妙な言い回しになるのだが、入所施設それ自体が悪いのではなく、入所

施設の使われ方に〈良い使われ方〉と〈良くない使われ方〉があるのではないか。

1970年代における障害児殺し事件にかかる生存権運動、養護学校義務化反対運動など障害者運動の一つの主体としての「青い芝の会」は、障害当事者の自由、自己決定という考え方を自立生活運動の中で価値として高く捉えている。

「青い芝の会」のメンバーである荒木義昭は、「青い芝の会」の運動のなかで、学んだことの一つに「施設を否定しないこと」を挙げている。グループホームを含むケア付き住宅も荒木から見れば、施設であるし、大事なのは「好きなところで、好きなように生活できること」としている。このことは、施設の〈良い使われ方〉と〈良くない使われ方〉の区分につながる考え方ではないだろうか[19]。

2-2 価値評価の理念型的整理

P.L. バーガー＝T. ルックマンは、「繰り返された行為は、すべてある程度習慣化される傾向」を持ち、「相互に関連し合うような、持続的な社会状況の存在」が観察者の側である種の類型化を引き起こすと述べている。さらに「AとBとの双方にとって、その共通の場で意味をもちうるような行為」が類型化されやすい行為であるとしている[20]。「総合評価的に良いと考える施設」「総合評価的に良くないと考える施設」（以下、「総合評価的に」は略）とは、まさに職員、入所サービスを使っている当事者本人（以下、「入所サービスを使っている」は略）の双方にとって、「意味をもちうるような行為」の束に対する評価の結果である。また、A. シュッツは、類型による世界の解釈は、論理的な推論の産物ではないし、科学的概念化の結果ではないことを強調している[21]。このことを踏まえて、以下、入所施設にかかる価値評価に関する類型化とその意味解釈を試みる。

「良いと考える施設」と「良くないと考える施設」という価値観の軸に、職員と当事者本人という主要な利害関係者の二者を絡めると、図表6-1にあるように4つの類型が理念型的に設定できる。

類型Aは、「職員が良いと考える」場合と「当事者本人が良いと考え

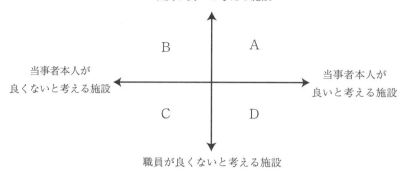

図表 6-1　入所施設にかかる価値評価の 4 つの類型

る」場合とがうまくかみ合って、論理上は「良い施設」となる。しかし、「2-1 入所施設をめぐる価値評価」で野沢が触れたように、このような「良い施設」は現実的には存在し難いと筆者も考える。職員と当事者本人との関係において、対等・平等が何らかの形で保障されているならば（≒当事者の自由な意思の表明が不利益を招かないしくみの存在）、職員の「良い施設」という評価に対し、場合によっては、当事者本人自身の良心や個々の好み等に基づき、「良くない施設」という自己決定が可能となる。しかし、現実的には、職員と当事者本人との関係の中で、必ずしも対等・平等という形が保障されているわけではない。そうなれば当事者本人が職員の考え方に合わせる形で「良い施設」と評価する可能性がある。つまり、「良い施設」という評価の裏に「見せかけの良い施設」という価値判断が潜んでいる可能性がある。

類型 B は、「職員が良いと考える」が、「当事者本人は良いとは考えない」場合である。教育現場において、良質な授業を提供していると教員側が考えても、それを受講する学生達は、必ずしもそのように捉えていないことはよくある。授業を受ける学生達が、サイレントマジョリティ的な存在（≒声をあげない人たち。福祉サービスを利用する当事者本人達の中にも多くいる）であれば、そうしたケースは多くある。援助提供者と当事者本人達との「立場による力関係」の現実から考えると、類型 B の評価は多いのではないか。

類型Cは、当該施設に対して「職員、当事者本人とも良くない」と考える場合である。野沢のいう「良い施設」とは全く逆方向にある施設であるが、職員、当事者本人の双方がこのような評価をすることが現実的には、施設の実態をみれば一定の割合で存在すると考えられる。虐待や経済的な搾取等が日常的に行われている施設（残念ながら、今も時々ニュースになっている）などが該当する。

　類型Dは、「職員は良くない」と考えるが、「当事者本人は良い」と考える場合である。施設内における成人入所者の飲酒問題について。施設内での飲酒は禁止という規則がある施設において、入所者の施設内飲酒に対して職員側は黙認している。このことを倫理的・規範的には良くないことと職員側は考えている。しかし、普通の成人であれば通常、飲酒は嗜好品として社会的に認められているのだから、暗黙のうちの了承とはいえ、施設内での飲酒を〈明示的に了とも否ともしない形で了とする〉、いわば制度化されていない慣習が入所者側に尊重されていると考えるケースである。表立った衝突が回避されながら、入所者の欲求が充足される環境とも換言できる。つまり、仕事として施設に入る職員と施設で生活する入所者の価値観（≒何を大事にするか）が天秤にかけられるとき、入所者の価値観が生活の諸場面で優先される場合などが類型Dに該当する。今の社会福祉の理念の一つとしてあげられている「利用者本位」という視点からすれば、逆説的かもしれないが、類型Dの中にこそ「良い施設」の一面を見い出すことができるのかもしれない。

2-3 「一身にして二生を経る」——二生を連続性・非連続性のなかで考える

　姜尚中（東京大学名誉教授、政治学・政治思想史）は、年齢を重ねることを衰退のイメージでは捉えていないとしながら、福沢諭吉の「一身にして二生を経る」という言葉を引用して、自分という一人の人間の中で、二つの人生を生きてみたいと述べている。定年退職後の第二の人生（セカンドライフ）を楽しみにしている人の中には、福沢諭吉のこの言葉に賛同する人も多いであろう。

　人生の連続性の視点から、この言葉の意味を考えるとき、最初の人生からは考えられないセカンドライフを歩む人も少なからずいるであろう。では、

そういった人達が最初の人生を白紙に戻したいかといえば、戻したい人もいるかもしれないが、そうでない人も多いであろう。最初の人生とセカンドライフに連続性を持たせた生き方をするのか、しないのかで、「一身にして二生を経る」の意味がまったく異なってくる。

姜尚中は、仕事の上でやるべきことはやり終えて、60歳までに大型２輪の免許を取り、ハーレーダビッドソンに乗ることの夢について語っている[22)]。この夢を文言だけで判断すれば、姜尚中自身は、第一の人生と夢としての第二の人生との中身が大きく違っているものの、第一の人生があるから第二の人生が輝くという意味において、二生を連続性の中で考えていると解釈できないだろうか。

一方、過去から訣別したい人たちも、私たちの社会に存在している。入所施設からグループホームに移行した人の中には、このように考えている人たちが相当数いる。訣別するということは、その人の中で、連続性を持たせない二生を経るということ、あるいはそれに近い生き方を選択することを指す。聞き取り調査の中で世話人の幾人かは（第８章）、長年（20数年）生活した施設には戻りたくないというグループホーム入居者の言葉を紹介してくれた。世話人にこのことを語った当事者は、「一身にして二生を経る」という体験の中に、人生をリセットして、新しく生き直す作業を行おうとしているのではないだろうか。

筆者は、昭和60年代に知的障害児入所施設の児童指導員を４年間ほど経験した。筆者なりに一所懸命に仕事に打ち込み、充実した４年間の勤務であった。子ども達との生活、交流も楽しいものであった。

その職場を離れ、２～３年経ったとき、街中で、そこを卒園した子どもに偶然出会った。筆者の方は、懐かしさで彼に近づこうとしたが、彼は、筆者から逃げて行ってしまった。彼とは、それっきりである。あのとき、なぜ、彼が筆者から逃げていったのかはわからないままである。

筆者は、この件を次のように思うことにしている。筆者にとっては、彼とともに過ごした施設生活からこの出来事に至る連続性の中で、〈なつかしい人生の一コマ〉であった。しかし、彼にとっては、施設生活から切り離された今の生活に突然現れた〈忘れたい人生の一コマ〉ではなかったのか、と。

まさに彼にしてみれば、筆者との偶然の出会いは、連続性を断ち切っての「一身にして二生を経る」生活に不安を与えるエピソードであったのかもしれない。

3　グループホームの生活世界と自由な社会

　西研は、自由な社会の理念として、個々人の〈自由〉、社会成員の〈対等（平等）〉、〈対等な市民たちによって形づくられる国家（市民社会）〉という3つ理念を提示し、これらは「だれもが認める出発点」になりえると述べている。また、人間は善悪／美醜／好悪のルール（モノサシ）の束を持つ存在であり、3つ目の理念に関連して、私達が暮らす市民社会について不都合な規則や約束事があれば、それを作り直すこともでき、考え方や行動の異なる他者がそれなりに共存できる社会であるとしている[23]。

　以下、前記の3つの理念に着目しながら、グループホーム入居者の言葉を題材にして、グループホームの生活を一部分切り取り、その風景に考察を加えてみる[24]。

　　「私たちが社会を経験することは、きわめて大部分は、日常的なものを経験
　　　することにほかならない」（山岸健。傍点も山岸）[25]

3-1　自由であること

　　「買い物は自分で選んで自由になりました。街に出るときも好きな時間に出
　　かけ、好きな時間に帰ることができました。今は自転車を自由に乗り回して
　　いますが、施設にいたときは自転車も買えず、自由に乗り回すことができま
　　せんでした」（塚田欣哉）

　　「今は、おやつも一人で買います。お風呂も一人で入れる。いやなことはい
　　やだ！　って言えます」（犬塚孝行[26]）

当事者の声をきくと、このようなトーンは珍しくない。むしろ、普通にあることなのかもしれない。買い物、外出、自転車、おやつ、入浴、どれも日常風景の中では、ごくありふれた営みである。そして、これらの営みは通常の成人であれば、〈一人で〜する〉ことであり、一般的には普段の生活において特段、意識されることなく行っている日常的な行為である[27]。

3-1-1　〈意図してお風呂に一人で入ること〉と〈結果としてお風呂に一人で入ること〉
　〈お風呂に一人で入ること〉について、このことは、〈お風呂に一人で入ること〉の実際の行動とは別に、お風呂に一人で入ろうと思えば入ることができるという、その人に与えられている自由度（≒選択の幅）の問題が重要となる。
　乳幼児がいる家庭においては、安全面、スキンシップ等に配慮して、親が子どもと一緒にお風呂に入るパターンが一般的である。施設入所者の一人での入浴が難しいということと乳幼児を抱えている親が一人でお風呂に入ることが難しいということは、外見上の共通点はあるものの、当該行為に対する意味合いは全く異なる。
　施設での入浴は、特別な事情を除けば、通常一人でお風呂に入りたくても、入ることは難しい場合が多い。そして、この事情は当事者自身が作ったものではない。一方、乳幼児がいる家庭での入浴において、一人での入浴は家庭の事情によっては難しい場合もあるが、工夫次第では可能である。この事情は親達が作った事情であり、入浴に関するルール等の変更可能性が留保されている。
　次に、共同浴場の一つである銭湯を利用することと入所施設での入浴を比べてみよう。銭湯を利用するとき、時間帯によっては、利用客が少なくて、貸切りのような状態もあれば、入浴客で風呂場がごった返すことだってある。では、入浴客が多いときに、〈一人で風呂に入ることができない〉という感覚を持つだろうか。入浴客が多いかどうかは、客数にかかる結果論であり、他の入浴客がいても普通は、〈一人で風呂に入ることができる〉と考える。さらに、利用する時間をずらしたり、地域に複数の銭湯があれば他の銭湯に行くことの選択も可能である。

一方、入所施設での入浴の場合、結果的に一人で入浴ができるときもあるかもしれないが、施設側の事情ということが程度の差はあれ、前提条件になる場合が多く、そこの制限を受けざるを得ない。結果的に一人で入浴ができたとしても（≒たまたま一人での入浴）、入所者にとっては自由度の低い入浴であると言える[28]。

3-1-2 〈お風呂に一人で入ること〉は、「ふつう」のことか
　入所施設経験者の中には（特に長期入所者の場合）、グループホームでの入浴を通じて、〈お風呂に一人で入れる〉という感覚を持つに至る人もいるだろう。いわば、〈お風呂に一人では入らないこと〉が「日常（≒普通）であった」ことから、〈お風呂に一人で入ること〉が、「日常（≒普通）である」ことへの「ふつう」に関する意味・価値の転換が、入浴行為を介在して、起こり得る。
　木戸功は、「ふつう」ということに関して、次のような社会学的な考察を行っている。
　取り立てて反省的な態度や作業を必要としないことを「ふつう」の状態であり、このことは、私たちの日常生活を構成する大きな特徴である。また、日常生活の「ふつう」のあり方は、わたしたちの働きかけによって人為的に成り立っている。「『ふつう』であるということを自覚したり確認したりといったことをしない状態、これこそが実は『ふつう』の状態なのだといえる」と述べている[29]。風呂に入ることは、まさに日常生活においては、典型的な「ふつう」の一つである。
　しかし、「ふつうであること」と「ふつうではないこと」との行き来は、実はそれほどたやすいことではない。
　筆者は知的障害児入所施設における子ども達への入浴指導を振り返ったとき、生活の流れに支障をきたすので、施設なので、といった理由で、子ども達がグループで入浴することは当たり前であると考えていた。現実問題として、タイムスケジュール的に一人ずつの入浴は不可能であった。
　子どもたちに、決まった時間帯に着衣の職員による集団での入浴指導を受けることの気持ちを確かめたことはなかったが、子どもという特性もあり、

第6章　グループホームにおける生活世界へのまなざし　127

外見的にはごく普通に受け入れていたのではないかと筆者は推察している。職員側も仕事として・ふ・つ・う・に着衣のまま入浴指導をこなしていた。この「ふつう」を疑うことは難しい。ある面、疑う側の感性と必要性が疑うための前提条件になる。

　P.L. バーガー＝T. ルックマンはこのような日常生活の世界を他者と共有する「間主観的な世界」と位置づけている。これは「自明視されている」世界として、疑うことは不可能ではないが、「日常生活のなかで決まりきった生き方をしている限り、私はそうした疑いを停止することを余儀なくされる」と述べている。

　筆者は後年、障害者支援施設での就職試験において、脱衣して、利用者と一緒に風呂に入り、入浴支援をすることの体験をした。このことは筆者の着衣状態で入浴指導をしていたことへの「揺さぶり（≒脱衣による入浴支援を実施したときに意識化された抵抗感）」につながっていった（着衣のまま入浴指導をすることにかかる自明性の揺らぎ）。

　P.L. バーガー＝T. ルックマンは、他者のそのときの主観的過程を〈理解する〉こととその他者が住んでいる世界を〈理解する〉ことを通じて、その他者の世界が私自身の世界にもなると述べている[30)]。 つまり、前記の「揺さぶり」「自明性の揺らぎ」により、着衣状態による入浴指導という対象としての〈理解する〉を越えて、入浴支援を受ける側の世界に一歩踏み込む形となり、入所児童が日々、体験を積み重ねている世界が筆者自身の世界に社会的リアリティをもって現出したのかもしれない。

3-2 「対等（平等）」関係の中で生きること――ルールの変更可能性を目指して

　【職員をいつも気にするということ】という題目において、山田恵子は、次の言葉を発している。

> 「一人で旭川まで行けるようになって一番うれしかったのは、一人で松山千春のコンサートに行ったことです。それまで職員と一緒に三回ぐらい行ったことがあったけれど、一人で行ったのはそのときが初めてです。そのときのうれしさは今でも忘れません」（山田恵子）[31)]

松山千春のコンサートに行ったこと自体よりも、一人で大好きな松山千春のコンサートに出かけることができた喜びを溢れんばかりの言葉で表している。松山千春のコンサートには、一人よりも友人などの他者と行った方が楽しいのではないだろうかといった問題ではない。
　私たちの日常生活を振り返るとき、家族関係にしろ、仕事関係にしろ、程度の差はあれ、どこかで他者に気を遣いながら、生活を送っている。そして、一般的には、一人でいる時間・空間、他者と関わっている時間・空間とを適宜、組み合わせながら、つまり、必要に応じて、他者との距離に変更を加えながら、自分の希望をかなえたり、ときには、がまんしたりしながらの暮らしを送っている。ある面、他者との距離を適度に保つことができることが、健康的に生活することの要件の一つとなっている。
　ここで重要なのは、他者との関係が変更可能であるかどうかということである。この変更可能性に伴い、成員間の「対等（平等）」関係は生活の質を規定するポイントとなる。
　知的障害者入所更生施設で4週間の社会福祉実習を体験した学生は、大学での学びよりも現場の方が断然おもしろいと言いながら、実習中のエピソードとして〈幼児牛乳〉について強い印象を受けたという報告をしている。その学生は実習中、入所者の自治会活動に参加していた。以下は、そこでの話である。
　食事の際に出された牛乳が、〈幼児牛乳〉という名前のついたパック牛乳であった。自分たちは大人であるので、それが食事に出てくるのはおかしいという話になったという。つまり、牛乳という実体が摂取できればよいではないかと素朴に考えるのではなく、幼児牛乳というラベルの入った牛乳パックを提供する職員—入所者の関係性のあり方に疑義を提起しているとの解釈が可能となる。その問題は、職員側に申し入れるということになったようである。
　この話には、2つの論点がある。
　①入所者と職員は立場の違いはあれ、〈同じ成人〉であること。
　②自治会という装置が、ルール変更の方法になりえるということ。

戦後の社会福祉事業法（現、社会福祉法）で規定された措置制度は、〈同じ成人〉であっても、措置を行う側と措置を受ける側という一定の溝（≒ある行政上の決定〔行政処分〕を挟み、リアルタイムで双方向のやりとりができないこと）を隔てた関係が基本である。行政処分後の不服申立てというルートはあるものの、事前にその溝を埋める方法が制度上、用意されていなかったという点において、変更可能性に関し、このエピソードとは決定的な違いがある[32]。

　山田の言葉からは、施設にいながら、コンサートに一人で行くというルールの変更可能性があったのか、どうかはわからない。また、ルール変更の取り組みを山田自身が行なったのかどうかも分からない。しかし、文面上だけで判断すれば、コンサートに一人で行くというルールの変更はなされていなかったのだろうという解釈による現実は残っている。

　ルールの変更可能性、その前提としての「対等（平等）」関係の実現は、社会福祉施設という場の中では、入所施設が持つ特性上、また、個々の職員が有する善意を超えての話になることも多く、厳しい面があることも現実である。

3-3　人生の方向が見えること

　　　「今後、私は、グループホームを出たいと思っています。理由は、一人暮ら
　　　しをして、いずれは結婚したいと思っているからです。（中略）一人になって
　　　自分の力を試してみたいと思っています」（水橋寛光）[33]

　水橋は入所施設からグループホームへ、グループホームから次のステップへの流れを人生に対する希望の一つという形で思い描いている。幼児であれば、〈甘いお菓子が食べたい〉、受験生であれば、〈志望校に合格したい〉、高齢者になれば、〈健やかな暮らしをしたい〉など、それぞれの希望や願いがある。叶う、叶わない希望や願いの中に身を置き、水橋は水橋の立場でこのような想いをいだいている。

　西研は、ハイデガーの『存在と時間』を取り上げながら、「『かくありたい

（存在可能）』に対して、ある物は『役立つものとして』、また別の物は『障害物』として、とらえられるのです。このように世界を分節し秩序づけるのは『欲望』なのです」と述べている[34]。

　また、アウシュビッツ強制収容所を経験した精神科医のV・E・フランクルは、生命が助かるような状況でない、過酷な状況の中において苦悩することが絶望に陥らない唯一の思想であり、生きることをあきらめないという「欲望」が、生の力になったと述べている[35]。

　ハイデガーやフランクルの「欲望」に関する考え方と水橋の思いとを結びつけるのは、やや無理があると思うが、水橋もまさにグループホームという新しい環境の中で、「欲望」することにより、新しい世界像を描くことができている。そして、欲望の実現化により、さらに世界像を拡げていっている水橋は、まさに、これまで見えなかった人生の方向が見え始めている。つまり、グループホームという経験が新しい自分の発見を導き、その結果、別次元の欲望に結晶化させることにつながっているとも言えるだろう。

　未来があるということは、希望があることであり、何かを〈待つこと〉ができるということであり、未来や過去を持つことは、現在から離れることであり、現在にあって不在のものを想うことができるということである。と同時にフランクルの言葉とも関連するのだが、〈待つこと〉の終わりに保証がなければ、〈待つこと〉が空回りし、私が置き去りにされる。そうなれば、私にとってかけがえのない他者の中から私が拒まれる、捨てられる、と鷲田清一は述べている[36]。

　知的障害者更生施設に入所している高齢期利用者の話を紹介する。すでに親は亡くなり、その人にとって帰るべき家はなくなっていて、そのことを職員は本人に伝えているのだが、本人は、帰るべき家があると応答し続けている。知的な判断能力の問題もあるのだろうが、見方によっては、このように考えることで、〈待つこと〉の終わり（親元に帰省すること）に対する期待を自分の内に留めておくことができるし、他者（家族）から私が拒まれる、捨てられるという内的な体験をせずに済む。他者（家族）の中に自分自身がいるということが確認できるのである。鷲田が述べていることとは逆に、〈待つこと〉の終わりにかかる保証を自ら捨て去ることの中に、希望や未来をつ

なぎとめる方法である。

　水橋は、〈グループホームにいる〉ことの「現在」から、〈グループホームを出る〉〈結婚をする〉〈自分の力を試す〉ことの未来に対して具体的な希望を託している。未来への希望があるからこそ、〈グループホームにいる〉ことの「現在」が生き生きとしていると言えよう。

4　新たな生と未来への展望

　　「生活したところを離れることは、私たちにとっては苦痛だ」（山岸健）37)

　山岸は、デュルケムの社会の時間、制度の時間、フッサールの体験された主観的時間、内的時間、昼・夜といった自然の時間など私たちにはさまざまな時間があるとした上で、「私たちは時間や空間の中にいるのではなく、いわば時間や空間に住みついているのだ」という38)。つまり、定住と移動のなかで実現される〈住みつく〉の中には、主体的に世界と自らを関係づける営みが、背景として含まれる。さらに、住みつくことを通じて、働くこと、楽しむこと、学ぶことなどの社会的リアリティを様々な場面で体験する。

　桑子敏雄は、「住む」ことは、人間にとってなんらかの行為なのか、状態なのかという問いを立てながら、「『住む』ということは『引っ越して暮らす』という行為であるとともに、一定の空間に身を置いて心のあり方を空間と一体化するということである。つまり、たんなる一回的な行為ではなく、持続的状態を選択する行為である」と「住む」ことの定義をしている39)。

　入所施設とグループホームについて「住む」という言葉をつないでみよう。

　施設に住んでいるという言い方は間違いではないが、なじんだ言い方ではない。「施設にいる」、「施設を出る」という言い方だと日常的に使っている言葉に近くなる。一方、グループホームに住んでいるという言い方は、抵抗感なく耳に入る。このことは、感覚の問題にすぎないという見方もあるだろうが、法律名や病名等の変更（例：精神薄弱者福祉法→知的障害者福祉法、精神分裂病→統合失調症、呆け→痴呆→認知症など）を見ても、言葉とその言葉がもつイメージとの結びつけは、ある面、当事者の立場に立つことの価値意識が

問われる場になりうる。

　では、なぜ、グループホームと「住む」がしっくりくるのか。そこには、「グループホームに住む」ことについて〈主体的〉かつ〈選択的〉な行為が読み取れるからである。こういった行為の結果として、〈持続的状態〉が発生し、「住む」ことの安定感が生じてくる。つまり、「住む」とは、行為か状態かの二者択一によって生まれるのではなく、〈行為の結果としての状態〉であると考える方が自然である。本来的な「住む」には、行為がなければ、状態は生まれない。

　一方、施設生活はどうであろうか。施設に入所するとき、〈主体的〉かつ〈選択的〉な行為をした人がどれほどいるであろうか。このことを踏まえ、施設に入所すれば、確実に〈持続的状態〉が先行して、くっついてくる。「施設に住んでいる」という言葉がしっくりこないのは、この辺りに理由がありそうである。「たかが行為と状態」ではなく、「されど行為と状態」なのである。

　山岸の言葉を借りれば、日常生活とは、「くりかえされる生活」ではなく、「たえず新たに生きられなければならない生活」であり、同時に「未来が展望されねばならない」のである。〈主体的〉かつ〈選択的〉なグループホームの生き方の中に、新たな生と未来への展望が見えてくるのである[40]。

【注】
1　宮本秀樹「グループホームにおける生活世界へのまなざし――施設入所生活との比較において」（常磐大学　コミュニティ振興学部紀要『コミュニティ振興　第15号』2012年11月、77-100頁を一部改）
2　山岸健 著『社会的世界の探求――社会学の視野』慶應通信、1977年、153頁
3　グループホームとの関連で言えば、近年、「シェア居住」が注目されている。一軒の家、あるいは集合住宅の一世帯を家族ではない複数の居住者が台所、風呂、トイレ等の空間や、設備を分け合って（＝シェアして）、生活する居住形態を指す。欧米では、わが国に先がけて、都市部を中心に学生や若い独身者が高い家賃の負担を抑えるためにこのような住まい方をしていることが知られていた。
　　丁志暎、小林秀樹「大家参加型ワークショップによる小規模シェアードハウス計画に関する研究―東京都文京区本郷のＣ住宅を事例として―」住宅系研究論文報告会論文集１　日本建築学会、2006年3月
　　鈴木義弘「一歩先のグループホームとは？――どんな住宅をめざすべきか、についての私論」第7回日本グループホーム学会（東京大会）基調講演資料、2010年6月

国勢調査において「シェア居住」に相当する統計は存在しない。千葉大学の小林秀樹、丁志映らの国勢調査をもとにした調査によれば、2005（平成17）年において全世帯の1.1％のおよそ52万6000世帯がシェア居住をしているとの推計値をはじき出している。（「NHK おはよう日本」2009年5月20日　放送）

　建築計画学の鈴木義弘は、認知高齢者向けのものも含めて、わが国のグループホームは、「シェア居住」が大半を占め、むしろ「シェア居住」を前提にして、グループホームにかかる制度ができていると指摘している。（前記資料）

　一般のシェア居住もグループホームも、それぞれに応じて、共同生活を円滑に送るための「当事者性（≒自己責任が求められる度合い）」が求められるが、グループホームに比して、一般のシェア居住の場合、「当事者性」がより多くより強く求められると考えられる。グループホームの〈援助付き〉ということは、入居者間の「当事者性」を超えた問題発生にかかるセイフティーネットとしての機能が挿入されていることを意味する。場合によっては、問題の発生とその解決に際し、一般のシェア居住に比して、権利の行使と義務の履行が出現する当事者性をむきだしにしないやり方（ゆるやかな調整）での問題解決方法が可能となる。

4　建築思潮研究所編／林章著『[建築資料研究] 80 グループホーム――知的障害者の住まいと生活支援』建築資料研究社、2004年、72頁
5　前掲4、174頁
6　前掲4、124頁
7　前掲4、129頁
8　〈居室調整〉は通常、その居室に住み続けたいけれども、人間関係的に困った事情等が発生したため、施設側が関係当事者の居住にかかる自己決定への制約を実施せざるを得なくなったことを意味する。

　法律学者の山田卓生は、自己決定の制約について「やむにやまれぬ利益」による制約は可能であるとし、「社会的制約」と「生命保護」の2つを制約の理由としてあげている。この制約の前提条件としてJ.S.ミルの「行為の自由に、個人的または集団的に介入することが正当化されるのは、自己保存を目的とするばあいだけだということである。（中略）かれの意思に反して、権力を行使することが正当でありうるのは、他の人々びとへの害の防止を目ざすばあいだけだということである」（J.S.ミル著／水田洋訳『自由について』河出書房新社、1972年、15頁）という命題を位置づけているが、山田は「抽象的な社会性による制約」は認めるべきではないとしている。

　「やむにやまれぬ利益」をどのように捉えるかによって、制約の方向性は異なってくる。たとえば、居室入居者の一方が社会通念に照らして、居室の整理・整頓・掃除をしないという不作為、すなわち日常的に求められる行為の抑制を理由にクレームが発生する場合がある。また、一方が夜遅くまで居室の電気を消さないことにより、他方に睡眠障害という形の健康被害が出る場合には、同居者に対し積極的に害を与える形となる。この2つの仮定の問題を見ても「やむにやまれぬ利益」の捉え方には、相当な幅がある。

　また、居室調整にかかる課題の一つとして、職員と当事者間という必ずしも平等・対等とは言い難い関係のなかでの調整となり、父権的な関わり（パターナリズム）が居室調整に組み込まれる可能性があることがあげられる。

　　山田卓生『私事と自己決定』日本評論社、1987年、207-208頁、333-345頁
9　前掲4、50頁
10　向谷地生良「三度の飯よりミーティング　◎話し合いは支え合い」『べてるの家の「非」援助論――そのままでいいと思えるための25章』医学書院、2003年、92-97頁
11　中西正司・上野千鶴子『当事者主権』岩波新書、2003年、34-37頁

12 乗富秀人は、本人自身、妻、子どももろう者のデフ・ファミリーであり、日本でのデフ・アートの世界を切り開いてきた画家である。
　乗富は「手話はろうの言語として自然な言語である」とし、健聴者の「聴文化」に対して、「聞こえない＝音がない」ということを１つの文化（ろう文化）として位置づけている。そして「私は生まれ変わっても、ろう者でありたい。そして手話で話したい」と乗富は締め括っている。
　乗富の言葉には、「当事者固有の体験を『文化』として捉え直す視点」をさらに踏み込み、障害があるからゆえに理解できることと障害の有無を越えて他者、他の言語、他の世界を理解しようとする視線が認められないだろうか。
　乗富秀人『手話で生きたい』生活書院、2008 年

13 前掲 4、173 頁

14 「自己完結型生活環境」そのものが否定されるべき事柄ということではない。たとえば、施設入所者を対象とした地域移行のための調整を施設側が実施するとき、当事者によっては、長年住み慣れた施設について、建物の構造、職員や他の入所者、物品・設備などとの関係において、その生活環境が便利であったり、離れ難いものであったりするなどにより、当該入所生活を快適なものとして捉える声が一定量あることも事実である。筆者はこういった声は、尊重されるべきであるという考え方である。

15 山岸健 著『日常生活の社会学』NHK ブックス、1978 年、119-120 頁

16 ①「10 万人のためのグループホームを！」実行委員会編『もう施設には帰らない』中央法規出版、2002 年
②「10 万人のためのグループホームを！」実行委員会編『もう施設には帰らない 2』（中央法規出版、2003 年）は、『もう施設には帰らない』とセットになっている本で、家族やコーディネーター（関係者）の声を載せている。

17 前掲 15、7 頁

18 アルフレッド・シュッツ著／森川眞規雄・浜日出夫訳『現象学的社会学』紀伊國屋書店、1980 年、29 頁

19 北野誠一「定藤丈弘の残したもの」荒木義昭「いろいろやってきた結果として今がある」、横山晃久「不屈な障害者運動——新たな障害者運動を目指して」、横田弘「やっぱり障害者が生きていることは当たり前じゃない」（全国自立生活センター協議会編『自立生活運動と障害文化——当事者からの福祉論』現代書館、2001 年）229 頁、263-279 頁、306-312 頁

20 P.L. バーガー＝ T. ルックマン著／山口節郎訳『日常生活の構成』新曜社 1977 年、99-100 頁

21 前掲 18、88-89 頁

22 姜尚中『悩む力』集英社新書、2008 年、171-174 頁

23 ①苅谷剛彦・西研『考えあう技術——教育と社会を哲学する』ちくま新書、2005 年、18-20 頁
②西研『哲学のモノサシ』NHK 出版、2003 年、168 頁

24 P.L. バーガー＝ T. ルックマンは、日常生活の現実を解明するのにふさわしい方法は、現象学的分析の方法、つまり記述的な方法である。それは〈経験的である〉ものの、〈科学的ではない〉方法であるとしている。前掲 20、32-34 頁

25 前掲 15、154 頁

26 前掲 16-①、59 頁、77 頁

27 これら日常的な営みは、極論すれば、他者に迷惑をかけなければ、判断能力のある大人であれば、何をしても許されるという J.S. ミルの個人主義的・自由主義的な「個人的自己決定」に分類できる。（参照注 8）このことに関連して、高橋隆雄は、安楽死、ターミナルケア、臓器移植など生命倫理の問題、シンナーや援助交際など大人社会が抱える問題等解決困難な

倫理的諸問題を考えるとき、それまでの倫理的規準とは別次元の、新たな倫理的指針となる「社会的自己決定」の考え方の重要性を説いている。

　自転車を一人で乗る、おやつを一人で買いに行く、風呂に一人で入る、どれも普通に考えれば、山田卓生のいう実現の困難さを意識することなく行われている「私事」に分類される「個人的自己決定」が、入所施設という環境の中では、実現されなかった現実がある（今も現実の一部として、それはある）。

　社会福祉の理念として、障害のある人に対してもその社会の主たる構成員が享受している生活環境を提供することが「ノーマライゼーション」の考え方である。そして、時間的・歴史的には、社会福祉基礎構造改革を経て、社会福祉サービスの提供の仕方として、措置制度から契約制度への大きな流れのなか、「自己決定」の重要性が理念の一つとして広まってきている。「ノーマライゼーション」と「自己決定」との間には、若干のタイムラグがあると筆者は判断し、そのタイムラグをつなぐものとして、新たな原理や倫理的指針を含む「社会的自己決定」の考え方が求められるのではないだろうか。

　　高橋隆雄『自己決定の時代の倫理学——意識調査にもとづく倫理的思考』九州大学出版会、2001年、1-3頁

28　P.L. バーガー＝T. ルックマンは日常生活を構成する社会に関し、「客観的事実」と「主観的事実」の２つの側面があるとしている。本章に即して言えば、１人でお風呂に入ることの行為自体を「客観的事実」とするならば、「結果として一人で風呂に入る」「意図して風呂に入る」が「主観的事実」として位置づけられる。前掲20、219頁

29　木戸功「『ふつう』の現実を社会学的に見る」（木戸功・圓岡偉男編著『社会学的まなざし』新泉社、2002年）10頁

30　前掲20、38-39頁、220頁

31　前掲16-①、41頁、

32　筆者自身の児童相談所等の行政経験から言えば、現実的な運用面においては、措置の決定を一方的に実行するのではなく、必要に応じて関係当事者間の調整をはかりながら、弾力的な対応がなされていた部分もあった。

33　前掲16-①、128頁

34　西研『大人のための哲学授業』大和書房、2004年、265頁

35　V・E・フランクル著／霜山徳爾訳『夜と霧——ドイツ強制収容所の体験記録』みすず書房、1997年、177-192頁

36　鷲田清一　著『「待つ」ということ』角川選書、2006年、21-23頁　58-59頁

37　前掲15、123頁

38　山岸健・平野敏政・宮家準編著『生活の学としての社会学』総合労働研究所、1982年、14-15頁

39　桑子敏雄「感性と『住む』の哲学」（日本感性工学会感性哲学部会『感性哲学2　特集：「住む」の哲学』東信堂、2002年）9-14頁

40　前掲15、194頁

第7章　世話人の声のまとめとその意味合い

1　「あるべき論」への視点

　「例えば古い価値を犠牲にしなければ新しい価値が実現されないという場合、行動するためには、利害関心をもつ者が、自分の最も価値をおいているものが何であるかを、はっきり知ることが必要になるであろう。（中略）われわれは、いかに行動すべきかということを、われわれが信じていることから──ヒュームの有名な格言が告げているように──演繹することはできない。自分がかく行為すべきだと信じていることから、誰しもいかに行為すべきかをひき出すことはできない」（C.ライト・ミルズ）[1]

1-1　私の「処遇あるべき論」体験

　筆者は、1985（昭和60）～1989（平成元）年に知的障害児施設（山口県このみ園）に勤務した。時代的には、国際障害者年（1981年）を経て、国連・障害者（1983～1992年）の十年という時代的背景のもと、障害の問題がクローズアップされてきた時期であった。また、一部の地域において、先取的にグループホームの取組みがなされている中、国ベースの知的障害者地域生活援助事業がスタートする前の時代であった。当時は、知的障害が精神薄弱と言われていた時代で、知的障害のある人たちのことを筆者がいた現場では、「精薄（せいはく）」と呼んでいた。これはある種、差別的なニュアンスを含む言葉だが、それがあまり違和感なく使われていた時代でもあった。

　今は、障害に限らず、高齢者福祉等においても、「地域生活」重視の考え方が時代のキーワードになっているが、当時の筆者は、知的障害のある子どもの将来に関して、以下の考えを持っていた。

　今、施設で暮らす子ども達は、将来にわたっても施設が必要である。施設

以外のところでの生活は難しい。したがって、〈施設職員としての良心〉に基づき、次の施設（当時：知的障害者入所更生施設等）で手厚い保護、あたたかいケアを受けられないとその子ども達が困ることになると考え（パターナリズム＝父権主義）、今のうちにしっかり躾を身に付けることが必要なのだと固く信じていた。したがって、子ども達をいかに次の施設職員が求める水準に到達するよう訓練して、ADL（日常生活動作）的な自立度を高めていくか、という視点で〈処遇〉を組み立てていた。〈処遇〉をする主体、される客体の関係性が問題視されてか、最近は〈処遇〉という文言の使用頻度は少なくなっているという印象を受けるが、当時は進路選択の場において、〈処遇〉が違和感なく使われていた。一地方都市での、児童福祉施設の児童指導員という立場での考え方であったが、当時の施設現場の中では、標準的な考え方に近かったのではないだろうか。

　福祉の視点として、20数年前の当時には少なくて、現在は注目度の高いもの、それは地域への視点である。最近はあまり聞かないが、2000年代前半の時期、社会福祉実習に入った学生に施設職員が"施設の解体、脱施設、地域生活移行をどう考えるか"を問うようなことが起きていた。まさに、ある時代のあるべき論というものが、時代（環境）の制約を受けて、存在していることを強烈に意識させられた個人的体験であった。

1-2　「合意的あるべき論」を意識しながら

　たとえば、"福祉従事者は、ボランタリー精神を持つべきである"など、個々人がそれぞれに自由に持つ「あるべき論」を「個別的あるべき論」と呼んでおこう。また、たとえば、"しつけと虐待とは分けて考えるべきである"など、ある一定の社会的な合意が得られる「あるべき論」を「合意的あるべき論」と呼ぼう。そして、「あるべき論」の方向性としては、「個別的あるべき論」をできるだけ「合意的あるべき論」に近づけることが重要であり、かつ社会から求められていることでもある。

　第8章は、自立支援法施行前の2005（平成17）年に、主に知的障害者にかかわっている、全員が特定非営利活動法人ぽぴあに所属するという形の組織的に限定された世話人（23名）を対象に聞き取り調査したことをまとめたも

のである。第9章は、自立支援法施行後の2008（平成20）年に、主に精神障害者にかかわっている、地域に散在しているグループホーム（社会福祉法人、NPO）の世話人（20名）を対象に聞き取り調査したことをまとめたものである。つまり、聞き取り調査の時期が、自立支援法を挟む形となっている。結論的には、聞き取り内容とも関係するのだが、自立支援法それ自体に絡む世話人の言葉は皆無であった。サービス管理責任者や経営に関係する人たちへの聞き取り調査であるならば、自立支援法など法制度に絡む言葉は出たかもしれないが。

　聞き取り調査の中身としては、各世話人が有している資格や年代等の客観的な項目もあるが、全体的には、世話人自身の仕事への向き合い方、入居者に対するマイナス、プラスの感情などを通して、43人分の「個別的あるべき論」を世話人から聞かせていただく形となった。

　世話人のあり方として、どうあるべきかを考えるとき、100人いたら、100人のあるべき論（≒援助者論）がそこには存在する。それを考える一人ひとりの知識、体験、生活歴、思想・信条などが違っており、一部、共通的なものは存在するであろうが、細かいところでは違いがある。論理的には、100人いたら、100人が100％の満足と納得のいく、あるべき論を構築することは不可能に近い作業になってしまう。また、たとえそれに近い数字で、多くの人たちの満足と納得が得られる「合意的あるべき論」ができたとしても、ケアの方法や福祉の理念などの変化によって現在のあるべき論が将来にはあるべき論でなくなる可能性は潜む。

　この論理展開でいけば、「個別的あるべき論」をいくら積み上げても、「合意的あるべき論」には到達し難いということになる。この考え方は、考えの筋道としては、正しいのかもしれないが、今、この社会に生きている人間としては、ある種、責任を回避（棚上げ、先送り）する行為である。

　そこで本書においては、43人分の世話人の言葉と支援が出会う場を「私というフィルター」に通して分析・考察し、「合意的あるべき論」の形成を意識しながら第8〜9章を展開していった。

　では、「私というフィルター」を通すとは、どういうことなのか。

　録音した世話人の言葉をすべてテープ起こしをして、文字化の作業を行っ

た。と同時に、43人分の世話人の〈物語〉を筆者の中に落とし込んでいった。たくさんの世話人の言葉を読みながら、同時に言葉の後ろに隠れている、聞き取り調査時の世話人の声の抑揚、大きさ、強弱、顔の表情、躊躇や驚き、喜び等の感情表出など、つまりそのときにしかわからない要素を加味しながら言葉選びを行った。このことは最初から読まれることを前提にした書き言葉のように〈再現性〉のあるものの他、本質的には話し言葉のように〈一回性〉に近い形の表現をも拾い上げることを含め、「私というフィルター」を使って、世話人の言葉にふるいをかけていくことにほかならない。

2　生活支援と世話人の生の声

> 「日常生活の意識とは、人をありきたりの出来事や、他人との生活上の出会いをうまく切りぬけさせてくれるような意味の網目をなしているのである。これらの意味の全体――これは人が他の人びとと共有しているものだが――が個々の社会的生活世界を形づくるのである。（中略）個々の社会的生活世界はすべて、そこに「住んでいる」人びとのもつ意味によって構成されている。」
> （P.L. バーガー／B. バーガー／H. ケルナ―）（傍点は当該文献の著者）[2]

2-1　生活支援における一般的な論調

社会福祉の世界では、「生活支援の重要性」が様々な場面を通じて語られている。グループホームにおいても同様である。そして、「生活支援の重要性」に対して否定的な論調はまず聞かれない。ある種「通行手形」のような存在である。

私たちは日々の暮らしの中で、着実に生活を積み重ねている。人間の存在そのものを生活と呼んでもよいと思う。社会福祉に関連づけていえば、施設での生活、地域での生活、就労をしながらの生活など場面をあげて、生活という文言をくっつけていけば、生活の範囲は無限に拡がっていく。

生活とは何かと問われれば、とても身近な言葉なのに、逆に身近ゆえにつかみどころのない言葉である。だから「生活支援」というとき、お互いがなんとなくわかったような感じでそのときをやり過ごすことも多い。突き詰め

て考えると、「生活支援」のイメージは、それぞれで違っているはずなのに。「ノーマライゼーション」という社会福祉の理念が、〈障害のある人もない人もともに暮らしていける社会を創ること。具体例としては「バリアフリー」など〉とある程度、言語化できるのに対して、「生活支援」となると、その言葉の持つ漠然さ・茫洋さ、拡がりの大きさ故なのか、言語化しにくくなる。

　第8～9章では、グループホームにおいて、そこで働いている世話人の入居者との関わりの中で発せられた言葉に対して、筆者自身の社会福祉実習の体験を含めた援助技術の視点、日常生活への振り返りの見地等を入れながら、「グループホームにおける生活支援」への切り口を見い出す方向で考察している。また、日常的な素材を用いながら、〈一般的な問い〉の設定とそれへの答えいった哲学的／社会学的なアプローチも試みている。

2-2　世話人の生の声における基礎と応用

2-2-1 基礎と応用にかかる基本的考え方

　わたしたちの生活は、〈問題解決の連続〉と言い換えてもいいだろう。

　たとえば、街の中に普通にある道路の四つ角を横切るときの場面を考えてみよう。普通に生活していれば、私たちは若干の注意をしながら、四つ角を横切っていることがほとんどであろう。しかし、乳幼児を持つ親にしてみれば、その子どもを一人で四つ角を渡らせるとき、この行為が親にとっても子どもにとっても「達成すべき重要な課題」に変化する。

　その子どもが四つ角を渡ったことがなければ、四つ角を横切ることは、未経験の領域に足を踏み入れることになる。親からすれば、子どもがいかに危険を回避しながら、四つ角を渡ることができるかに関心が集中する。その際、親と子どもに共通する感情は、未経験の行動に対する〈心配・不安・恐れ〉である。

　具体的には、親は自動車や自転車等が来ているかどうか、左右をよく確認して、大丈夫であれば、四つ角を横切るよう教える。その際、親は子どもの手をつないで一緒に渡ったり、子どもに1人でやらせて、親はそれを見守るなど段階に応じた行動をとる。最終目標は、子どもが1人で安全に四つ角を渡り切ることができる技術を身につけることにある。

「四つ角を横切ること」を題材に〈基礎と応用〉とに区切ってみよう。「応用」とは、実際的な行動、つまり実務的な問題解決にあたる部分である。具体的には、左右を確認しながら自動車、自転車、他の歩行者などに留意して、四つ角を渡る行動である。「基礎」とは、危険の回避（危険に対する予防や対処を含む）を常に視点に入れておくことにある。

普段の日常生活においては、経験の蓄積があればあるほど、基礎的な部分が意識されない。応用の中に基礎部分が織り込まれるからである。そして、交通事故に遭いそうになるなどのヒヤッとしたとき、危険の回避といった基礎の部分が大きく意識される。

2-2-2 世話人の言葉～基礎と応用への区分

この考え方をもとに、世話人の言葉に関して、基礎と応用を次のように分ける。

本書においては、具体的な実践現場で、世話人が入居者と日常的にかわす言葉を「応用」として位置づけ、その言葉の背景として考えられるもの、想像できるものを「基礎」として位置づける。このことを踏まえ、第8～9章の聞き取り調査内容はすべて世話人と入居者とが関わった後に紡ぎ出された言葉であり、「基礎」に該当する部分である。

聞き取り調査の中で、筆者が発する問いに絡んで、世話人が入居者との関係を考えるとき、特定の利用者のことを思い浮かべるケースも多いであろう。また、入居者個々という個人単位を超えて、知的障害者、精神障害者一般という見方をする場合もあるだろう。共通項は〈世話人と入居者との関係の中で、表現された言葉〉ということである。ただし、世話人と入居者との日常的関わり、感情的交流などその言葉の背景を筆者は知らない。

以上のことを踏まえ、本書においては、筆者が話を聞かせていただいた世話人の言葉について、その現場を知らない、第三者的立場にある筆者自身（私というフィルター）を通して、基礎の根底に流れている部分を意識しながら、言葉と対人援助とを結びつける試みとしたい。

3　聞き取り調査票

　2つの聞き取り調査は自立支援法施行を挟んで、世話人が主に知的障害者に関わっているのか（「2005年度調査」）、主に精神障害者に関わっているか（「2008年度調査」）が大きな相違点であり、それ以外の枠組みは同じである。ただし、2005年度調査のときの調査項目のうち、利用者に関して自由に語ってもらった事項、世話人の世帯状況など一部分は、2008年度調査においては、削除している。

　2つの聞き取り調査項目の共通部分と2005年度調査のときにだけ使用した調査項目の一部を以下、本書用に表現を変えて記載する。

　なお、「自由回答」とは、世話人が自由な表現で回答できる方式のことである。「選択回答」とは、問いに対する回答（選択肢）を調査者側が用意しておき、その中から、世話人が回答（選択肢）を選ぶ方式のことである。

●世話人に関する基本的情報について

問1）年齢（年代）について（自由回答）
問2）世話人としての勤務年数について（自由回答）
問3）週平均の勤務時間について（自由回答）
問4）住み込みか、通勤〈宿直・夜勤を含む〉かにかかる就業形態について（選択回答）
問5）世話人になる前の社会福祉への就業経験の有無（選択回答）、及び就業経験が「有」の場合、その仕事について（自由回答）
問6）世話人になる前、知的障害者（精神障害者）と呼ばれる人たちとの関わり経験の有無（選択回答）、及び関わり経験が「有」の場合、その関わり内容について（自由回答）
問7）世話人になった「いきさつ」や「動機」について（自由回答）

● 資格について

問8) 社会福祉、保健、医療、教育関係の資格所持の有無（選択回答）、及び有資格者の場合、その資格の名称（自由回答）

問9) 世話人の仕事を通じて、①何らかの資格は必要である　②資格はあってもなくてもよい　③資格は必要ない、の3つの考え方のうち、一つを選択する選択回答、及びその選択の理由（自由回答）

● 世話人の居住条件について（2005年度調査のみ）

　知的障害者地域生活援助事業（グループホーム）設置・運営マニュアル2001年版（以下、「マニュアル2001年版」）によれば、「世話人は、入居者と同居または緊急時に即時に対応可能な隣接した場所に居住していることが必要です」となっている。

問10) 入居者の近くにいてよかったこと、困ったことに関して（自由回答）

● 世話人の心得について（2005年度調査のみ）

　マニュアル2001年版によれば、世話人の心得として、①入居者のプライバシーの確保　②管理性の排除　③保護的・指導的にならない　④その他としてバックアップ施設との連携、契約の履行、入居者とのよい人間関係の中での明るい生活の建設、の4点があげられている。

問11)「心得」に関連するエピソードについて（自由回答）

● 世話人の援助内容について

　マニュアル2001年版によれば、入居者に対する援助内容が例示されている。代表的なものとして、次の①〜⑨までがあげられている。
　①食事援助　　②金銭管理　　③洗濯・掃除援助　　④人間関係調整
　⑤衛生（整容、入浴、排泄など）支援　⑥居室の整理整頓　⑦健康管理
　⑧日中活動の場への通勤を含む外出支援　⑨休日など自由時間に対する相談援助

問12）援助の度合いにおいて、「日常的援助」を要するもののうち、上位3つを選ぶ選択回答、及びそれに関連して世話人の頭に浮かぶ利用者との関わりについて（自由回答）

●世話人のタイプについて・その1

　コロニー雲仙前理事長の田島良昭らは、平成元年に国のグループホーム事業が始まって、世話人の確保さの大変さを述べており、世話人としては、次の2つのタイプがあることを述べている。一つは、施設勤務の経験があり、ある程度専門的な知識のある人で、もう一つは、これまで知的障害のある人には、接したこともない、いわゆる近所のおばちゃん的な専業主婦の人である。

問13）世話人のタイプとしてはどちらが好ましいかを選ぶ選択回答、及びその選択理由について（自由回答）

●世話人のタイプについて・その2

　食事支援については、大きく分けると①食事を世話人が作る　②入居者と世話人が共同で食事を作る、のタイプがある。①は入居者の栄養面に配慮した食事の提供を重視するタイプであり、②はより一層普通の暮らしに近い過ごし方を重視するタイプである、という見方がある。

問14）当該世話人が就業しているグループホームの食事支援は、どちらのタイプに属するかという選択回答、及び上記の見方に対する考え方について（自由回答）

●世話人のタイプについて・その3

　世話人の考え方・志向は、入居者たちに何らかの影響を及ぼす。たとえば、世話人が清潔な人であれば、掃除や整頓が行き届き、世話人が鷹揚な人であれば、入居者はのんびりするということがある面、言えるであろう。

問15）世話人の考え方・志向は、入居者たちに及ぼす影響は大きいか、それほどでもないかという選択回答、及び上記の見方に関連して、入居者との関わりエピソ

ードについて（自由回答）

● 世話人のタイプについて・その4

　アメリカで起こった自立生活運動（重度の身体障害者が中心になって）の中では、次の②よりも①の人の方がより自立しているという考え方が示されている。
　①援助者の力を借りて、15分で服を着ることができたので、仕事に行くことができた。
　②時間をかければ、服は自分一人で着ることができる。自力で3時間かけて服を着た。しかし、そのため、仕事には行けなくなった。（自分でできることは、自分でする）

問16）当該世話人が①、②のうち、どちらの自立観で仕事をしているかという選択回答、及び上記の見方に対する考え方（自由回答）

● 相性の問題について

　共同生活をするとき、世話人と入居者、入居者と入居者など普段、密接な関係にある人たちとの相性の問題が、生活を維持・継続するために重要な要素になるという意見がある。

問17）この意見に関して想起されるエピソード（自由回答）、及び「相性」について普段、留意していること（自由回答）

● 世話人のスキルアップについて

　世話人の専門性として、「世話人さんは生活支援の専門家である」と言われることがある。日常的な関わりのほか、世話人として必要な知識・技術としては、次の①～⑧があげられる。
　①障害への理解　②コミュニケーション技法などの援助技術
　③介助・接遇など利用者へのサービス業務について　④医療について
　⑤制度・施策について　⑥ケアマネジメントについて　⑦個別援助（計画）について
　⑧危機管理について

問18）世話人として必要な知識・技術上位3つを選ぶ選択回答、及びそれに関連して、

入居者との関わりのなかで想起されるエピソード（自由回答）と「生活支援」という言葉から連想されること（自由回答）

● 世話人の現在の満足度と将来について

問19）世話人としての"やりがい"や"達成感"について（自由回答）、及び理想とする世話人像（自由回答）

資料1

「知的障害者地域生活援助事業（グループホーム）設置・運営マニュアル2001年版（＝「マニュアル2001年版」）」より、〈世話人〉に関する項目についての抜粋
（知的障害者グループホーム運営研究会編『知的障害者グループホーム運営ハンドブック』中央法規出版、2001年、51-58頁）

6　世話人

グループホームには<u>専任の世話人</u>をおかなければならない。㊶

(1) 世話人の要件等

<u>資格，性別，年齢は特に問わない</u>が，知的㊷㊸障害者の地域生活について理解し，健康で，継続してグループホームの業務が可能なことが要件となる。

(2) 世話人の心得

イ　入居者のプライバシーの確保

世話人は，原則として入居者の居室に入れない。入る場合は，必ず承諾を得ることが必要である。

居室の合い鍵をもつ場合，緊急時（事故やてんかん発作等）のみ断りなく入室する承諾を，あらかじめ得ておかなければならない。

㊶「専任」はほかに職業をもたないという趣旨である。1人の世話人が年間を通して活動する状況を想定し，かつ，それが望ましいと考えられるが，複数で交代であたるとしても2人までにとどめるべきであろう。

なお，世話人に事故がある場合を想定してその代替を準備しておくべきである。その場合の代替要員はあらかじめ運営主体および入居者に知らせておくことが必要である。代替要員の人数としては，運営主体の職員が代替要員となるものを除いて，4人程度までとし，入居者が混乱しないよう配慮すべきである。

㊷当然，障害の理解，家事処理能力，受容的態度等，世話人業務遂行能力等が問われる。職業人としての経験，知的障害者と

　　　　見学，取材等は，入居者の承諾なしに応ずるべきではない。
　　　　世話人として得た，入居者の個人としてのあらゆる情報は必要事項をバックアップ施設に報告する以外は，決してほかに漏らしてはならない。
　ロ　管理性の排除㊹
　　　　門限，消灯時間，食事時間等は入居者の合意により決めることはあっても，細々としたルールはなるべく避けて，管理性の排除に努めることが大切である。
　ハ　保護的・指導的にならない
　　　　ともすると入居者に対して保護的・指導的になりがちであるが，これは人権上の問題があるばかりでなく，自立心を損なうもとにもなる。年齢にふさわしく一人の人として尊重するよう接することが肝要である。
　ニ　その他
　　　　バックアップ施設との連携を十分に保ち，契約を履行するだけでなく，入居者との良好な人間関係のなかで明るい生活をつくり出すよう努めることが重要である。
(3)　世話人の身分および業務内容
　　　世話人の身分は，原則としてグループホームを運営する社会福祉法人等と契約を結んだ私人である（運営主体たる社会福祉法人等の

接した経験などはこれに役立つと思われる。
㊸関係施設等の元職員，障害児教育の元従事者，知的障害児者の親等が中心になると考えられるが，必ずしもこれを条件にする必要はない。

㊹世話人は管理人ではない。入居者が「普通の暮らし」を送るために必要最小限のケアをするために配置されているということを理解して仕事をすることが大切なことである。

職員であることはありうる)。

　世話人は，入居者と同居または緊急時に即時に対応可能な隣接した場所に居住していることが必要である。

(a)　入居者へのサービス

　(イ)　食事提供（原則として朝・夕食）

　　　栄養管理，買い物，食事準備，必要に応じて弁当づくり，食堂台所・食器等の管理,献立記録（あらかじめ献立表を作成する必要はないが，給食関係についての記録はつけておくことが必要）

　(ロ)　金銭出納に関する援助

　　　入居者負担金（家賃）の徴収

　　　入居者負担金（食費，光熱水費，共通日用雑費等）の徴収，管理，支払い

　　　金銭出納帳の個人別チェック，必要な金銭使用の援助

　(ハ)　健康管理

　　　服薬，通院，受診等の助言・同伴，規則正しい生活，清潔，衛生面についての助言，朝・夕の健康状態のチェック

　(ニ)　日常生活場面における相談・助言

　　　職場，交友関係，家族との関係，個人や社会生活に関する相談，必要な助言

　(ホ)　その他

　　　住所変更にはじまる行政機関その他の手続き等の同伴や代行，必要に応じて職場訪問，余暇活動への助言等，入居者が

㊺栄養バランス，調理方法等を含めて食事提供は，最も重要な日常的援助といえるものである。

㊻必要な人の求めに応じて弁当を用意する場合もある。

㊼入居者の財産のうち，預かる必要のあるものについては，バックアップ施設が預かる。やむをえず世話人の管理下に置く必要のあるものについては，入居の時に運営主体の立ち合いのもとに記録をつくったうえで適切に管理する。この場合，管理方法についても三者で話し合っておくのがよい。

㊽領収書，レシート等をそろえ，できる限り不明の部分のないよう記録する。

㊾かかりつけの医療機関を決めておき，いつでも連絡できるようにしておくことが必要である。

㊿受診の際の同伴は，症状を正しく伝えたり，医師の指示を理解するために重要である。必要に応じて入居者と同性の人の援助を依頼することも必要である。当然，難しい症例や，大きなケガなどの場合は速やかに運営主体に相談し，その指示に従う。

㊶あまりかた苦しく考えずに，時折話を聞いたり，話しやすい雰囲気をつくるなど，また，そのための時間を確保することに心がけることが望まれる。

㊷転入や年金の手続き等は特に重要である。

　　　　　円滑に日常生活を営むために必要な援助
　(b)　運営主体(社会福祉法人等)との関係における業務
　　(イ)　報告㊄(バックアップ施設に対して)
　　　　　グループホームにおける会計状況(最低, 月1回), 入居者の生活状況(食事献立を含む)・健康状況等㊅(週1回以上)の報告
　　(ロ)　入居者負担金(家賃)の収納事務
　　(ハ)　緊急時(事故, 病気, 家出等)の相談, 処理困難な問題の相談・その他, 何かあれば即時に必要な連絡, 報告㊆
(c)　地域との関係
　　(イ)　自治会, 町内会等との交流㊇
　　(ロ)　地域住民の理解の促進(摩擦の解消等)
(d)　その他の業務
　　(イ)　諸記録㊈
　　(ロ)　その他の必要な援助
(4)　世話人の業務①(1日ごと)㊉㊀
　・1日の主な業務内容等を例示すると次のようになる。
　(a)　平日・通常の業務日

朝	朝食づくり(必要に応じて弁当づくり) 出勤等送り出し(健康, 身だしなみなどへの配慮) 食事片づけ 通常の家事 バックアップ施設への報告その他

㊄文化的活動への参加や入居者間の親睦, その他の余暇活動については入居者の自発性が大切であり, 適切に助言することが望まれる。
㊅報告は逐次行うが, 定期的なものは世話人がバックアップ施設におもむいて行う。
㊆特に異常のある点を中心に行う。

㊇ヘルプコールは遅きに失しないことが大切である。

㊈町内会費等は1つの家族とする場合と一人ひとり個別にする場合がある。入居者間および町内会と事前によく話し合ってトラブルのないよう, また行事や会合などに積極的に参加できるように配慮しなければならない。
㊉諸記録とは生活記録(献立を含む), 金銭出納, 業務記録, 健康記録, 入居者異動状況記録等である。その他にも必要なものはあらかじめバックアップ施設と協議して取り決めておかなければならない。
㊀世話人が法人等の職員であるときは, 法人等の規則による。
㊁変則勤務(日曜出勤・平日休み等)の入居者がいる場合の配慮は, あらかじめ実状に応じて取り決めておくこと。

| 夕方・夜 | 食糧，日用品等購入
夕食準備
夕食片づけ
金銭管理助言，健康チェック，生活応談
記録，記帳 |

(b) 土曜および休日の前日
　　朝　　　業務内容は平日と同じ
　　夕方ー夜　（翌日の朝食準備）
(c) 日曜（祝祭日）
　　入居者の相談に応ずる，余暇活動を援助する等，平日ではできにくい業務を行える日であるから，特別の業務時間を設定して，なるべく入居者との接触を増やしながら有効に過ごすことが期待される。

(5) 世話人の業務②（1年ごと）

世話人は日曜日，祝祭日（年間14日）は，原則として業務し，これに代わる日をあらかじめ定めて<u>休日</u>❶とし，そのほかに年間12日は「<u>業務を要しない日</u>」❷とする。

このうち，日曜日（祝祭日）に代わる日は入居者への援助はないが，このほかの年間12日の休日は世話人に代わり，<u>運営主体が派遣する人</u>❸が運営主体の費用で入居者への世話を行う。世話人の研修日についても同様である。

(6) 代替要員の確保

・世話人が都合により仕事をすることができない場合には，世話人の責任と負担において代わって仕事をしてくれる人<u>（代替要員）</u>❹❺

❶毎週決まった曜日を休日とすることが一般的である。

❷休みは，まとめてとることも分散してとることも可能であるが，代わりに入居者の援助をする人の確保は必ずしも容易ではないので，あらかじめ世話人と運営主体とが話し合って，互いになるべく不都合が生じない時期および方法で行う。

❸派遣する要員が運営主体の職員であっても❹にいう代替要員であってもその他の人であってもよいが，あらかじめ入居者に紹介しておくことが必要である。

❹代替要員の数は，4人程度を限度とする。5人以上になると入居者に混乱が生じるおそれがある。

を用意し，その人に入居者の援助を依頼することになる。

・㉟<u>代替要員となるべき人は，世話人があらかじめ決めておき，</u>その住所，氏名，連絡方法，世話人との関係を運営主体に届けておかなければならない。

(7) ㊲世話人の家族

　グループホームの入居者と同居する世話人が，同居する家族をもっている場合には，家族も，前もってこの事業の趣旨を理解しておくことが必要である。家族の一員がある程度継続的，定期的に世話人の補助をする場合は，実施主体と運営主体にあらかじめ登録しておかなければならない。

　入居者と同居しない世話人の場合も，入居者からの緊急の連絡に備えて家族の理解を得ておくことが必要である。

㉟代替要員は，普段からいろいろの機会に入居者と接していることが望まれる。

㊱代替要員には，原則として世話人の委託費（または賃金）のなかから1日の謝礼を支払うものとする。これは世話人とその代替要員との関係により自由に決める。

㊲世話人自身の家族に知的障害者がいて，その人がグループホームの入居者と同居することはありうる。その場合は，この知的障害者はグループホーム入居者としてではなく，通常の家族の一員として扱われるべきである。したがって，グループホームはこの人を除外して4人以上の入居者をもたなければならない。この場合，世話人としては，家族である知的障害者の援助のためにグループホームの入居者の世話がおろそかにならないよう十分注意すべきである（㊳参照）。

資料2

千葉県障害保健福祉圏域

「障害者プラン」(1995年12月策定) において、身近な保健・福祉サービスの提供は主として市町村が実施主体となったが、市町村の枠を超えた広域での各種サービスを包括的・計画的に整備することをねらいとして「障害保健福祉圏域」を設定することとされた。

千葉県は市町村域と県全域との中間的な単位として16の「障害保健福祉圏域」(障害福祉計画の「区域」と同一) を定めている。

今回の調査対象地域としている、袖ヶ浦市は君津圏域に、旭市と銚子市は海匝圏域に位置している。

(出所:千葉県健康福祉部障害福祉課編『第四次千葉県障害者計画』千葉県2009 (平成21) 年1月、一部改)

第7章 世話人の声のまとめとその意味合い　153

【注】
1 C.ライト・ミルズ著　鈴木広訳『社会学的想像力』紀伊國屋書店、1965年、103頁
2 P.L.バーガー・B.バーガー・H.ケルナ―著／高山真知子・馬場伸也・馬場恭子訳『故郷喪失者たち――近代化と日常意識』新曜社、1977年、11-12頁
3 当該調査票作成のために参考にした主たる文献は以下のとおりである。
①中澤健編著『グループホームからの出発』中央法規出版、1997年
②平成10年度研究報告書　厚生科学研究障害保健福祉総合研究事業［専門職及び関連職種の養成研修のあり方に関する研究］『第3章　知的障害者の地域生活支援と専門職及び関連職種の関わりについての考察』1999年3月
③田島良昭編著『ふつうの場所で、ふつうの暮らし　コロニー雲仙の挑戦①　くらす篇』ぶどう社、1999年
④知的障害者地域生活援助事業（グループホーム）実施要綱（厚生労働省）、2000年改正
⑤知的障害者地域生活援助事業（グループホーム）設置・運営マニュアル2001年版（厚生労働省）
⑥知的障害者グループホーム運営研究会　編集『知的障害者グループホーム運営ハンドブック』中央法規出版、2001年
⑦平成13年度研究報告書　厚生労働省障害保健福祉総合研究［知的障害者施設における援助システムに関する研究］『知的障害者福祉における職員養成とカリキュラムに関する実践的研究』2002年3月
⑧平成13年度研究報告書　厚生科学研究障害保健福祉総合研究事業［知的障害者の利用者主体の地域生活援助サービス推進に関する研究］『全国地域生活援助事業（グループホーム）に関する研究』2002年9月
⑨平成16年度総括研究報告書　厚生労働科学研究費障害保健福祉総合研究事業『障害者本人支援の在り方と地域生活支援システムに関する研究』2004年3月
⑩『認知症高齢者、知的障害者、精神障害者のグループホームにおける消費者問題と権利擁護に関する調査研究――グループホームの暮らしが快適であるために』独立行政法人　国民生活センター、2005年

第8章 知的障害者に主に関わっている世話人の言葉を通じて[1]

I 「特定非営利活動法人ぽぴあ」について

「特定非営利活動法人ぽぴあ」(以下「法人ぽぴあ」「ぽぴあ」)の拠点がある袖ヶ浦市は、千葉県の中西部(内房)、首都圏から50km圏内に位置している。2015(平成27)年現在、人口約6万2千人(千葉県約620万人)の地方の小都市である。

また、袖ヶ浦市、木更津市、君津市、富津市の4市を合わせた区域が障害保健福祉圏域における「君津圏域」(第7章 資料2)であり、当該4市は法人ぽぴあの主たる事業展開地域となっている。君津圏域の現状は次の図表8-1[2]、8-2のとおりである。

法人ぽぴあは、障害者の家族が中核となり、2002(平成14)年11月法人設立。2003(平成15)年4月1日活動開始。

2005(平成17)年11月1日現在、事業内容(支援活動)としては、①福

図表8-1 君津圏域における障害者数等

項　目	君津圏域	千葉県
君津圏域の人口(2011年4月)	326千人	6215千人
人口の減少率(2011年4月)	1.6%増	1.5%増
65歳以上の人口比率(2011年4月)	23.0%	20.8%
障害者数(2011年3月)	16,814人	272,242人
人口千人当たりの障害者数(2011年3月)	51.6人	43.8人
グループホーム・ケアホームの利用者数(上段)と定員(下段)(2011年3月)	171人 (429人)	1,838人 (2,159人)

図表8-2 袖ヶ浦市における療育手帳所持者数の状況

項　目	袖ヶ浦市	千葉県
療育手帳所持者数(2015年3月)	511人	36,989人

祉就労支援としての小規模福祉作業所（2ヶ所、定員25名）、②日中活動支援としてのデイサービスセンター（2ヶ所、定員35名）、③地域生活支援としてグループホーム（13ヶ所、定員62名）、④日常生活支援としての居宅介護事業所（知的、児童、身体）がある。また、収益事業として飲食店（38席、給食・配食センターとして兼用）を経営している。活動従事者数としては、約70名（うち正職員は、12名）[3]。

特徴としては、①グループホームの立ち上げだけを見てみると、バックアップ機能を法人内部に持ちながら、2003〜2005年の2年間に13ヶ所ほどのグループホームを設立している。②グループホームだけでなく、日中活動の場や飲食店などの社会資源を同一の法人内に持っている。つまり、短期間のうちに、地域で暮らすための社会資源を自前で整備するに至った法人である。

法人ぽぴあは、世話人のための「支援員（世話人）支援活動要領」を2005（平成17）年2月に制定している。そこには、「ぽぴあの活動」「支援活動の基本」「日々の支援要領」「支援活動における留意事項」「ぽぴあ○○○ホーム指定知的障害者地域生活援助事業運営規程」「契約書」「重要事項説明書」「特定非営利活動法人ぽぴあ苦情解決制度実施要綱」「特定非営利活動法人ぽぴあ苦情解決制度実施要領」が記載されている。

「支援活動の基本」「日々の支援要領」「支援活動における留意事項」においては、世話人としての基本的な姿勢や日々の業務遂行上の細かいマニュアルが記されている。

ぽぴあの活動方向を示すものとして、「ぽぴあの活動」において次のことが定められている（2005年9月現在）。

活動の目的	知的障害者の地域生活支援（その移行と継続）
活動の基本理念	①トータル支援（地域社会で生活するために必要なあらゆる支援の提供をする） ②生涯支援（重度になっても、高齢になっても、一生涯支援する） ③家族の心、家族の目線（最愛の家族に接する心で支援する）
活動の基本原則	①利用者の意志の尊重（利用者が主役。支援側の価値観、考えを押し付けない） ②自立の尊重（自立は支援の上手な活用から。過剰支援は不可）

II 聞き取り調査の枠組みと概要

1 調査実施上の留意点
(1) 質問紙票に基づく聞き取り調査（インタビューアーは、筆者1人）／半構造化面接
(2) 回答対象者に考えてもらう時間を確保するために、事前に質問紙票を渡しておく。
(3) 聞き取り時間は、1時間前後を想定する。
　　結果：インタビュー時間の総量　1,385分（23名分）
　　一人当たりの平均面接時間　60分（最長110分　最短20分）
(4) 世話人の話を一部、正確に引用するので、テープレコーダーを使用させてもらいたい旨の了解を事前に回答対象者から得る。
(5) 回答対象者は、2005（平成17）年9月1日現在、法人ぽぴあの世話人をしており、なおかつ当該調査に協力していただける人たち全員。
(6) 聞き取りの場所は、回答対象者が所属するグループホームの一室

2 世話人に関する基礎的情報
(1) 人数について
　　23名
(2) 性別について
　　全員女性
(3) 年齢構成について

	20代	30代	40代	50代	60代
人数	3人	1人	1人	12人	6人
割合	13%	4%	4%	52%	26%

(4) 世話人歴について（2003年4月～2005年9月の期間の中で）
　　平均は、9.6ヶ月である。

	1〜3ヶ月	4〜6ヶ月	7〜9ヶ月	10〜12ヶ月	13ヶ月以上
人数	7人	4人	1人	5人	6人
割合	30%	17%	4%	22%	26%

(5) 週平均の勤務時間等について

　2日（14時間）が13名（57%）、5日（35時間）が10名（43%）である。また、就業形態としては、通いが19名（83%）、住み込みが4名（17%）である。

(6) 社会福祉の仕事の経験について

　世話人業務に就く前に、社会福祉の仕事をしたことがある人の割合は、経験者が11名（48%）、未経験者が12名（52%）である。

　社会福祉の仕事をどの範囲に設定するかによって、このデータは変わってくる。本書においては、経験者を有給で、在宅・施設福祉の区分に関係なく高齢者や障害児・者支援の仕事に就いたことがある者と狭く捉えている。

　学校教育関係者や幼稚園教諭は、狭い意味での福祉領域でないので、今回は未経験者に含めた。また、ボランティアや障害者団体に過去関わったことがある、あるいは現在関わっている人は、有給かどうかの問題等があるので、経験者から外した。さらに、身内に障害児・者を抱えている者は関わった経験からすれば、有給の職員よりも濃厚な関わりをした者もいるだろうと推察される。実質的には経験者の範疇に入るのだろうが、ここでは有給の経験者という形式上の基準からは外れるので、経験者には入れなかった。したがって、形式上・実質上ともに経験者・未経験者に入る者とは別に、形式上は未経験者、しかし、実質上は経験者という者も相当数いる。

(7) 経歴・資格等について

　経歴・資格：特別養護老人ホームの介助員、身体障害者への介助員、知的障害者施設の支援員、ガイドヘルパー、老人保健施設でのケアワーカー、特別支援学級の教員、訪問介護員（ホームヘルパー）

　その他：ボランティア活動、肢体不自由親の会の役員、身内に知的障害者がいる、学生時代に重度知的障害者のグループホームでアルバイトをした

(8) まとめ

　法人ぽぴあの世話人にかかる属性を「集団」として概観するとき、人数

の多寡だけで考えるとその中心的存在は、週2日の50〜60代の女性であり、通いのパート職員である。

第4章注9の全国データと比較すると、ぽぴあは全員女性の世話人であり、年齢構成も全国平均並みである。したがって、性別と年齢においては、平均的な世話人集団であるといえる。

Ⅲ　世話人の言葉から身体感覚へ

1　生活支援とソーシャルワーク・ケアワーク
1-1　中身としての生活支援の幅広さ

対象者別に児童、高齢者、難病患者、低所得者、知的障害、精神障害、身体障害、社会的排除を受けている人たちなどに対する生活支援と言ってもそれが意味するところの範囲はとても幅広い。知的障害者に対する生活支援を例にとれば、一定数の人たちが共通的に有するであろう生活ニーズを充足するために社会的な制度で規定されている生活支援ツールがあり、それがグループホームであったり、入所施設などであったりする。

グループホームというソフトの質を左右するものとして、世話人の考え方や利用者への個別支援のあり方をあげることができる[4]。生活支援をとことん追求していけば、中身・方法としての生活支援において個別具体的なレベルが問われることになり、このことがまさにその幅広さの根源となっている。

問18〈生活支援という言葉から連想されるもの〉の回答は以下のとおりである。

「家庭生活」「その人の生活の全部」「衣食住の保障」「衣食住の保障＋精神的なケア」「衣食住以外の支援」「楽しく暮らすこと」「家庭のような暖かさ」「家庭生活で足りないものを補うこと」「その人らしさの支援」「他人に迷惑をかけない生きかた」「ともに生きる」「助けるというのではなく、その人にとって生活していくうえの、本当に必要な手助けやお手伝い」など。

一部、共通的なイメージは認められるものの、表現される言葉としては随分差がある。

〈衣食住〉や〈家庭生活〉などのように多くの人達が日常的に見聞きする

定型的な言葉から、〈ともに生きる〉など、その人自身から創造的に生み出された言葉まで、幅が広い。このことは日々の個別具体的な関わりの幅の広さにもつながっていく。

※以下、「問●▲」の表記については、第7章の【3　聞き取り調査票】における該当箇所を示す。

1-2　生活支援の方法としてのソーシャルワーク的関わり

　問12《世話人の活動内容》の日常的援助を要するもののデータを集計しても、それそのものは統計的には意味をなさない。しかし、ポピアという一法人に所属する世話人の多くが何に力を注いでいるかに注目することは、他法人の世話人においても自分達の仕事を評価、判断する際の大事な視点になると考えられる。

　日常的援助を要するものベスト3は、23人中、食事援助が15名（65％）、人間関係調整が14名（61％）、健康管理が14名（61％）である。ちなみに第4位は金銭管理で7名（30％）の世話人があげている。

　ポピアでは制度上、食事は世話人が作ることになっている。したがって、食事援助を日常的援助を要するものにあげる世話人が多くなるであろうというのは、ある程度予測された。健康管理については、日常的に医療にかかっている者のことや、突発的な病気や事故に対する対処を考えるとそれが上位にランクされることは十分に了解可能である。

　日本知的障害者福祉協会地域支援部会のグループホーム調査（2001年）のまとめにおいて、世話人からバックアップ施設に対する援助要請の代表的なものとして「人間関係調整」「健康管理」があげられている。さらには、利用者に対する援助の必要度として、入居者の障害の程度に関わらず、人間関係の調整が60％となっていることの報告がなされている[5]。したがって、日常的援助の必要度に関して、ポピアは平均的なグループホームであると解釈できる。

　人間関係調整の重要性が、食事援助や健康管理と同程度に位置している。人間関係調整について、すぐに頭に浮かぶ利用者との関わりを追加で話しを

してもらった。「自己主張はするけれども、相手の言うことはきかないですからね」(問12、通い)、「誰にお金を貸したとか、貸さないとか」(問12、住み込み)、「(入居者全員が)同じレベルじゃないわけですから。(中略)(入居者の特性を把握したようであっても)そのときそのときで感情の起伏がありますし……」(問12、通い)の一例を見ても人間関係の調整で苦心している様がひしひしと伝わってくる。と同時に調整作業に付随する性質として、世話人が介入して、容易に解決できるものではないこともうかがい知れる。

　　回答1
　　　「世話人の仕事って、食事を作ることだけじゃないんですね。確かに食事は
　　　作りますけどね」(問19《やりがい・達成感》、50代女性、通い)

　　回答2
　　　「最初、グループホームに入ったときは、食事の世話程度でいいのかなぁと
　　　思っていました」(問13《世話人のタイプ》、50代女性、通い)

　このことは、世話人の活動実践にかかる手記・報告等においてもよく見られる記述である。〈食事の援助程度でいいのかなぁ〉の感覚で、世話人の仕事に入った人は結構いるのかもしれない。食事作りそのものは、ケアワークに分類される。また、世話人業務全体のなかで、食事作りにかかる時間は大きな割合を占めているが、回答1、2のように世話人の仕事は食事援助だけではないという表現の中に世話人の仕事の本質が暗示されているのではないだろうか。
　介護保険では、例えば2人世帯で、うち1人だけが要介護認定を受け、食事作りのサービスを受ける場合、訪問介護員は認定を受けた1人分の食事作りしかできない仕組みになっている。作る側からすれば、1人分の食事作りも2人分の食事作りも手間暇はあまり変わらないと思われるが、ついでに1人分をというわけにはいかない。このように介護保険による食事作りの場合、ある面、白と黒との境界がハッキリしている制度であるが、回答1の〈確かに食事は作りますけどね〉の言葉に象徴されるように、世話人による食事作

第8章　知的障害者に主に関わっている世話人の言葉を通じて　*161*

りは白と黒との境界がハッキリしていない、あるいはハッキリしにくい性質を有しているのかもしれない。白と黒との境界については、食事を作るだけの仕事なのか、食事を作ることも仕事なのかという言い換えが可能である。

　介護保険による訪問介護員も食事援助をしながら、結果的に人間関係調整を行っている現実はあるだろう。しかし、回答1、回答2を深読みすれば、世話人がグループホームに恒常的に入って、食事援助をしながら、複雑な人間関係もあると思われるグループの中での人間関係調整を行うとき、介護保険で各家庭を回る回りながら家事援助業務をこなしている訪問介護員とは異なる、別個の配慮すべき事項や必要とされる対話の技術が求められるであろう。

　食事支援の大切さを軽視するわけではないが、人間関係の調整がうまくいかなければ、日々の暮らしそのものである食事支援もうまくいかなくなるかもしれないことは容易に推察される。〈食事を作ることも〉という言葉を待つことなく、ある面、世話人は生活支援の方法（技術）として、人間関係の調整能力としてのソーシャルワーク（相談援助）的な関わりが必要に応じて、臨機応変的に求められる職種である。

2　理解する方法としての「見ること」

　「普通のおばさん」が「地域生活支援の実践家」として働くために、方法としての生活支援において共通的に外してはならないものがある。その一つが、理解する方法としての「見ること」である。

2-1　方法としての「見ること」——社会を見ることと現場における見立ての力

　障害のある人もない人もともに暮らせる社会にするための理念として「ノーマライゼーション」という言葉がある。これはその人に障害があっても、その障害とそこから派生する諸問題をしっかり見据えるということはあっても、見ないということでは勿論ない。

　私達が生活しているこの社会は、やや乱暴な言い方をすれば、マジョリティー（多数派）の利益達成を主眼として作られている。その一例として、日本人は、右利きが多いという理由でもって、鉄道の自動改札機の設置場所は右手側になっている（と筆者は推察している）。このことは右利きの人達のた

めの利便性を図ることにつながる。

　障害関係に目をやれば、社会的な配慮がなされている部分が増えてきているとはいえ、元来、障害のない人達（マジョリティー）のことを前提にこの社会は作られているので、障害のある人にとっては暮らしにくい面が多い。このことは例えば、聴覚障害者用の放送と一般的な放送（＝字幕がないという意味）との関係を考えれば、容易に了解できるであろう。数的に聴覚障害者のための字幕付き放送はきわめて少ない。

　理念としてのノーマライゼーションを実現するためには、今の社会に手を加える必要がある。その前提として障害のある人にとって、今の社会に対して何が不便なのか、現状でよいものは何なのか、あるいは障害のない人にとって、障害のある人が有する不便に対して、変更がどこまで可能なのか、それを誠実に見ることと、その結果のすり合わせが求められる。

　障害の問題とは異なるが、わが国では圧倒的に右ハンドルの自動車が多い。しかし、輸入車など左ハンドルの自動車も数は少ないが、走っている。すべてがそうなっているかどうかはわからないが、高速道路への入口については、「左ハンドル用発券機」の設置により右ハンドル・左ハンドル双方の利便性を図るための仕組みになっている。少なくとも高速道路への入口については、利便性のみならずスムーズな運行の流れを作ることも設置のねらいにあるのかもしれないが、このようなインフラ整備が社会的に妥当なものであると判断された結果と考えていいだろう。「障害と社会との関係」の中での、本来的な「支援（援助）」のあり方にも関連するのだが（参照／第9章）、鉄道の自動改札機の設置場所が「1か0か（右手側のみの機械設置）」ならば、高速道路の発券機は「1と0との間（左右両側の発券機）」のすり合わせ結果である。

　グループホームに場面を移すと、世話人がどのような生活支援のイメージを持つにしても、方法としての「見る」ことの重要性は共通している。問題は、それをどのように見るかである。

　社会福祉実習の振り返りにおいて、学生の実習体験をもとに作った事例を使ってグループワークをするとき、特徴の一つとして"施設は、〇〇〇する必要がある""職員は、〇〇〇すべきである"など処方箋が話し合いの最初から出てくることが多い。処方箋は、医療行為の中で、治療にあたる部分

である。治療の前提は、診断である。ここがしっかりしていないと、治療の根拠を失うことにもなる。したがって、処方箋を出すことを少しがまんして、〈見立て〉の作業を十分に行うことが良質の処方箋につながる。ただし医療の場合とは違い、生活支援の場合、ここまでが見立てでここからは処方箋という具合に明確に線引きしがたい部分があることは否めない。しかし、基礎的なトレーニングとして敢えて、処方箋に踏み込まない形にこだわってみる〈線引き〉が見立ての力を確実につけることにつながる。

2-2　個別具体的に世話人が入居者の生活を見るということ——日常を受け入れることと疑うこと

　回答３

　　「朝起きてきて、顔を洗って、御飯を食べる、その行動をどうやってやるのかなぁ。健常者だったら、大体こうするのに、(知的)障害者はこうするのか、と。大体は同じなんですけど。(中略)洗濯物を干すとき、ピッーとひろげないで(伸ばさないで)、そのまま干してかけちゃうとか。くしゃくしゃのまま干すと臭いです。生乾きというか」(問10《居住条件》、20代女性、住み込み)

　ここで重要なことは、世話人の生活と入居者の生活における「同じ」の部分にこだわりながら、そして、こだわる(こだわれる)からこそ、「違い」にも視点を置くことができるということである。

　「同じ」「違う」とする認識の前提には、世話人自身が自分の生活を見つめ直す(普段、世話人である私はどうやって洗濯をし、どのような干し方をしているのだろうか)という作業が組み込まれている。つまり、世話人は入居者の生活を見ながら、同時に自分の生活も振り返っている。振り返りながら、同時に支援の方向性を探っている。

　グループホームでは、入居者同士のトラブルなど世話人等が介入しなければいけない事態が発生する。それは本人達のみならず、周囲の者を巻き込んでしまうこともある。見たくなくても向こうから勝手に問題が飛び込んでくる。その際、世話人の視覚に入るということは共通しているが、その見え

方(意味合い)は、人によって違い(隔たり)がある。つまり、見るという行為に主体的な意思やそれまでの生活体験の質量などによって、ある人には見えるし、別の人には見えないということが起きてくる。表現を変えて言えば、映像として世話人の目に飛び込んでくるものが「見ること」であり、それを写生するように一つひとつ、紙に書き写す作業に必要な技術が「見えること」である。見えていなければ、描くことはできない。[6]

　また、見えていないことに関して、人は見るにおいて、見る箇所や範囲を意識的にしろ、無意識的にしろ、決め込んでいる部分がある。そうなれば、見る箇所や範囲から外れたところは見えなくなる。原稿の校正作業をやると、このことがよくわかる(繰り返し見直しても、修正箇所の発見が出てくる体験)。これは、部屋の中で探し物を見つけようとするとき、同じ箇所を何度も探すことがある行動など、生活の各場面を見ることにおいても同様のことがある。やや、乱暴な言い方をすれば、人は興味・関心のない対象は見ないし、見えない。

　仕事中心の生活を送っていて、家事をほとんどしたことがない男性のうち、前記の洗濯物を干す光景を見たとき、果たしてどの程度の男性が回答3の世話人のように違いが見えるレベルにあるだろうか(生乾きによる匂いによって、気づきのきっかけが外から提供されるかもしれないということを無視して)。

　　回答4
　　「今さらと思うことの中に発見がある。家庭のなかで障害をもつ人の話しなんですけど、熱発するとき、ピクッと動くらしいんです。それがあると必ず熱発するんです。当たり前のことだけど、当たり前じゃないっていうか。現場のことだけど、つい見逃してしまう。(中略) それがやっぱり何か問題になったとき、一番の解決のポイントになったりすることもあるし。(観察することは) 簡単なようで、難しいですね」(問18《知識・技術》、20代女性、住み込み)

　当たり前のことを当たり前に受け入れることが日常である。だからこそ、日常は安定する。そして、普通の生活を送ろうとするとき、予測と計算が

立つ安定は必要な要素である。しかし、回答4はその日常を少し疑うことで、違いが見えるきっかけになることを示唆している。日常を受け入れることと同時に疑うこと、ここにも見ることの難しさが潜んでいる。

　違いの発見、これは「知覚」に関する問題である。現実があるから、知覚が一致するのか、知覚が一致するから現実があるのか。

　西研は、フッサールの現象学の考え方を援用しながら、知覚と現実との関係を次のように整理している。回答4で言えば、「ピクッと動いた後に必ず熱発する」という現実が起きて、それを見た人達が同じように知覚するのではなく、複数の人達の「ピクッと動いた後に必ず熱発する」という知覚が一致するからこそ、「ピクッと動いた後に必ず熱発する」という現実が起きると考えるのである。つまり、他者が体験する知覚と私が体験する知覚とが一致するからこそ、客観的な現実（回答4で言えば、「ピクッと動いた後に必ず熱発する」）があるという信念が形成され、維持されてきたと考えるのである[7]。

　この考え方は、グループホームで、様々な合意形成をするときにも応用できる。

　〈正しい結論〉であるから、〈合意ができる〉と考えるのではなく、〈合意ができる〉から〈正しい結論〉になると考えてみたらどうだろうか。勿論、〈正しい結論〉が先にあって、それに向けて合意形成していく場合も多いであろう。しかし、生身の人間が近い距離の中で生活するグループホームだからこそ、〈合意ができる〉から〈正しい結論〉になる部分が相当数あることを入居者、世話人が了解しておくことは、グループホームにおける円滑な生活につながるのではないだろうか。このことは、ある面、地方区のグループホームだからこそ実現可能な自由裁量の部分であるし、そのグループホームの成熟につながっていく。（本書86-87頁）

2-3　見ることは、その人の一部を見ること
　回答5
　　「利用者さん個人は細かい、50年なり、30年なりにいろいろな施設や家庭のことを経験されてきているんですが、その部分を私はまったく知らないわ

けなんです。(中略) 一人ひとりをきちっと見て、判断するだけの材料が私自身にはまったくない状態で……」(問18《知識・技術》、50代女性、通い)

　人を理解する前提にあるのは、今見えている姿はその人のごく一部であるということである。当り前のことであるが、その人の過去の積み重ねによって現在がある。これは、グループホームの入居者に限られることではなく、すべての人に当てはまることであるが、基本的に押さえておかなければならない前提である。
　対人支援の世界では、〈利用者理解〉という重要な課題がある。「利用者に対する理解が十分できていません」という言葉を実習に行った学生から聞く。〈理解できていない〉ということは、裏返せば、その利用者をまさに〈学生にとってその利用者が（重要な）他者であること〉を認めることに他ならない。ある面、お互いのわかりあえない部分を抱えながら、〈私とあなたは違う〉という、人間関係のこの前提を出発点として、その人なりの〈利用者理解〉というものが始まる。つまり、私とあなたとの境界を意識する、しないによって、理解の有り様が大きく違ってくる。
　社会福祉実習を終えた学生の中には、回答5と同様の思いを抱いた学生もいる。子どもとの関わりを重ねていくと、その子の特徴が頭の中にどんどん入ってくると前置きしながら、「けれど、それはその子の一部分だということを忘れてはいけない。わたしが、彼らと過ごした時間は彼らが生きてきた人生のほんの一部なのだ。その一部に実習という形だったけれど、関わることができてよかったと思っている」と発言する。実習体験の意味づけとして、膨大な過去と確実に積み上げられている現在との関係に深く入り込むことをせず、過去と現在とのつながりがあることの認識程度に留めておいて、子どもとの今の関わりをその学生なりに丸ごと受け止めようという姿勢である。
　実習にしても世話人の仕事にしても、その人の人生の一部にしか関わることができない、しかし、その人の人生の一部にだけは関わることができた、ということである。〈しか〉の中に関わる者の学びや仕事に対する謙虚さや敬虔さが、〈だけ〉の中に関わる者の学びや仕事に対する喜びが含まれていると言えるのではないだろうか。さらには、その人の人生は、その人自

身のもの、誰のものでもないという思想が根底に流れている。つまり、〈相手の生へのわからなさ〉は、他者の人生に対する〈かけがえのなさ〉への思いにつながっていく。私の生とあなたの生とは、絶対的に違うという地平から、共通基盤を探ろうとする試みという言い方も可能かもしれない。

2-4　見ることは、見られること

　人間の生活はある面、〈見ること〉と〈見られること〉の関係の中で成り立っている。世話人と入居者との間も、この関係の例外ではない。見ることと見られることの関係において、入所施設（以下、「施設」）職員と入所者との関係と、グループホーム世話人と入居者との関係とを比較したとき、そこでの人間関係の濃淡を単純に一般化することはできないが、少なくとも居住空間は施設の方がグループホームより広い。それに伴い、見ることと見られることの程度も一般的には、居住空間の大きさ、拡がり、人と人との距離の関係から、施設に比べると、グループホームの方が深くなりがちになるといえるだろう。

　回答6
　「（重度の人が入居することについて）重度の人って大変なんでしょうという話を世話人同士でしていたら、それを聞いていた利用者が、"重度のやつらが来るから嫌だ"と言い出して。（中略）特に軽度の方なんかそうかな。（中略）結構、世話人のことをよく見ています。（中略）世話人の言葉って、重いって思いますよ。（中略）世話人の〈普通の人〉という言葉に対しても、利用者はすごく敏感になっちゃう」（問15《世話人のタイプ》、20代女性、住み込み）

　回答7
　「利用者が怒りを爆発させて、（世話人の方に）どんどん、どんどん向かってくるのは、ある意味、（世話人に）弱さが見えているから」（問16《世話人のタイプ》、50代女性、通い）

回答8

「"ご飯がおいしいよ""今日はお豆腐がおいしいよ"って言って、世話人の反応を見ています。つぼ。"そうっー"って喜んでいます。"そうかなぁー"。でも、うれしいですよね」（問11《心得》、60代女性、通い）

　世話人同士の会話に関心を持つこと、世話人の言葉に過剰な反応を起こすこと、攻撃のエネルギー、人が快と感じる言葉の使い方など、このような状況は施設においても起こっているだろう。しかし、その頻度や程度は、グループホームの生活空間が狭い分、良い方向に振れる場合と悪い方向に振れる場合の振れ幅が大きくなる可能性を秘めている。

　野球の投手交代を例にとれば、施設職員は〈先発−中継ぎ−抑えという分業体制〉であるが、世話人は〈先発完投型〉に近い。このことは、単純化して言えば、施設職員は輪切りの状態で見られる、世話人は連続した状態で見られることの違いとなる。輪切りの状態というのは、利用者の側からすれば、職員同士を比較するための基準が生まれやすくなる。職員は業務内容等を天秤にかけられ、人間関係を意図的に操作される部分も時には出てくるかもしれない。一方、連続した状態というのは、世話人が様々な角度から見られることにおいて、言動を総合的に捉えられる全人的な見方が現れやすくなるのかもしれない。見られることの量においても質においても大きな違いがそこにはある。

　回答8を例にとれば、施設では通常、調理部門（業務委託か否かに関係なく）で作ったものを職員が食事支援（指導）という形でサービス提供をするのが一般的な形である。その際、「ご飯がおいしいよ」「今日はお豆腐がおいしいよ」という言葉が利用者の口から出る場合もあるだろう。それは食事を作ってくれた調理部門に対して素朴に向けられた言葉かもしれないし、単純においしいということをその職員に伝えたかっただけなのかもしれない。しかし、食事を作ってもらうことやその前後における様々なケアが、グループホームでは誰が、いつ、どのような形で作っているのかの可視的な状態にあるという意味において直接的であるだけに、回答8のリアリティ（＝見られていることの視線の強さ）は理屈的には、施設職員に比べると、世話人はより強いの

ではないだろうか。

　　回答9
　　「"世話人さんは……"って言われないように、基本的な生活の部分はきちんとしておかないといけないと思う」（問15《世話人のタイプ》、50代女性、通い）

　グループホームの中には、執務、書類の保管、会議の開催など別枠でスペースを保有しているところもあるが、世話人のプライベートな部分を除いたところの空間のうち、入居者から見られない空間は一般的には少ないであろう。したがって、入居者の行動の細かいところまで世話人の目に入る（個人のプライバシーが守られないという意味ではない）のと裏返しになるのだが、回答9のように世話人は様々な場面において見られる立場であり、見られることの厳しさを言い表したものである。

3　指導と指導的の間で揺れること

　マニュアル2001年版（第7章 資料1）にある世話人の心得とは、大雑把に言えば、ソーシャルワーカーの倫理綱領と同等の位置づけとして考えていいであろう。そこでは、世話人が入居者と関わるとき、何を大切な価値として考えなければいけないかが問われている。また、世話人が入居者をどのように見ているか、どのような存在であって欲しいか、さらには広く人一般に対する人間観に立ち入ることにつながる。ここでは、支援と指導のはざまに視点を当てて、世話人の関わり観についての考察を進める。

　心得の一つに、「保護的・指導的にならない」という項目（問11）がある。
　マニュアル2001年版によれば、〈保護的・指導的な関わり〉について、「……人権上の問題があるばかりでなく、自立心を損なうもとになる。年齢にふさわしく一人の人として尊重するよう接することが肝要である」（傍点は筆者）と記載されている。素直に解釈すれば、世話人の入居者に対する関わり方、姿勢を示すものである。通常の社会関係では、〈当たり前の前提〉であるのだが、それをきちっと成文化した形で押さえないといけないところに

世話人自身の自己覚知を含めたセルフコントロールの重要性が示されている。

地域で暮らすためには、施設生活においても必要とされる生活技術（身辺処理や隣人との付き合い方など人が生活する限り共通的に必要とされる技術など）と、施設ではそれほど必要とされない場合もある生活技術（近所つきあい、ゴミ出し当番など）の両方が求められる。また、生活技術の中には、習得することを前提に考えたとき、〈習得した方がよいもの〉と〈習得しなければならないもの〉という分け方もできる。身辺処理や隣人とのつきあい方など共同的に人が生活する限り必要とされる技術は、その人なりに習得しなければいけないスキルである。習得した方がよいものの例としては、ゴミ出しなどがあげられる。ゴミ出しは場合によっては他の人が代わってできる性質のものである。これは〈他の人が代わってできる〉という性質そのものを現わしているだけであって、〈他の人が代わってできる〉から〈習得した方がよいもの〉で固定しても構わないという意味ではない。まさに、食事の仕方、排尿便の処理、髭剃りの仕方、他者とのトラブル解決、健康管理など、グループホームで生活しても身につけなければならない生活技術は多種多様である。

全日本手をつなぐ育成会は、「（中略）言葉としては、否定される"指導"が、グループホームの世話人の日常業務の中に山ほどあります。しかし、彼らがそこでの暮らしの継続を希望し、その"指導？"がなければ、円滑に、また、彼らが望むような地域生活が維持できない場合、否定できません。この、指導的行為は、実質としては、"支援"以外の何物でもありません。この区切りを読み違えないセンスが、世話人に強く問われるのです」[8]（傍点筆者）

生活技術を入居者に伝えること、教えることそれ自体は世話人の仕事の範囲内である。このことを支援という言葉で括る人もいるが、指導という表現を使う人もいる。重要な点は世話人がそれらの内容をどう選ぶか、あるいはどのように伝えたり、教えたりするかの方法であり、そこには指導的になるのか、ならないのかの境が存在する。「指導」と「指導的」とは、「的」だけの違いであるが、そこには大きな違いがある。その見極めができるかどうかが、前記のこの区切りを読み違えないセンスにつながる。

回答 10

「自分のうちでは絶対やらないなぁというのを見てしまうと、ワァーと思ってしまうんですけど、これは自分を出したらいけないのかなぁとか、これは衛生なのかなぁとか、微妙に考えたりしますね。それはただ単に自分自身がきれい好きだからそう思うのか、いや違うのか。具体的に言ってしまえば、トイレをふいた雑巾で床を拭いてしまうとか。（中略）この人達の住居なので、本人同士達がよければ、いいのかなぁとか」（問 12《日常的援助》、20 代女性、通い）

回答 11

「自分の価値観なのか、わがままなのか、はたして人がどう思うだろうかと考えると……」（問 13《世話人のタイプ》、60 代女性、通い）

わが国においては、茶碗に入った御飯を食べるとき、一般的には利き腕を無視して言うと、左手で茶碗を持ち上げ、右手に箸を持つというのが、普通の光景である。それをとりあえず礼儀にかなった正しいやり方と判断してもよいであろう。

しかし、雑巾の絞り方は、雑巾を自身の身体に対して平行（左右）にして行うか、垂直（前後）にして行うか、人によって異なる。知的障害者更生施設で実習を行った女子学生は、垂直（前後）の方が力が入りやすいからという理由で、垂直（前後）にして雑巾を絞ることの指導を受けている。それはそれで一理ある判断である。つまり、生活技術の中には、前記の食事作法のように正しい／正しくないという価値判断が入る余地がほとんどないものもあれば、雑巾の絞り方のようにその人の価値判断次第というものもある。

回答 10（雑巾の区分け）は、ある面、その人の価値判断が入るものであり、トイレをふいた雑巾で床を拭くことの是非について支援（指導）の対象として選ぶかどうかで世話人が揺れている場面である。前述の「この区切りを読み違えないセンス」とは、世話人の生活と入居者の生活とをつき合わせながら、戸惑ったり、揺さぶられたりする中で、段々と育ってくるものではないだろうか。そして、このような〈戸惑いと揺さぶられ〉が、入居者との関わ

りの中で共有（反発、同意、余計なおせっかいという感情など）される場合もあれば、世話人の心の内だけに留まらざるを得ない場合もある。この過程を経ることが、指導的でない関わり、すなわち、マニュアル2001年版にあるように〈一人の大人として関わること〉につながっていく。逆に世話人がこのようなプロセスを経ることなく、入居者と関わるとき、それがいくら正しい（＝普通の光景）ものであっても指導（支援）ではなく、指導的である関わりになってしまう可能性が出現する。

4　世話人のアンビバレント（両義的・両価的、二律背反）な感情と巻き込まれについて

　世話人の居住条件について、マニュアル2001年版によれば、「世話人は、入居者と同居または緊急時に対応可能な隣接した場所に居住していることが必要」となっている。同居とは文字通り住み込みである。また、同じ敷地内の別棟に居住することは同居ではないが、同居の近くに分類していいだろう。

　緊急時に対応可能な隣接した場所への居住については、マニュアル2001年版は、それ以上の詳細は示していない。すなわち、通勤可能な範囲であれば可という、きわめて幅広い解釈が成り立っていると考えられる。

　問10は、「利用者と世話人との地理的な距離」にかかる問いで、質問の柱は"入居者の近くに居る"ことを前提にしている。同居（アパート内での別室での暮らし、敷地内での別棟居住）は主観的にも客観的にも近い[9]。しかしながら、通勤の場合、距離という客観的な指標とそれにかかる通勤時間に対する各自の感覚という主観的な要素が織り交ざっている状況の中では、近いということに対し同居型の世話人に比べて、微妙な感覚が存在する。

　23人の世話人のうち、住み込みが4人で、残り19名が通勤である。それを踏まえて、以下、入居者の近くにいることで発生する世話人の心性についての考察を進めていく。

　まず、物理的な距離というものは、世話人の心性に相当の影響を及ぼす要因の一つとして容易に想像できる。世話人の回答を概観すると、次の2群が特徴づけられた。

　①〈良かったこと〉や〈困ったこと〉は特にないといったニュートラルな

回答群。

②コインの裏と表との関係のように視点を変えれば、〈良かったこと〉の裏返しが〈困ったこと〉になったり、その逆であったりすることの回答群。

前記①については、本当にないという場合、本当はあるけれど回答としてはしないという場合、判断がつきにくいという場合、このようなことは考えたことがないので、回答できないという場合などがその背景にあると思われるが、これ以上の推察を積み重ねることは困難である。今回は、世話人の感情が複雑に絡む前記②について、考察を進める。

回答 12

「利用者から勤務外に電話が入ることもあり、近くで良かったなぁと思うことがある。(中略) 線は、引きたいと思うが、この仕事はそのようにできないし。(中略) 携帯電話は役立つが、逆に電話が入ると"また、何かあったな"と思う。電話が入っていいことはないですからね」(問 10《居住条件》、60代女性、通い)

回答 13

「まったく離れてしまうことにならないので、プライベートと仕事との境がなくなっているという面もありますね。(中略) 施設の場合、規律っていいますか、たくさんの人が共同生活をしますので、どうしてもルールが決められていて、その中でやりますので、それなりの接し方になりますよね。ここは、ある程度、個人個人を尊重して、よりよい生活をしてもらうというのが基本ですので」(問 10《居住条件》、50代女性、通い)

近くにいることで何かあったら、対応できる状況がある。しかし、世話人としては、介入をできるだけ控えたい自分と、可能ならば介入したい、介入しなければいけない、介入せざるを得ない世話人自身がそこにはあり、アンビバレントな感情が発生する。

アンビバレントな感情とは、一つの物事に対し、相反する価値、感情、態度、考えが共に存し、葛藤する状態のことをいう。したがって、問題発生に

対して対処できる状態であるということは、世話人自身の感情をどのようにコントロールしていくかの課題に向き合うことを余儀なくされるということになる。あるいは、回答13のように回答12とは表現が若干異なるが、〈プライベートと仕事との境〉のなかで揺れ動くことを経験することでもある。

そして、これが同居型の世話人になると、同じ敷地内に居住するという環境条件によりアンビバレントな感情はより明確な形で現れてくる。

　回答14
　「近いから、夜の夜中だって"○○さん、○○さん（世話人の名前）"って呼ばれるわけです。そうすると聞いて聞かないふりはできないから、"どうしたの？"って行くことになっちゃうのですよ」（問10《居住条件》、60代女性、住み込み）

近くなので、何かあったらすぐ病院に連れて行くことができるとしながら

　回答15
　「過剰になり過ぎて、ちょっとしたことでも夜中の2時でも3時でも起こしにくるっていうのがちょっと……。（中略）眠れないとか、お腹が痛いかもしれないとか、痛くなるかもしれないとか」（問10《居住条件》、20代女性、住み込み）

アンビバレントな感情が通いの世話人に比べたら、同居的環境ゆえによりするくなっていることが読み取れる。

通いの世話人の「プライベートと仕事との境」のなかで揺れ動くという場合、一つの境界があって、そこを行ったり来たりするのであるが、回答14、15の同居型の世話人の場合、境界そのものが薄まっていき、いわゆるボーダレス化していく状況が発生している。そこでは世話人がある種、巻き込まれ状態にあるといってもいいだろう。

ブラウン（Brown G.W. イギリス）らは、統合失調症などの慢性疾患の予後や経過を規定する主な社会心理的要因を反映する尺度として「EE（Expressed

Emotion：表出された感情）評価」の研究を行っている。EE の高低を決める鍵となっている尺度は、家族の患者に対する「批判的コメントの数」「敵意の有無」「情緒的巻き込まれの程度」の３つである。EE が高いとは、前述の３つの感情表出が量的な形で現れ、トータルとして疾患の再発を誘発する大きな要因として作用していることを表している。

EE 研究は、一貫して、退院後に戻る場としての家族に視点を当て、患者と家族の関係に焦点を当てて評価しようとしている。EE 研究はイギリスで生まれたが、わが国においても EE 評価と再発予後との相関があることについて報告されている[10]。また、EE の高い家族が患者と接する時間（対面時間）についてみると、再発率が 35 時間以上では 69％、35 時間未満では 28％と大きな差がみられるとの報告がなされている[11]。

世話人は入居者の家族ではない。しかし、回答 14、15 のように特に同居型の世話人と入居者との関わりは通常業務の範囲内では収まりにくい事情が存在する。EE 研究は主として精神保健福祉領域でなされているが、グループホームでの世話人と入居者との関係を考える際にも、参考になる知見である。つまり、世話人、入居者の精神的な健康を保つ見地から、微妙な表現になるのだが、〈いかに関わらないか〉についてもどこかで意識しておくことが求められるのではないだろうか。

対人関係でトラブルが生じたとき、〈距離を置く〉、〈冷却期間を設ける〉などの措置がとられることがある。これはトラブルに対する「事後」の対処である。一方、〈いかに関わらないか〉は、関与しないことをベースにした行動になるのだが、場合によってはトラブルに対する「予防的」な対処になりうる。事後対応と予防的措置とをセットで用意して、双方をうまく出し入れできれば良い。

トラブルを含め介入に対して、避けなければいけないことを挙げるとすれば、〈極端に振れること〉である。たとえば、入居者のためにという大義名分のもと、過重労働・サービス残業などにより就業そのものが世話人自身の心身に支障をきたすことになるなどを一例としてあげることができる。

回答16
「（中略）何か、こっちの自由にならないというか。この人たちが中心なので、自分がある意味、振り回されているような感じになることもあります」
（問10《居住条件》、20代女性、住み込み）

　一時的な巻き込まれ状況から恒常的な巻き込まれ状況への進展が懸念される。歪んだ「利用者主体」に変質しているとの解釈も可能であり、当然のことながら「巻き込まれによる利用者主体」と「法が予定している利用者主体」とはあくまで区別しなければならない。世話人の巻き込まれに対する対処と自己コントロールは、バーンアウト（燃え尽き）を防止する観点からも重要な援助の視点である。

5　世話人の仕事を続けていく環境づくりのために

　人は仕事をするとき、それぞれが置かれた環境の中で、なんらかの意味づけをする生きものではないだろうか。働きの中において、普通に生活費や小遣いを稼ぐためにというサラリーマンや学生、親から就労支援施設に通うよう言われて、渋々働いている障害者、生の実感を体験することの中に喜びや意義を見出しているベンチャー企業家など、意味づけの幅は実に広い。

　価値論的に、一般的な言い方をすれば、仕事は必ず続けないといけないものではない。しかし、仕事を続けたいとき、続けられる環境があることに越したことはない。このことは、労働とその対価である賃金との関係を抜きに考えることはできないが、問19の〈世話人の現在の満足度と将来について〉を通して、若干の考察を加えることとする。

　仕事のやりがいや達成感が得られることは、仕事が続けられる必要十分条件ではない。しかし、少なくとも仕事を継続したいとき、その原動力の一つになりうることを肯定するのは、大概は間違っていないと思われる。

　世話人の回答を一部紹介すると、「利用者と日常会話ができるようになった」、「その日の勤務が終わり、次の勤務が楽しみである」、「利用者とのトラブルが解決した」、「利用者が健康（安全）でいてくれる」、「利用者から笑顔をもらった」、「利用者のできないことができるようになった」など、たくさ

んのやりがいや達成感が語られている。また、内容的には、対利用者のことで語られることが最も多いのだが、世話人の仕事全体について触れているものまでその幅は広い。これらの中身は、法人ぽぴあだけに認められる特徴ではなく、全国のグループホームに従事している世話人にもある程度共通している部分があると考えてよいだろう。

やりがいや達成感は、正誤で判断できる性格のものではないし、一般化できる性質のものでもない。しかし、それらは個人的体験を出発点として、それを他者に伝えたり、場合によっては共有（共感）できるものではないだろうか。共有（共感）感覚に裏打ちされているものとして、私とあなたは違う（本書167頁）ということを出発点に据えた〈他者の存在を認める認識〉と同時に、関係性において、人と人とはつながりあえるという〈人に対する信頼感〉をあげることができる。

やりがいや達成感はあると回答する世話人が数的には多いのだが、やりがいや達成感はないという回答も一部にはある。

　　回答17
　　「……（利用者に対して）私、申しわけないけど、そんなにかわいいとか思っていません。けれども憎らしいとか、いじめようとか、嫌な気持ちはない……」（問19《やりがい・達成感》、50代女性、通い）

回答17は、自分自身の感情との向き合い方において、ある面、とても真摯な回答である。〈かわいいと思うこと〉が、一つの模範解答として期待されている部分があるのかもしれない。しかし、回答17の世話人は、模範解答的な返答を避け、正直な気持ちを言葉で返している。

対人支援を生業にするとき、一般的には、支援の対象者を好きになることは、良質な支援につながる条件になり得る。逆に、このような気持ちを持てない事は、支援の提供においてマイナスになるとまでは言い切れないが、仕事と自分の感情とのはざまの中で、アンビバレントな感情に陥る可能性が高まるかもしれない。あらためて、世話人は感情のコントロールが高度に求められる職種であると言わざるを得ない。

鷲田清一は、「事実、ひとには、それが自分にとって重大であればあるほど分かられてたまるかという想いがある」として、理解は常に時間的な出来事であるとし、合意や合一という到着点を目指すのではなく、「分からないままに身をさらしあう果てしのないプロセス」ではないかと述べている[12]。つまり、回答17 はへそ曲がり的な思いではなく、〈かわいいと思うこと〉に対して、そう簡単に〈分かってたまるか〉というわからなさを自分の内に抱き、大切にしているという見方もできるのかもしれない。

　世話人業務を含めた仕事の取り組み方として、モチベーションと仕事の継続という関係の中で限定して考えると、「やりがいや達成感があるので、仕事が続けられる」と「やりがいや達成感を今は感じられないが、仕事は続けられる」に分けることができる。やりがいや達成感は個人的体験を出発点にするものなので、議論すべき対象ではないという考え方もある。それを踏まえて、後者の人たちがグループホームの中で存在できるということは、職場の内に世話人の仕事を続けていくための土壌が形成されているのかもしれない。

　やりがいや達成感は経済的な報酬、社会的な評価、仕事の達成具合、職場の人間関係がら、外部環境に影響を受けながら、人の内面で変化する。今は、やりがいや達成感があるけれど、半年後には感じられなくなるかもしれないし、逆に今は、やりがいや達成感がないけれど、半年後には感じられるかもしれない。このような流動的な思いが交わる環境の中で、やりがいや達成感のある者同士には〈共感関係〉が、やりがいや達成感のある者とそうでない者との間には、〈支え合う関係〉が生まれる可能性を有している。〈共感関係〉と〈支え合う関係〉、この２つは、世話人の仕事を続けていくためのキーになる人間関係（環境）であると筆者は考えている。

Ⅳ　ワンランクアップの仕事をするために

1　ソーシャルワーク的な関わりのための２つの視点

　筆者は、下記の「3　指導的にならないためのコツは『迷い』『戸惑い』『揺れ』」においても触れているが、「普通のおばさん」的立場を維持しながら、

それを超えることがソーシャルワーク的な関わりにつながると考える。

　では、どのようにすればソーシャルワーク的な関わりができるのかについて、世話人の基本的姿勢として、筆者は次の２点を挙げる。

　①世話人業務に従事する中で、食事支援を含め身辺のお手伝いだけをしておけばよいという考えへの接近を回避すること。

　②社会福祉の現場には、様々な援助技術が使われている。グループホームの中においても使えるものは使う。援助技術を使うことは、「普通のおばさん」でなくなることを意味しないし、「普通のおばさん」が施設職員化することでもない。

　食事作りだけではないソーシャルワーク的関わりのために、〈使えるものは使う〉援助技術を用いながら、対人支援にかかる問題の解決や軽減に至るということが一つの理念型として考えることができる。援助技術は、専門知識に置き換えることができる。その専門知識について、長い心理職の経験をもつ団士郎は、知識のない人を見下す専門家や最新情報の収集に走る自称・専門家との出会いを通じて、「人が幸せに暮らすためにはどれほどの専門知識が必要なのだろうか」と述べている[13]。

　団の真意は専門知識の否定ではないが、対人支援にかかる問題の解決や軽減に専門知識の存在が中心ではないことを指していると思われる。虐待、薬物依存、ホームレスなど生き方が大きく変わる体験から人が回復していくとき、回復の度合いについて、関わる側の知識・技術の量とは比例する部分もあるのかもしれない。しかし、筆者の限られたソーシャルワーク体験から判断すると、説明がうまくつかないけど、何となく回復していったという事例も多い。当事者のもつエネルギーが回復の重要な要因になったと考える方がしっくりくる。

　変わること、問題を解決することの主体は、援助者ではなく、当事者である。あくまで援助関係や援助者の力量は変化や解決に対して〈触媒〉の位置づけであって、究極的には〈触媒〉の働きは、当事者のあり様によって決定される。

2　〈見える〉ようになるためには、他者との関わりについての棚卸やコミュニケーションに関する自己洞察が一つのポイント

　前節において見立ての力、見ることと見えること、具体的に生活の中で見ること、今見えていることはその人のごく一部、見ることは見られることを通して「見ること」の必要性を述べてきた。そして、見ることと見えることの関係においても触れたが、見ることから見えることに到達するためには、意図的・主体的な心の働きがなければならない。

　2004（平成16）年、大リーグのイチロー選手が年間最多安打記録（262安打）を樹立した。イチロー選手は他の選手よりもボールを長く見ることができると言われている。どうしても表に現われる安打の方に注目がいきがちであるが、その安打の源は、ボールがバットに当たる直前までの見ることに裏打ちされている。禅問答のようであるが、見ることの積み重ねが見えるに、見えるから打てるのである。

　世話人を含めた援助者が見ることの力をつける方法としては、凡庸であるかもしれないが、多様な他者との関わりを積み重ねることが最も近道であると考える。

　地域コーディネイターの日置真世は、障害のある子どもを持つ親でもある。

　日置はその体験にまつわる感想と人との関わりについて以下のことを述べている[14]。

・専門家と呼ばれる人からの支援を受けたとき、居心地の悪さと逃れようのない立場の弱さを感じたことに対して親の会活動で接した人間関係がとても心地よいものであった。
・人と人との多様な関わりが関係作りの力を高めることにつながる。
・職場内の人間関係、利用者の家族との関係、地域の関係者との関係、そして自分の家族との関係など日々の支援や自らの生活の中にこそそのノウハウがあり、そうやって構築された関係は普遍性を持つ。

　専門家の関わりが間違っている、必要とされないということでは勿論ない。他の当事者との関係を含めた、専門家だけとの関係にとらわれない中にこそ、生きる力・解決する力・エンパワメントされる力への展望が拡がることを述べているのではないだろうか。

入居者の言葉が聞き取れず、お互い同じ言葉を繰り返すのみになって、お互いすごく疲れたという体験から、回答18の世話人は、他者との関わりにおいて以下の棚卸しを行っている。

　回答18
　「今までの知識はまるっきり役に立たないと思いました。これはまったくの素人と一緒だなぁと自分は考えたのです」（問18《知識・技術》、50代女性、通い）

　視覚障害者が多くいる身体障害者入所更生施設で配属実習を行った学生は、自分自身が普段使用しているコミュニケーションについて、利用者との関わりの中で次のような振り返りを行なっている。
　利用者と散歩に出かけたとき、その光景を表現するための言葉、たとえば、同じ青空でも青の色が違っていることの説明をするための微妙な言葉の言い回しができなかった。また、安全確保のために利用者を誘導するとき、「こっち」や「あっち」などの代名詞を無意識のうちに多用していた。障害のない者にとって、日常の生活では特段、不自由でない言葉が、視覚障害者と関わることの中では、力を持たない言葉に変化すること（〈伝わる言葉〉から〈伝わらない言葉〉への変容）に気づく体験である。
　実習生の見た風景を他者に伝えることにおいて、その他者の受傷前の視覚体験の有無や程度など個人差もあって、視覚障害者が頭の中に映像としてイメージできるまでの伝達プロセスはとても難しい。実習生が伝えたいことがきちんと見えていなければ、さらには、見えたことを言葉に変換する語彙力がなければ、この翻訳作業は困難となる。
　回答18においても、前記の実習事例と同様、入居者とコミュニケーションを図るための基本は同じである。入居者に通じる言葉の回路はどこかにある。その回路を見つける主たる責任は世話人側にある。
　西研は、〈知識の正しさ〉について次のように述べている。「わたしたちは『知識の正しさは客観的現実を正確に写しとれたかどうかで決まる』と考えやすい。そうではなく『知識の正しさとは人々のあいだで共有されやすさの

ことだ』といったん考えてみたらどうだろうか」[15]（「知覚」について。本書166頁）。このことは、〈知識〉の箇所を〈言葉〉に置き換えても成り立つ。

　西の言うように、最終的には、言葉の正しさは共有されやすさに帰結するのであろう。障害のない者同士では一般的に「こっち」「あっち」で通じる。それは視覚が言葉の足りない部分を補っているから、共有されやすさが成り立つのである。回答18の世話人と入居者との関わりにおいても、この場合、結果的にうまく見つからなかったが、言葉の共有されやすさを探る作業と言えるのかもしれない。ただし、共有されやすさを実現するために、客観的現実を正確に写しとる言葉の正しさは重要な技術である。

　入居者との関わりの結果は、直接的・間接的に世話人自身に跳ね返ってくる。他者との関わりは、まさに合わせ鏡みたいなものである。

3　指導的にならないためのコツは「迷い」「戸惑い」「揺れ」

　援助者は自然に任せていたら（指導ということを意識せずに業務をこなしていたら）、指導的になる存在なのか、指導的にならない存在なのか、それは哲学的な問いに近い。結果的には、指導的になる人もいるし、指導的にならない人もいて、所与の環境条件に大きく影響を受けながら、最終的には、個人的な資質に還元されるのかもしれない。しかし、ある世話人が指導的になる可能性そのものは排除できない。排除できないならば、指導的にならないためのコツを考える意義はある。

　　回答19
　　「自分の子ども、妹や弟のような感覚を持ちやすいと思うのですが、育てるという感覚にならないようにしている」（問10《居住条件》、20代女性、住み込み）

　法人ぽぴあの活動の基本理念として、「家族の心、家族の目線」というものが掲げられている。また、入居者に対する感情として、世話人の多くから、家族に対するのと同様な感情（ニュアンス的には、愛情、親密さなど肯定的な想い）を抱くという回答を得ている。それは、法人の基本理念がそうだからと

いうこともあるだろう。しかし、狭い生活空間の中で、世話人と入居者との細やかな人間関係が展開されている実態の影響も大きい。また、他法人のグループホームの世話人においても、日々の関わりを通じ、このような感情を抱くであろうことの連想は容易である。そして、このような感情を抱くこと自体、間違いではない。逆に、このような感情を抱けなかったら、世話人失格か言うと、そうではない。思想・信条的に"利用者を家族のように思いなさい"と強要しているのではないのだから。

 回答20
 「自分の家族のように大切に思う気持ちの中で、どこでどのように線を引くのか迷うときがあります」（問6《知的障害者との関わり経験》、20代女性、通い）

　道徳的な匂いが強くなるが、利用者を家族のように思うか、思わないかの感情に主眼が置かれるのではなく、大切に思う気持ちに対する〈揺れ〉自体に価値が見出されるのではないだろうか。

 回答21
 「自分の家庭にあったら、自分の子どもに対して、呼び捨てにしますよね。好みの加減によって、『〜ちゃん』とか『〜君』になったりしますでしょう。でも、それがいけないといいますよね。（中略）（施設の中で）苗字で呼ばれて一生を終える人って、家庭がないとすごく思うんです。○○さんって呼ばれて、一生終わったらとても寂しいなぁと思うんです。ここは家庭じゃないから仕方ないけれども、病気で入院したら、○○さんって呼ばれるのと一緒です。ホームは擬似家庭かもしれないけれど、（中略）プライベートなんかを考えると、踏み込んじゃいけないと思うし。もし、自分がそうだったら（入居者の立場のこと）寂しいなぁと。寂しく思わなければいいんですけど」（問11《心得》、50代女性、通い）

　回答21の世話人は呼称の問題を取り上げているのではない。

組織（会社など）における職位・身分関係や友人関係などの場合を除き、社会的には通常、「さん付け」でのつき合いが基本となる。社会福祉施設で実習をする学生達の中には、学校で学んだ利用者への呼称と利用者との関係形成や施設での呼ばれ方等の関係において、呼称の問題に戸惑う者も相当数いる。（本書208-209頁）

　回答21は他者に対するさん付けが基本であるけれど、それに疑いを持つことは可能であることを示している。この疑いを持つことに伴い、ある世話人は〈相手を尊重したいと思うから、さん付けにする〉だろうし、別の世話人は〈相手を大切に思うから、さん付けをしたくない〉ということで別の呼び方をするかもしれない。つまり、相手を大切にしたいという思いは同じであっても、その思いを行動上に投影する場合、思い方の方向性によって、表出される行動は、相当に違ってくる。

　指導的にならないというのは、実はとても難しい。〈大切に思う気持ちがあるからこそ指導的になる〉と〈大切に思う気持ちがあるからこそ指導的にならない〉を比較したとき、そこに優劣はない。ただし、実際の場面においてどちらの立場をとるかを考えたとき、一般的には前者を選択することの方が可能性としては高いだろう。筆者自身の児童指導員（知的障害児施設）としての仕事を振り返ったとき、自らの子育てを考えてもそうである。

　前節においても触れているが、指導的になるスイッチを入れないためには、回答20のように迷ったり、戸惑ったり、揺れたりすることが重要なポイントになるのではないだろうか。あえて、〈割り切らない態度・姿勢を意識すること〉という言葉に置き換えてもいいかもしれない。その結果、汎用性のある関わり（≒前がそうだったから、今回もそうであろう）の割合が減じ、非汎用性の関わり（≒前はそうであっても、今回はそうでないかもしれない）が増えることになるかもしれない。世話人業務に普通のおばさんとしての経験が求められる反面、難しいことではあるけれども、それを自らが疑うことを求められることにもなる。そういった意味で、普通のおばさんにプラスαが必要であり、それは世話人の専門性にも連なる部分になる。

4　違いを大切にすること──みんなちがって、みんないい

回答22

「(グループホームの生活は) 結局は一人でやっていますから。3人のグループ (世話人) でやっていますが、ともに一緒にやっていることはないんですね。一人で判断して、一人で決めないといけないことの方が多いと思います」(問13《世話人のタイプ》、60代女性、通い)

回答23

「ここに来ると、まったく違う仕事をしていた、(知的障害者と) 関わったことがないという人と一緒に仕事をしますよね」(その他、60代女性、通い)

一般論として、仕事を続けていけるための万能薬はない。ただし、世話人の業務に限らず、仕事をするとき、やりがいや達成感はないよりもあった方が働く者としては楽である。また、同じ方向を向いて仕事をすることは、集団としての凝集性も高まる。しかしながら、往々にして、このようにならないことが多くの現実ではないだろうか。

〈違い〉が人間関係の苦しみになりうることを私たちは多くの場面で体験している。違いには、共感できる違い、許容できる違い、すり合わせが必要な違い、共感も許容もできない違いがあり、そこから埋まる溝と埋まり難い溝が生まれる。この厳しい現実があっても、〈違い〉〈溝〉を見据えながら、世話人の仕事を日々、積み上げていくしかない。これらの積み重ねこそが、グループホームの地力につながることを信じて。

最後に〈違い〉に対する応援歌として、童謡詩人金子みすゞ (山口県長門市仙崎) の「わたしと小鳥と鈴と」という詩を紹介して、本章を終了する[16]。

「私と小鳥と鈴と」

私が両手をひろげても、
お空はちっとも飛べないが、

飛べる小鳥は私のように、
地面(じべた)を速くは走れない。

私がからだをゆすっても、
きれいな音はでないけど、
あの鳴る鈴は私のように、
たくさんな唄は知らないよ。

鈴と、小鳥と、それから私、
みんなちがって、みんないい。

　違いがあるからこそのすばらしさが語られている。違いのわかる世話人はいい。

【注】
1　日本社会福祉学会第54回全国大会〈2006（平成18）年10月、立教大学〉
　　「知的障害者グループホームの世話人に求められる支援の視点に関する一考察——NPO法人Tに所属する世話人調査を通じて」（口頭発表）において一部発表
2　千葉県健康福祉部障害福祉課／編集『第四次千葉県障害者計画《改訂版》』千葉県、2012（平成24）年4月、一部改
3　2012（平成24）年10月現在、法人ぽぴあの事業内容（支援活動）
　　活動従事者数160名（うち正職員50名）で、全障害種別の人たちを対象に以下のメニューによる支援活動を展開している。

支援の柱（ねらい）	事業の分野
地域支援	障害者就業・生活支援センター事業、指定相談支援事業、受託相談支援事業、ホームヘルパー派遣事業
通所支援	生活介護、生活訓練、就労継続支援A型、就労継続支援B型、就労移行支援（全7機能、定員100名）
居住支援	グループホーム・ケアホーム（19ヶ所、定員88名）
収益事業	飲食店（給食・配食センター共用）
その他の事業	店舗（スーパー）の受託運営（障害者の就労場所確保）
子会社の経営	スーパー等の経営

4　本事業の創設に関わった厚生省浅野史郎障害福祉課長（当時）は、事業名を「グループホーム」ではなく「精神薄弱者地域生活援助事業」にしている。グループホームという名称にす

ると施設の小型版に捉えられてしまう。本事業は、身体障害者にとっての車イスに相当する部分、つまりソ・フ・ト・の支援であることをはっきりさせるためにこの名称にしたと述べている。中澤健編著『グループホームからの出発』中央法規出版、1997年、90頁

5 日本知的障害者福祉協会 地域支援部会『地域支援部会関係調査報告書2002』日本知的障害者福祉協会、2002年6月、114-116頁
6 全盲者と晴眼者との視力を比較すると、「見える」と「見えない」が分岐点となり、視力による認識は「見える」がスタートとなる。その後、その人の意思が主体的に働くところの「見る」の体験が積み重ねられていく。しかし、私たちは何かをよく認識できていることを「よく見えている」という表現を使い、「見える」に対して「見る」よりも高次の認識力を与えることをしている。したがって、本書は、「見える」から「見る」ではなく、「見る」から「見える」に向かって、高次の認識力が働く形での表現にしている。
7 西研『哲学のモノサシ』NHK出版、1996年、74頁
8 全日本手をつなぐ育成会編集『地域生活ハンドブックⅠ グループホーム』1998年、79頁
9 「主観」とは、私を主語にして〈遠い、重い〉など数値化できない、数値化しにくい表現。「客観」とは、〈10m、45分〉など数値化できるものを本書では指す。
10 伊藤順一郎「EE尺度が臨床にもたらすもの」伊藤順一郎編『こころの臨床 ア・ラ・カルト 第12巻第1号』星和書店、1993年、2-4頁
11 J．レフ・C．ヴォーン著／三野善央・中島定信訳『分裂病と家族の感情表出』金剛出版、1999年、118-119、126-129頁
12 河合隼雄・鷲田清一『臨床とことば――心理学と哲学のあわいに探る臨床の知』阪急コミュニケーションズ、2007年、196-200頁
13 団士郎著『家族力×相談力』文藝春秋、2008年、197-199頁
14 日置真世「関係づくりから始まる新しい専門性」日本知的障害者福祉協会『サポート』（No.584、第52巻第9号）2005年9月、29-31頁
15 西研『大人のための哲学授業』大和書房、2004年、211-232頁
16 矢崎節夫監修『童謡詩人金子みすゞ――いのちとこころの宇宙』JULA出版局、2005年、67頁

第9章 精神障害者に主に関わっている世話人の言葉を通じて[1]

I 地域（銚子市、旭市）と運営主体（社会福祉法人、NPO）の多様性のなかで

1 本章のねらい

　運営主体、地域、世話人の働きから調査の枠組みに関する比較で言えば、第8章は、袖ヶ浦市という一地域の一NPO法人に所属する世話人調査とその考察であることが特徴としてあげられる。世話人の勤務状況を見ても、常勤就業の人、土日だけ勤務の人、住み込み就業の人など、働き方や勤務時間において相当な幅がある。このことは、仮定的に各世話人が見えるグループホームの生活風景を切り取って、並べることができたとしたら、その見え方において相当な違いが認められるであろう。

　一方、本章で取り上げるグループホームは、運営主体が社会福祉法人もあれば、NPOもあり、また、地域も銚子市、旭市と広域にわたっている。しかしながら、1週間単位、1ヶ月単位でみれば勤務時間の多寡はあるものの、〈午後から夕食までの勤務時間帯〉ということに関しては共通している。ある面、入居者の各場面での行動に対して、仮定的に各世話人が見える光景を切り取って、並べることができたとしたら、その見え方においてはある種の同質性（一定の方向性）が認められるかもしれない。

　本章は、前記の状況を踏まえ、精神障害のある入居者への日中の限られた日常世界での世話人の関わり体験に対して、世話人の日常的な言葉を通じ、専門的な視点や関わりに関係するであろうその言葉の一部を切り取り、言葉と援助が交わる風景を描写することをそのねらいとする。

2 本章で取り上げるグループホームがある地域（銚子市、旭市）について
　（聞き取り調査時期　2008年7～9月）

　本章で取り上げるグループホームがある銚子市、旭市は、千葉県の東部（外房）、首都圏から80～100km圏内に位置している。2015（平成27）年現在、人口は、銚子市が約6万6千人、旭市が約6万8千人（千葉県約620万人）の地方の小都市である。

　銚子市、旭市、そして匝瑳（そうさ）市の3市を合わせた区域が障害保健福祉圏域における「海匝（かいそう）圏域」（第7章　資料2）である。海匝圏域の現状は次の図表9-1[2]、9-2のとおりである。

II　聞き取り調査の枠組みと概要

1　調査実施上の留意点
(1) 質問紙票に基づく聞き取り調査（インタビューアーは、筆者1人）／半構造化面接。

図表9-1　海匝圏域における障害者数等

項　目	海匝圏域	千葉県
海匝圏域の人口（2011年4月）	178千人	6215千人
人口の減少率（2011年4月）	2.6%減	1.5%増
65歳以上の人口比率（2011年4月）	26.0%	20.8%
障害者数（2011年3月）	8,852人	272,242人
人口千人当たりの障害者数（2011年3月）	49.7人	43.8人
グループホーム・ケアホームの利用者数（上段）と定員（下段）（2011年3月）	103人 (159人)	1,838人 (2,159人)

図表9-2　銚子市、旭市における自立支援医療と精神障害者保健福祉手帳所持者数の状況

項　目	銚子市	旭市	千葉県
自立支援医療（精神通院医療）受給者数（2015年3月）	788人	761人	73,649人
精神障害者保健福祉手帳所持者数（2015年3月）	314人	338人	34,178人

(2) 回答対象者に考えてもらう時間を確保するために、事前に質問紙票を渡しておく。
(3) 聞き取り時間は、1時間前後を想定する。
　　結果：インタビュー時間の総量　1,035分（20人分）
　　一人当たりの平均面接時間　52分（最長85分　最短31分）
(4) 世話人の話しを一部、正確に引用するので、ICレコーダーを使用させてもらいたい旨の了解を事前に回答対象者から得る。
(5) 回答対象者は、2008（平成20）年8月1日現在、千葉県旭市にある社会福祉法人「ロザリオの聖母会」グループホーム支援センターや中核地域支援生活センター海匝ネットワークを通じて、当該調査に協力していただける世話人
(6) 聞き取りの場所は、回答対象者が所属するグループホームの一室、グループホーム支援センター事務室、世話人の自宅など

2　世話人に関する基礎的情報

(1) 人数について
　　20名
(2) 性別について
　　女18名（90%）、男2名（10%）
(3) 年齢構成について

	30代	40代	50代	60代	70代
人数	2人	0人	12人	4人	2人
割合	10%	0%	60%	20%	10%

(4) 世話人歴について

	1～6ヶ月	7～12ヶ月	13～18ヶ月	19～24ヶ月	25ヶ月以上
人数	1人	5人	10人	0人	4人
割合	5%	25%	50%	0%	20%

　平均世話人歴は、26ヶ月。2年余りの平均世話人歴であるが、2年を境にして区切ると、2年以上が2割（4名）、2年未満が8割（16名）である。2年未満といっても、その平均は、12ヶ月であり、世話人歴としては経験

年数の浅い世話人群である。
（5）週平均の勤務時間等について

	1～10時間	11～20時間	21～30時間
人数	8人	7人	5人
割合	40%	35%	25%

（6）社会福祉の仕事の経験について

〈社会福祉の仕事の経験〉の範囲は、第8章と同じ（本書158頁）。世話人業務に就く前に社会福祉の仕事をしたことがある人の割合は、経験者が35％、未経験者が65％である。

（7）経歴・資格等について

経　歴：幼稚園教諭、児童養護施設職員、地域の保健推進員、看護師、看護助手、ベビーシッター、学校の栄養士、訪問介護員、特別養護老人ホームの介護員

資格等：小学校教諭、保育士、栄養士、幼稚園教諭、救急法の指導員、訪問介護員（ホームヘルパー）

その他：ボランティア活動

Ⅲ　世話人の言葉と援助とが出会う風景

1　そんなことは誰でもあること

回答24

「私は、自分だけの考えではちょっといけないんだなぁと思うようなことが、何回かあった。（中略）女性の方が、身体の不調をしょっちゅう訴えてるんですね。不調といっても、動悸がするとか。私はそのときには、"そんなことは誰でもあることだし、どうってことないんじゃない"って。そういうのは気にしないで、気楽にいこうよねみたいな。（中略）そうか、そういう症状があるんだったら、やっぱりお医者さんに診てもらった方がいいねとか申し伝えた方が彼女は安心するということがわかりました。（中略）ただ、大丈夫、大丈夫ではいけないんだなぁというのがあります」（問13《世話人のタイプ》、50代女性、通い）

1-1 「そんなことは誰でもあること」と自己覚知

　日常的に他者との関わりの中で、"そんなことは誰でもあることだし、どうってことないんじゃない"という言い方は珍しいことではない。多くの人はこのように、問題を焦点化させないやりとりについて場面、関わる相手などは違うにせよ、少なからずどこかで行なった、あるいは受けた経験があるのではないだろうか。

　ところで、なぜ、私たちはこのような言い方（対応）をするのだろうか。あるいは、問いの形を変えて、どのような場合にこのような言い方（対応）を私たちはするのだろうか。

　①本当に「そんなことは誰でもあること」とその言葉を投げかけた人がそのように思っている。

　②「そんなことは誰でもあること」の源流となっている訴えそのものが、訴えをもつ人にとって、重要な意味を持っているにもかかわらず、「そんなことは誰でもあること」を投げかけた人にとって対処しきれないものであると判断した場合、その訴えをかわす、あるいは、訴えそのものに対して変化球で返す。

　③本当に「そんなことは誰でもあること」と常識的（一般的）に考えられることなのか、それとも訴えを持つ人にとって、重要な意味を持つものかどうか、判断がつきにくい場合、とりあえず〈態度の保留〉という形で、「そんなことは誰でもあること」と伝える。

　前記①～③を踏まえ、回答24の訴えに対してどのような意味づけができるであろうか。

　社会福祉実習において、学生達の重要な実習課題の一つに、「自己覚知（≒自分自身に対する理解）」があげられる。その背景や前提として、利用者を理解する前に、まずは自分自身を知ることの必要性が問われている。少々、乱暴な言い方をすれば、実習生の前に利用者がいなければ、利用者理解に関する必要性は求められない。また、援助者が自分自身の価値観や援助の過程で発生する感情などについて理解することの自己覚知の問題も発生しない。

　回答24の世話人は、「そんなことは誰でもあること」と対応しているが、その世話人は、「そんなことは誰でもあること」の源流となっている内容そ

のものを問題にしているのではない。「そんなことは誰でもあること」と対応した自分自身のあり方を問うているのである。つまり、その世話人自身の自己覚知につながる問いを自ら発している。

　回答25　（回答24と同じ世話人）
　「もう一人の世話人さんとたまたま一緒にいるときに、（もう一人の世話人さんとその入居者との話しの中で）"あっ、そうだ。そうなんですね。"っていう風に、その方は納得していたので。それを見て……」（問13《世話人のタイプ》、50代女性、通い）

1-2　「そんなことは誰でもあること」の中に隠れていた自分自身
　「自分自身を知る」方法としては、その人自身が有する経験や知識の動員、スーパービジョン（ソーシャルワーカーになるためのトレーニングの一つ。個別指導など）など他者からの関わり、他者の言動にかかる観察などを通じ、最終的には、自分自身のフィルターを使って、そのことに了解しながら、積み上げていく。回答25の世話人はある場面で、他の世話人とその訴えをもつ人との関わりを見ながら、〈鏡としての自己〉[3]の姿を観察の中に見い出している。つまり、「そんなことは誰でもあること」と対処した自分を、他の世話人とその訴えをもつ入居者との関わりを〈鏡〉にして、隠れていた、これまで見えていなかった自分自身を発見しているのである。その発見は、別の自分自身を見たいという〈願い〉と新たに見えてきた自分自身を〈納得する〉という2つの条件によって支えられている。

　ただし、「そんなことは誰でもあること」という日常的対話が、援助関係の中で常に間違っているというわけではない。場面によっては、「そんなことは誰でもあること」で済ませた方がいいこともある。人によっては、問題を焦点化させることがその人の精神保健の不安定さや行動の制限をもたらす場合がある。そのような特質を持つ人に対しては、「そんな事は誰でもある」が有効性を持つのかもしれない。

　まさに〈個別性〉の問題に行き着くのだが、「そんなことは誰でもあること」のように日常的人間関係の中では許容範囲内のことであっても、専門的

な援助関係においては、許容範囲の外に出る場合があり、その辺の見極めを行うセンスが問われている。

2　ちょっと待ってね
回答26
「"お水、持ってきてちょうだい""ごめんね。ちょっと待ってね。それよりもトイレの方、先に行ってもらえるかしら"その〈ちょっと待ってね〉と言うのが、嫌だったんです。自分の中で苦しいんです。本当に流れ作業的に人を……。〈ちょっと待ってね〉が苦しくて、苦しくて、苦しくて」（問14《世話人のタイプ》、30代女性、通い）

2-1　「ちょっと待ってね」と疑似体験
「ちょっと待ってね」も日常的にはよく使う言葉である。家庭や職場などにおいて、この言葉を発したことがない人は、皆無だろう。それほど日常的には浸透している、なじみのある言葉である。ある面、使い勝手のいい言葉である。乳幼児をかかえた母親が、仕事から帰って急いで食事の支度をしているときに、子どもの"ママ、遊んで。この本、読んで"に対して「ちょっと待ってね」が常套句になっている人もいるだろう。少ない職員で多くの利用者をケアしている福祉施設においても、「ちょっと待ってね」が、マスターキーのようにごく普通に使われているかもしれない。筆者自身も、施設勤務のときには、それほど抵抗感を抱かずに、便利な言葉として頻繁に使用していた。
あらためて、「ちょっと待ってね」が成り立つ背景を「ちょっと待ってね」を言う側に立って考えてみよう。
①職員（親）の手が離せない事情がある。
②職員（親）側からみれば、相手の求めに対してすぐに応じなければいけない必要性や緊急性は認め難い。つまり、相手の求めは最優先される順位にはない。
③利用者（子ども）に対して、求めに応じないのではなく、応じるけれども、応じる時期を少し延ばすことは許容される範囲内にある。
この3点が同時的に成立して、「ちょっと待ってね」が一番の（説得）力

を持つのである。職員（親）の手が離せないような事情ではないが、現状において利用者（子ども）を待たせる事は多少許されるだろうなど、職員側（親側）の事情を優先させようということもバリエーションの一つとして日常的にはある。そして、「ちょっと待ってね」の後に求め（ニーズ）が充足される場合もあるし、充足されないままになることもある。

　また、「ちょっと待ってね」を言う、言われる関係は、固定的なものに近い特性を有する。つまり「ちょっと待ってね」を口にするのは、多くが職員（親）であり、その逆はどちらかと言えば少ないだろう。子どもの年齢にもよるが、子どもが「ちょっと待ってね」と言っても、親の方が「ダメ」「ちょっと待てない」等という形で、「ちょっと待ってね」が成立し難い親と子どもの関係がある。

　ところで、福祉教育では利用者理解の一つの方法として、〈疑似体験〉がしばしば使われている。典型的な例としての車イス体験の他、所定の装具を付けて、高齢者や片麻痺の人たちが日常的に体験していること（≒身体を自由に動かせない）を擬似的に追体験する場が挙げられる。また、三大介助（入浴・食事・排泄）の一つで、排泄介助のトレーニングの際、オムツをつけたり、外したりする体験も疑似体験の一つである。

　疑似体験を通じ、このような福祉の利用者を第三者として見ているときの「歩くのがつらいだろうなぁ」、「恥ずかしいだろうなぁ」といった〈第三者的な想像〉の「〜だろうなぁ」がはずれて、「つらい」「恥ずかしい」という〈自分の身体を通したリアリティ〉のあるものに変化していく。

　疑似体験をする者は、実際には身体の不自由な高齢者や片麻痺者ではないし、本当にオムツの中に排泄をするわけではないので、そこには〈大きな溝〉があるが、〈利用者理解〉という目的達成のためには、有効な方法の一つである。ところが、「ちょっと待ってね」は、前記の高齢者、片麻痺者、排泄介助のように部分的な役割交換がしにくい。

　部分的な役割交換に近い形のものとしては、たとえば、「ちょっと待ってね」に関して、職員−利用者とのやりとりを事例として作成し、ロールプレイ（役割演技）を体験することが一例としてあげられる。その際、「ちょっと待ってね」を言われた側の気持ちに対して想像力をある程度働かせること

は可能であろう。しかし、「ちょっと待ってね」は何度か言われる体験の中で、言われる側に負の感情が蓄積されていくことを考慮すると、部分的な役割交換が可能な前記の高齢者、片麻痺者、排泄介助のように自分の身体を使って、リアリティを伴う〈利用者理解〉のレベルへの到達は相当に難しいのではないだろうか。

2-2 「ちょっと待ってね」から〈ひとりの個人として〉へ

福祉現場で「ちょっと待ってね」を口にするとき、普通に使っていて、特別な感情が湧かない場合もあるが、そうでなければ、後ろめたさ、申し訳なさ、心苦しさ、またいつもと同じ手を使ってしまったという自責の念、など負の感情を大なり小なり抱くではないだろうか。そのような負の感情に対して、その人なりの感情処理を行う。その結果として、一定の時間が過ぎれば、このような負の感情はリセットされて、何もなかったかのように振る舞う場合も多い。

回答26の世話人は、まさに「ちょっと待ってね」がリセットされずに、ある面、「ちょっと待ってね」による苦しさが心の中で堆積され続けていったと言えるかもしれない。〈仕事が忙しく、手が離せない〉という施設職員の立場に立ち続けて、「ちょっと待ってね」が成立する条件を肯定的に（≒自己弁護的に）自分自身の中に取り入れればよい。しかし、回答26の世話人にとって、それは間違いではないけれど、自分自身の中に収まりきらない性質のものであったのだろう。「苦しいんです。とにかく苦しいです」という言葉の中に苦しみの深さと大きさが伝わってくる。

ただし、このような記述をすると、「ちょっと待ってね」という言葉そのものが、不適切な言葉としての印象を与えてしまう部分が生じるが、緊急対応や利用者からの求めにすぐに応じること自体が適当でない場合など、場面によっては、必要な言葉の一つであることはいうまでもない。

また、今回の「ちょっと待ってね」に関する考察は、回答26の言葉が出発点となっているが、対人援助職としての世話人にかかる「感情労働」（職務内容にふさわしい表情、態度、接遇、コミュニケーションなど感情の管理が求められる労働。当事者たちを疲弊させてしまうことの批判もあるが、感情労働だ

からこそしんどくても仕事を続けることができるという側面もある）者としての姿勢に絡む側面も認められる。

　鷲田清一は、医師や患者にはなくて、看護婦にある〈燃え尽き（バーンアウト）〉について、次のように述べている。キュアを担当する医師の多くは、その職務の中の自分の行動を限定するが、看護婦は、〈看護婦として〉ではなく、患者を〈ひとりの個人として〉見ている。つまり、患者の生きることと死ぬことにおいて、患者の苦しみを部分的に自分の内に取り込むこと（シンパシー）ゆえに、感情の激しいぶれを伴い、看護婦は病んでいくと考察している。さらに〈燃え尽き〉を防ぐためには、患者との一定の距離（割り切り）が必要であると続けている。[4]

　　回答27　（回答26と同じ世話人）
　　「つらかったんですよ。でも、今、4人とじっくり、じっくり話ができる、
　　対応できる時間帯がうれしいんですよ」（問14《世話人のタイプ》、30代女
　　性、通い）

　回答27の世話人は、入居者のことが気にかかれば、非番の日でも職場に立ち寄ることがあるという。普段は入居者を〈ひとりの個人として〉をそれほど意識することなく、世話人業務に従事しているのかもしれないが、非番の日における職場の立ち寄りの中で、明確に〈ひとりの個人として〉を意識することの出し入れを行っている。

　施設における「ちょっと待ってね」が「苦しいんです。とにかく苦しいです」は、利用者を〈ひとりの個人として〉見ている度合いが深いからこそ発生する感情が源泉にある。そして、回答27の世話人は、施設勤務のときに苦しみの元となった〈職員の顔〉と〈利用者に対するひとりの個人として関わる顔〉との間に生じたアンビバレントな感情が、グループホームに勤務にして、調和的に自分自身の中に両方の顔を取り込むことに成功しているとも言えよう。

3　3時間でも4時間でも、向こうが話をしているのを聞いて
──関係づくりの原点の一つとして、〈量を聞くこと〉

　大上段に構えた言い方をすれば、前述したように、生きるということは、問題解決の連続と言い換えてもよい。グループホームのように、プライベートな部分のみならず、共有スペースが入居者にとって大きな意味を持つ生活スタイルならば、他の入居者等とのトラブルはあって当たり前と言えるだろう。

　今回の聞き取り調査においても、入居者同士の大げんかが日常的に発生しているところから表面上は大したトラブルもなく、比較的平穏に日々の生活が営まれていて、世話人が介入しないといけないトラブルはごくわずかというところまで、トラブルの程度は相当に幅がある。当然だろう。そして、トラブルへの対処について、一つの特徴を見いだすことができた。〈量を聞くこと〉である。

　　回答28
　　「自分で、両方、お互い、私（世話人）に自分の言いたいことを全部言う。自分なりに100％言って、コップの中の水が空っぽになった状態で、ホッとしたわね。（中略）まわりのこと全部聞いとかなきゃいけないからね。聞き逃したら仕様がないからね。」（問12《日常的援助》、50代女性、通い）

　　回答29
　　「3時間でも4時間でも、向こうが話しをしているのを聞いて……。解決できなくても聞いてあげるとすごく喜ぶのですよ。（時間がせっぱ詰まっているときには、世話人が）ごはんを作りながら、そばに来て……。」（問12《日常的援助》、50代女性、通い）

3-1　〈量を聞くこと〉の困難性

　世話人の1日の就業時間は、2～5時間である。食事作りや共有スペースの掃除等で、スケジュール的には相当に詰まっていながら〈量を聞くこと〉に時間を割く形をとる。

　社会福祉実習の前に、社会福祉援助技術演習という科目の中で、面接相手

の話を一所懸命に耳を傾けて聴くという〈傾聴〉のトレーニングを行う場合がある。その他、励まし、要約、感情の反映など対人援助の〈技法〉に関する教授がロールプレイ（役割演技）等を通じて、展開される。そして、以上の技法は、体験的に要点を学ぶという意味において、いわば聴き方の〈質〉に当たる部分として位置づけられる。

授業の中では、回答28と回答29のように、〈量を聞くこと〉に関し、時間的な制約や実際の展開の仕方に起因する難しさもあって、〈傾聴〉の導入部分にとどまっているのが多くの現実である。つまり、片麻痺や高齢者体験のように、限られた時間の中で聴き方の〈質〉に相当する擬似体験はある程度可能であるが、聞くことに関する量的な擬似体験は、下記の〈量を聞く〉ための環境条件とも絡んで、それほど簡単なことではない。

〈量を聞く〉ための環境条件としては、

①入居者側に世話人に対して話すべき〈中身・量〉が必要である。

②入居者側に世話人に対して話したいと思う〈意思・気持ち〉が必要である。

③一定の〈時間数〉が必要である。

④その〈中身・量〉を受け入れる世話人の内に一定の〈器・容量〉が必要である。

⑤世話人側に〈中身・量〉を聞くことが、入居者の困ったことへの解決や軽減のために役立つと世話人側が思っていることが必要である。

その他、前記の①〜⑤の環境条件に縛られることなく、入居者と世話人との間で発生したのっぴきならない事情や「ちょっと待ってね」が許されない状況が〈量を聞く〉ことの背景になる。

〈量を聞くこと〉が、人間関係の修復・再生にとって、とても重要な営みであることは体験的に了解可能である。また、〈量を聞く〉ための理想的な環境とは、通常、前記①〜⑤の〈必要〉が同時並行的に成立していることを指す。このような理論的背景を踏まえ、短時間労働など制約のあるなかで、世話人は〈量を聞く〉実践を行っている。

3-2 〈量を聞くこと〉における「聞いてもらえた」という体験

鷲田清一は、家庭裁判所で調停の仕事をしている知人の話を紹介している。

「言い合って、言い合って、言い合ったはてに、万策尽きて、もはや歩み寄りの余地『合意』の余地はないとあきらめきったときから、ようやって『分かりあう』ということがはじまる、と」

　この話から、鷲田は、自分の言ったことが承認されるかどうか別として、相手が自分に関心を持ち続けてくれたことが相手の言葉やふるまいの中に確認できれば、『わかってもらえた』と感じるのだろうと続けている[5]。
　さらに、中途半端な聞き方になってしまった場合に対して、回答28の世話人は次のように述べている。

　　回答30　（回答28と同じ世話人）
　　「……（入居者の内で、）言いそびれたことを夜、寝たときに思い出すと、また、そこがふくらんじゃうんですよ。だから、私は一応、聞くだけ聞いて」
　　（問12《日常的援助》、50代女性）

　退勤時間が近づいてきて、その制約の中でできることは、聞き方の〈質〉ではなく、〈いかに聞く量を確保するか〉になっていく。だからこそ「一応、聞くだけ聞いて」という言葉に〈量を聞くこと〉の意味が集約されてくる。
　また、〈量を聞くこと〉の時間的制約について、トラブルが発生したときは、相手が納得するまで話しを聞くのですかという筆者の問いに対して、回答29の世話人は、次のように述べている。

　　回答31　（回答29と同じ世話人）
　　「その場はね、聞いてあげないと。（中略）5時間で1時から6時まで仕事をしてるんですけど、できないというよりも帰らざるをえないですね。6時までと決まってますから。なるべくそこで終わらせるようにしてはいるんですが……。その後、女性5人だとやっぱり……」（問12《日常的援助》、50代女性、通い）

　〈量を聞くこと〉の必要性と勤務時間という現実的な制約のなかで、世話

人が最大限できることの姿勢がこの回答には示されている。
　回答28と回答29の世話人が実践していることは、場面的にも、鷲田が紹介した〈言い切った〉先にあるものとしての『分かりあう』と同じではない。しかしながら、少なくとも「一応、聞くだけ聞いて」（回答30）、「その場はね、聞いてあげないと」（回答31）の中に、〈相手が自分に関心を持ち続けてくれたことが相手の言葉やふるまいの中に確認できれば〉が含まれる可能性を見出すことができないだろうか。
　極論すれば、聞いてもらえたという体験が入居者の中にわずかでも残りさえすれば、〈聞くことの質〉はさほど問題にならないのかもしれない。たとえば、回答29のように世話人がご飯を作りながら、話しを聞くという状態であっても。つまり、「〜しながら」（分散）と「傾聴」（集中）ということを同時併行的に行うので、一連の行為としては一見、相反しているかのような感じはある。しかし「ながら傾聴」とでも言うべき、こういった関わりは〈量を聞くこと〉における創造的な援助技術の一つになる。

4　肯定的な関わり（相手に対する尊重）の中で

　良質な人間関係を作るためには、その場に応じた言葉の使い方が求められる。筆者自身がこのような言葉の使われ方をされたら、心地良いだろうなと思われる世話人の言葉をいくつか紹介する。

4-1　あれー、私、ごめん。記憶にない。午前中の記憶がないんだよね
　　　──言葉あそびは、関係づくり

回答32

　「毎日、掃除する順番が決まってるんですよ、世話人も入れて。（中略）（体調が悪いときには、他の曜日に掃除をするという形で）逃げ場を作っておく。（中略）その都度、調子が悪いと言われちゃう。（中略）疲れるとか記憶がないとか、使い分けを。それを覚えられると"記憶がない"と始まっちゃうんで。（中略）たとえば、今日、私が掃除当番だとすると、他の人が"Aさん（世話人）、掃除した？"と言うと、"あれー、私、ごめん。記憶にない。午前中の記憶がないんだよね"って言うと、自分たちのことを言われていると、彼女達はわか

るんですよ。そうすると少しの間、その言葉を使わなくなるんですよ。大笑
いしていますね、向こうも」（問15《世話人のタイプ》、30代女性、通い）

　入居者からの問いに対して〈正解〉をそのまま投げ返すのではなく、投げ
返す言葉の中に入居者が日常的に使っている論理を入れ込む。入居者の論理
を日常的によく観察しているからこそできる方法である。
　入居者にしてみれば、入居者の日常を逆手にとられたようなもので、そこ
には思わず〈笑い〉が生まれる。あそびだから〈笑い〉を伴う。
　精神科医で、統合失調症の家族教室など精神科リハビリテーションの第一
人者である伊藤順一郎は、〈笑い〉のある面接をもっと高く評価してもいい
のではないかと研修会等で発言している。また、寅さんシリーズの山田洋次
監督は、映画作りの中で、泣かせることよりも笑わせることの方が難しいと
言う。
　身体的な演技を入れながら、巧みな表現を伴うレトリックを駆使して、
〈笑い〉を生み出すパフォーマンスは時と場合によっては、相手との関係を
とんでもない方向に導くかもしれない。つまり、〈言葉の地雷〉（コミュニケ
ーションの齟齬。世話人の言葉が、世話人の意図とはズレて、入居者に受け取ら
れることに伴い、入居者から想定外のリアクションを返されること）を踏むこと
と紙一重の部分がある。だからこそ、そのような言葉あそびには一定のキャ
リア（関係と歴史）が求められる。

　回答33　（回答32と同じ世話人）
　　「（このような言葉あそびは、1年目ではできないでしょうという追加の問
　　いに対して）できないです。自分でやっちゃいます。この人、体調悪かった
　　ら、私がやらなくちゃーーって」（問15《世話人のタイプ》、30代女性、通い）

　当然のことながら、援助関係において入居者のことを知る時間や言葉の余
裕と限界を知ることが世話人には求められる。つまり、この人には、このあ
たりまで言っても状態は悪くならないなぁという言葉の限度を世話人自身の
中で見立てることが必要となる。入居者に対する言葉の出し入れ——まさに

ソーシャルワーク的関わりそのものの世界に世話人は最初から投げ込まれる。

4-2　はじめて聞いたように――プロフェッショナルとアマチュアとの境

回答34

「同じ話を何回も毎日。同じ話だけど、はじめて聞いたように"あっ、そう""うーん"と聞いてあげて。（中略）"そんな話聞いたよ"って言ったら、おしまいでしょう。傷ついちゃうでしょう。（中略）同じ話を同じ日に何回もするでしょう。それでも〈しようがない〉って思わない」（問17《相性》、50代女性、通い）

1037回の上演記録を持つ戯曲『夕鶴』（作・木下順二）で、つう役を演じた女優山本安英は、「毎日の舞台で今日はじめてきくことばとして、相手のせりふをきくにはどうしたらいいだろうか」（傍点筆者）と問うている[6]。この問いに答える形で、山本は、「他人のことばにゆくりなく耳を傾けていると、単にことばだけでなく、ことばを生む根元のつながり具合といいますか、話者の生き方考え方、毎日の生活ぶりまでが少しずつ見えてくる」と述べている。そして、1時間20分の戯曲『夕鶴』の稽古に入ると、必ず新しい発見にぶつかると言う[7]。

演出家の栗山民也も山本と同様のことを述べている。聞く力をつけるためには、日常生活を意識するしかないと述べた上で、言葉の基本は、自分から始まるのではなく、相手の言葉を聞くこと、感情を読み取ることから対話がはじまるとしている[8]。

入居者が同じことをしゃべっているにしても、それを聞く側にいる世話人が「またか」という想いを自分の中でどのように処理していけるかが問われている。自然に湧き出る、その想いをそのまま言動につなげるのか。「またか」という想いの噴出を自分の中で認めながらも新しい気持ちで聞こうと努力するのか。このことは、〈外に出ない、見えない援助技術〉になるのだが、ある面、対人援助職におけるプロとアマを分ける境になっているのではないだろうか。言葉は通常、音と意味とがセットになって使われているが、音としては、ほぼ同じように聞こえてきても、音の裏に潜んでいる入居者の思い

を毎回、意識をしながら、言葉を受け取るという作業ができることの中にプロにつながる道がある。

4-3　やっぱり支援ですから、あくまでも――役割を限定することの意味
　入居者4名全員が喫煙するため、部屋も服も茶色になっている光景を目にした世話人がこの1年間でやってきたことは、

　　回答35
　　　「冷蔵庫なんか拭いても、本当に茶色になっちゃうんですよ。だから、こんなになるんだねって言ったり、レースのカーテンも真っ茶色の水が出たり。もうそれをこの1年間見てもらいましたね。（中略）たとえば、"今日、2箱吸っちゃったよ"と言っても、それは悪いよとかは言わないです。それは言わないです。（中略）やっぱり支援ですから、あくまでも」（問15《世話人のタイプ》、60代女性、通い）

　F・P・バイステックのケースワークの7原則の一つであるクライエントを一方的に非難しない〈非審判的態度〉の一つの形が回答35にはある。「やっぱり支援ですから、あくまでも」の中に世話人の役割を限定している。
　〈役割の限定〉には、とても大事な意味がある。役割を限定するとは、ケアをすることとしないことに一定のラインを引くということでもある。そして、援助を提供していく中で、援助者側の〈ケアすること〉から〈ケアしないこと〉への変更が行われることがある。
　人の自立ということを考えるとき、〈ケアしないこと〉が実は重要な意味を持つ。ある程度の不自由さ、不便さ、居心地の悪さという部分、つまり〈ケアしないこと〉を一定量確保することが、自立への伸び代になるし、もっと大きな視点で捉えるとパターナリズム（入居者に対する保護を理由とする、ケア提供者の温情主義や支配 - 統制感情が曖昧となった情緒的・人格的温情関係）[9]を予防することにもつながる。援助者自身の〈ケアすること〉に対する禁欲的態度がまさに問われている。
　言葉による「健康のために喫煙はいけないよ」を〈直接的な対話〉と位置

づけるならば、回答35の世話人の行動の示し方は、〈間接的な対話〉、あるいは〈お察しによる対話〉と位置づけることができる。世話人が一番伝えたい言葉を敢えて〈表に出さない〉ことによって、隠されたメッセージを入居者側に主体的に受け止めてもらうやり方である。この方法は、お察しをする力（≒気づき）が入居者の中にあるということが前提になるので、お察しの力が弱ければ、当然のことながら有効に機能しにくくなる。

そして、1年間の喫煙対応にかかる積み重ねの中で、全体として喫煙の量がだんだん減ってきた入居者は、世話人に対して、次の言葉を紡いでいる。

　　回答36　（回答35と同じ世話人）
　　　「"たばこはやっぱり体に悪いよな"とか(中略)"昨日、5時間がまんしたけど、とうとう7時には吸っちまったよ"」(問15《世話人のタイプ》、60代女性、通い)

喫煙に関する〈自己申告〉と〈自己審判〉による自分自身に対するセルフコントロールの技術を身に付けてくる。まさにイソップ寓話の一つで、旅人のマントを北風と太陽のうち、どちらが脱がせることができる力を持っているかを問うている『北風と太陽』における太陽のような関わりを回答35の世話人は行っている。同時に〈批判されないことで得られる安心感〉の存在が、入居者を主体的に動かしている条件になっていると言えよう。

5　他者との距離・関係

世話人と入居者、入居者と入居者とが、どのような関係にあるのか、健康的な関係（≒気持ちよく生きられること）であるためにはどのような距離の取り方をすればいいのか、世話人の声をいくつか拾いながら、このことの考察を行なう。

　5-1　世話人と入居者
（1）〈つかず離れず〉と〈入り込むこと〉
　　回答37
　　　「私はつかず離れず。見守りながら、支援するということ。あまり入り込む

とある程度の線を引かないといけない。あまり入れない部分もあるし、入らないと理解できない部分があるということをケースワーカーの方に教えて頂いた」(問18《知識・技術》、60代女性、通い)

入居者との距離のとり方について、一般的な原理・原則を述べたものである。

(2) 入居者を家族の一員かのように
　回答38
　　「グループホームって、家族ですから。子どもによって、母親になれるのと一緒で、やっぱり家族を大事にしようと接する中で、世話人と入居者との距離が縮まってきますので」(問9《資格》、60代女性、通い)

　回答39
　　「いいのか、悪いのか、ある意味、私は仕事というよりも家族と一緒にいる状態なんですよ。だから、私には2つの家族があって、行ったり来たりしているのかなぁ。(中略)気になると行っちゃいます、遊びに。休みの日でも。この方、状態が悪かったなぁと思うと、一旦家に帰って、ご飯作ってから、また再度。それも"忘れ物取りに来ちゃった"って言いながらでも、様子を見に行きますね。(中略)本当は行っちゃあいけないんでしょうけど、気になるし。やっぱり休みなんかが続いちゃうと、気になって、気になって。すると、こっちの方に買い物に来たよと言って、お土産買って、1時間、早いと30分くらい、他愛もない話をして……。
　　(中略)仕事という感覚があまりない。仕事とは割り切れないし。(中略)余裕が出てくると、自分の父親、母親がたとえばこういう病気になった、子どもがなった、旦那がなった。そうしたら、どうしてもらいたいかって、まずは思うようになったんですね。(中略)そうすると、見えてくるんですよ、見えてこなかったものが」(問14《世話人のタイプ》、30代女性、通い)

①入居者に〈寄り添う〉こと
第8章の法人ぽぴあ所属の世話人への聞き取りのときも入居者に対して家

族の一員として（かのように）接するという言葉を相当数うかがった。

　家族の一員のように関わるということは、世話人と入居者との距離がある面、縮まる関係に発展する可能性を秘めていると同時に、たとえば巻き込まれ等による〈燃え尽き〉に代表されるように世話人の精神的健康にも大きな影響を及ぼしてしまう〈両刃の剣〉的関わりになるおそれを含む。

　三井さよは、末期患者と接する病院内看護職が、家族ではない職業者としての自分と職務のなかで、家族のように近い関わりを持つことの意味を〈患者に寄り添う〉ということを柱にして考察を進め、「（中略）単に寄り添うことを職務とする人びとだけが抱える矛盾と難しさだけでなく、（中略）本来的には私たちが抱える葛藤でもあるのだ」としている[10]。筆者自身が母親の最期を家族（自宅）で看取った経験から言っても、それほど遠くはない死にゆく人たちとの寄り添いは、ドラスティックな変化がつきまとう。

　通常、世話人の入居者への〈寄り添い〉には、末期患者のように、それほど遠くはないもしもの場合の訪れや、病院内看護職のような集中的な〈寄り添い〉というものは想定し難い。日常的に終点が設定されていない世話人の〈寄り添い〉については、〈かけがえのない他者性〉や〈感情労働〉の視点からも研究が待たれる部分である。

　②　社会福祉実習にみる臨床的関わり
　鷲田清一は、他者との関わりにおいて、〈非臨床であるか〉、〈臨床であるか〉を分ける基準として、「ある役柄としていわば匿名的に関係するか、だれかにとっての特定の『だれ』としてホスピタブルな関係のなかに入っていくかどうか」をあげている[11]。この基準に照らせば、回答39の世話人の内に、〈非臨床的であるか〉、〈臨床であるか〉の揺れの問題をとりあえず整理した後に、きわめて明快な形で落ち着きのよさを持った臨床的な関わり行動に進展していったことの読み取りができる。

　では、非臨床的な関わり＝匿名的に関係する、臨床的な関わり＝匿名的ではない関係をもつ、という形の雑駁な区分の中で、社会福祉実習を見てみよう。

　社会福祉実習の学生たちは通常、実習先施設の中で〈匿名的な実習生〉としてスタートする。そして、実習生の多くは、実習の目的や課題を達成する

ために、あるいは実習先での不安定な立場を少しでも安定させるために、施設の利用者や子ども達に早期に受け入れてもらうことを強く望む。そのために多様な関わりを通じて（[関わり方の原則を踏まえて]から[関わり方の原則から外れる方法]までのチャンネルを含めて）、実習生が特定の〈田中さん〉と途中から呼ばれることもあるし、実習の最初から最後まで〈実習生さん〉という匿名的な呼ばれ方をされる学生もいる。まさに学生の関心の一つである自分達が〈非臨床的存在〉から〈臨床的存在〉へ転化するためにはどうすればよいかが、呼ばれ方の中にある。

　多くの学生たちは、〈匿名的な実習生〉でいることに寂しさを感じるだろうと推察されるが、通常はそれが実習の出発点とならざるを得ない。そして〈田中さん〉と呼ばれることを通じて、一般的な他者から特定の他者へ位置や立場が変化する中で湧き起る喜びや安堵感などの感情を、実習の振り返りの際にしばしば口にする。このような感情体験は素朴に了解可能であるが、呼称によって、学生たちが〈非臨床的存在〉のままでいるのか、それとも〈臨床的存在〉に変化するのか、そのような単純なものでは勿論ない。つまり、[施設で使われている愛称で利用者を呼ぶなど、関わり方の原則から外れる方法]を用いて、〈田中さん〉と呼ばれるようになった場合、すぐにそれを臨床的な関わりと位置づけてよいのだろうか。逆に[さん付けや敬語を終始使うなど、関わり方の原則を踏まえて]の態度を実習中、禁欲的に持ち続けた結果として、〈実習生さん〉と呼び続けられた場合、それを非臨床的な関わりと位置づけのままでよいのだろうかといった課題が潜んでいる。

　鷲田は、〈臨床〉を次のように定義している。

「ある他者の前に身を置くことによって、そのホスピタブルな関係のなかで
自分自身もまた変えられる経験の場面[12]」

(3) 距離を置くこと
　一般的な言い方をすれば、多くの世話人は、①入居者と〈つかず離れず〉や〈入り込むこと〉を通じて、また、②入居者を家族の一員かのように思っ

て、日々の生活支援にあたっている。しかし、関わりの中でどうしても精神的健康が保てない場合が発生する。

　回答40
　「（中略）その方、一番気がつく方で、私、作業所から一緒ですから、もう十何年（のつき合い）です。入居者の方達とは長くなりますから、親以上になりますので、はい。入りすぎてしまうってこともあるんですね。（中略）ときには、まあ、地獄みたいに落とされて。（世話人の仕事を）絶対、もうやめるんだ、と言いながら。この繰り返しで毎日、きてますからね。（中略）やはり、そういったときって、休むことですね。〈休むこと〉〈離れること〉です。言い訳じゃないけど、"この用事があるから休まなきゃならないんだもん"って。自分で納得するところがある」（問15《世話人のタイプ》、50代女性、通い）

　世話人と入居者との時間的な関係が長くても短くても、〈のっぴきならない関係〉というものは生じる。単純に考えると、一般的にこういった問題解決の際には、〈前に出る〉か〈後ろに下がる〉になるが、回答40の世話人は、〈後ろに下がる〉方法を選択している。
　臨床心理学者の河合隼雄は、逃げることの難しさと大切さの中で、問題状況から徹底的に逃げるか、逃げないのだったらやり抜く必要性を説いている。と同時に離れた後、心残りをしないために人間関係においても一度どっぷりつかることの大切さを言う[13)]。　逃げるにしても、逃げないにしてもアクセルを全開にしなければ、期待される効果が得られない面があるということなのかもしれないが、同時に人間関係をそこまで突き詰めることの耐性が世話人、入居者の中に備わっているかどうかの点も日々の生活を送る上で見逃してはいけない材料である。
　〈中途半端な逃げ方〉という言葉の響きが悪ければ、〈細切れ的逃げ方〉という言い方に変更してもいいが、敢えて〈煮詰まらない関係〉に留めておくことも関わる人間や場面によっては、必要ではないだろうか。〈煮詰まらない関係〉だからこそ、その後の時間や環境が問題の解決に導いてくれるかもしれないという期待を込めて。

長年、児童相談所等の心理職で相談援助に従事していた団士郎は、複雑で一筋縄ではいかない家族が人の社会性を育てる場であるとして、世の中にはいろいろな立場の人がいて、正しさとは関係なく、強い弱いポジションがなくなることはないとした上で、「時に決定的な衝突に至らないでしのぐ力も、生き延びてゆく力として必要」と述べている[14]。見方によっては、「後戻りのできる関係」とか「少々の失敗が許される関係」の中に身を置くという考え方である。問題の渦中にいて、出口の見えない、苦悩の状態であっても、このような関係の中で、生き延びてきた人がたくさんいる。

5-2　入居者間の距離——ほどほどのつきあいの中で
　私たちが住んでいる隣近所のつき合い方と基本的には同じであろう。隣近所のつき合い方の場合、一般的にはグループホームのような入居者間における時間的・空間的な共有スペース（例：一緒に食事をとる、出入りする場所が同じなど）はないので、ゴミ出しなど外での共有部分は一部あるものの、隣近所の人とつき合いたくなければ、それなりのつき合い方ができる。一方、グループホームにおける日々の生活は、大なり小なり、入居者同士、入居者と世話人等ケアする人とが恒常的に触れあいながらの暮らしとなっている。
　その中で、入居者同士の関係のあり方として、現実的にそれができるかどうかは別として、一つの方向性を打ち出すとすれば、〈ほどほどのつきあい≒煮詰まらないつきあい〉という考え方は、スムーズにお互いが生活をする上での大切にすべき〈知恵〉になるのではないだろうか。
　通常、誰とでも仲良くできることに異議を唱える人はいないであろう。しかし、それがなかなか、実現できないのが、私たちの生活であり、〈誰とでも仲良くできるグループホーム〉という理想を掲げた時点で、理想と現実のギャップに悩まされる。そうであれば、他者の存在を認めることの原点として私とあなたは違う存在であることの関係を出発点に据え（本書167頁）、〈他者と仲良くできたこと〉を共同生活でのお土産として考えることは、〈共同生活での知恵〉の一つになり得る。

回答41

「5人が5人、全員、仲良くなる必要はないと思うんですよ。まあ、必要最低限の。生活はあくまで一人ひとり別々ですからね。ご飯を食べるときは、みんな一緒になりますけどね。後は……」（問17《相性》、50代男性、通い）

回答42

「（中略）共同生活してるんだし。気になるところもあるだろうけれども、深入りしないで、表向きだけでつきあっていていいんじゃないのって。（中略）親子だって、夫婦だって、けんかするんだから。まして、他人が顔つきあわせているんだから。みんな違うんだから、仕様がないよって。」（問17《相性》、50代女性、通い）

6　支援が成立する場としてのグループホーム

　事業者がサービス提供を行い、利用者（消費者）がその対価の一部分を負担する。介護保険が一部、使い勝手の悪さの指摘等は受けているものの、社会的な普及と利用の伸びが続いていることの背景の内には、形式上はサービス提供者と利用者の対等関係をベースにした〈give and take〉の関係が認められることに、その根拠を持つ。この関係を踏まえ、制度（法律等を含む）を利用する中で、人を介在させる〈ソフト面における相互作用〉はある種、支援の質を規定することになるであろう。

6-1　世話人が入居者からのサポートを受けるとき──相互承認の場としてのグループホーム

回答43

「たとえば、用事があって、食べてこれなかったら、入居者の方、わかるんですよ。"ご飯食べてきたの？""食べな！"って。そういう小さいことですけども、私なんか、どこかに行って、買ってきて、すぐ食べられるじゃないですか。見逃さないんですよね。（中略）これでもう十分です」（問19《やりがい・達成感》、50代女性、通い）

回答 44

「もう帰るとなると、"大変だったよね。気をつけて帰ってね"とか、"寒い日だから、カゼをひかないように帰ってね"とか」（問19《やりがい・達成感》、30代女性、通い）

　回答43、回答44を見るまでもなく、支援というのは、一方通行ではなく双方向の力が働いて成り立つ営みである。
　世話人自身が入居者に気にかけてもらっている、存在を認めてもらっている、感謝されているという想いがソフト面における相互作用の質を高めている。つまり、相手の存在を自分の中に取り込むこと、すなわち〈相互承認〉の場こそ、質の高い支援が成立する場の原点になるのではないだろうか。

6-2　役割を大事にしながら、役割を突き抜けることが、人間関係の良さにつながる――役割関係の中に逃げ込んで、相手（世話人、入居者）を見ることの限界

回答 45

「毎日同じ支援を繰り返しているうちに、入居者の方が積極的に自分から掃除をしてくれたりとか、気付いてくれて、逆に入居者の方から私が教えてもらうことも多い。私が何か重い物を持とうとするとき、みんなが持とうかと来てくれたりするんですね。（中略）やっぱり相手の存在を思いやる気持ちというか、"それって、世話人の仕事でしょう"と言われるのが一番嫌ですね」（問19《やりがい・達成感》、60代女性、通い）

（1）役割関係と生活の安定

　私たちは日常生活の中で、様々な役割を担いながら、生活している。母としての役割、妻としての役割、PTA役員としての役割、パート職員としての役割など場面に応じて、また他者からの求めに応じて役割行動をとりながら、日常生活を成り立たせている。そして、スムーズに役割行動を取るための前提には、他者からの期待が何であるか、それをどのように取り入れるのかという達成すべき課題の存在がある。
　昔、「私作る人、ぼく食べる人」というラーメンのCM（1975年）があり、

しばらくして放送中止となった。作る人と食べる人の役割固定を是とする役割像を示すものとして見られたのであるが、回答45の後段にある「それって、世話人の仕事でしょう」という言葉は、場合によっては適正な責任の分担を超えて、役割の固定化につながるのかもしれない。

私たちの生活に安心と安定をもたらせるためには、一定の役割とルールが社会成員によって担われていることが必要である。信号が赤であれば、自動車は止まってくれるであろうという予測と期待があるからこそ、若干の注意をしながら、横断歩道を渡ることができる。その予測が時と場合によって、変わってしまえば、安心と安定は簡単に崩れてしまう。したがって、この視点から考えると役割の固定化は、全く悪いという性格のものではない。

(2) 〈ゆるやかな役割〉と〈相手に対する想像力〉

ポイントは、「それって、世話人の仕事でしょう」という言葉の背後をどう読み取るかである。世話人の仕事という役割が決定されていくとき、他者が入り込めるスペースやある面摩擦を避けたり、予防したりするための「お互い様」という意味での〈あそび〉が入る余地があるのかどうかが重要なのである。

あそびが入らない、ゆるやかでない役割分担に重きを置き過ぎると、〈相手に対する想像力〉が乏しくなりがちとなる。更に厳しい表現をすれば、このような役割分担は、相手との溝を作り、関わる者同士の相互作用を抑制することにつながる。

基本的な役割分担は必要である。しかし、人間関係を円滑にするために重要な要素である〈相手に対する想像力〉を働かせるためには、最終的には個々人の判断に委ねられるのだが、「それって、世話人の仕事でしょう」への対抗軸として、〈ゆるやかな役割〉をどれだけ世話人と入居者との関係性の中に持ち込めるかが鍵となる。

〈ゆるやかな役割〉の中において、相手の姿を認めることができる。このことは、世話人の立場・役割が、世話人がいなければ、入居者の生活に支障をきたすという日常的・原初的な心配・不安レベルを解決・軽減(入居者の基本的な生活ニーズが充足されること)してくれる世話人から、回答45の前段から中段にかけての、世話人のことを心配している入居者の姿を通じて、

パートナーシップとしての〈かけがえのない存在になっていく〉ことへの変化を意味している。

　適度な距離感と緊張感を持ちながら、繋がり的に入居者の中に世話人がいる、世話人の中に入居者がいる、その環境をどうやって作り出せるかが、援助関係の妙である。まさに、「0と1との間を行き来しながら」、個別的に心地よい空間と時間を入居者と世話人との相互作用のなかで積み上げていくことが問われている。

Ⅳ 「0」と「1」との間を行き来しながら
―― 〈障害があるからこそ〉と〈障害があってもなくても〉を考える

※第8章と第9章のまとめに代えて:『車輪の一歩』を題材に
　援助関係における双方向的なやりとりの中に〈ゆるやかな役割〉が生まれることを述べてきたが、当事者が援助を一方通行的なものと考え、それに〈苦しみ〉を感じているドラマがある。

　NHKテレビの土曜ドラマ『男たちの旅路』(作・山田太一)のなかの『車輪の一歩』。国際障害者年(1981年)の2年前にあたる1979(昭和54)年が最初の放送である。30数年前のドラマであるが、決して古さを感じさせない。

　「警備会社のガードマン」、「失職やアパートからの追い出されなど社会から厳しい風を受けている車いすの青年6名(男性)」、「社会から様々な差別を受けて心を閉ざしている車いすの少女とその母親」の三者が主たる登場人物である。

　車いすの青年達がデパートの出入口に集まり、彼等をそこから退去させるガードマン達との関わりが最初のシーン。このことをきっかけに車いすの青年達を警備会社に勤める若い兄妹が面倒をみるようになった。やがて、車いすの青年達の悪意もあり、若い兄妹の生活は乱され、勤務中に居眠りをするなど仕事に支障をきたすようになった。

　このことを知った鶴田浩二が扮するガードマンの隊長(以下、「隊長」)は、車いすの青年達が置かれている厳しい状況を理解しながら、彼なりの〈障害と社会との関係〉について考えを車いすの青年達に伝える。その後、車い

の青年達とガードマン達は、家に閉じこもっていた車いすの少女を外に連れ出そうと働きかけるも、母親からこれ以上関わりを持たないでくれと言われる。

しかし、最終的には車いすの青年達やガードマン達からの働きかけに応じる形で、車いすの少女は社会に対して声をあげることを決断する。車いすの少女は駅にある階段の前で、障害があるがゆえに困っていること（＝車いすでは不可能な階段の移動）を主体的に解決するために"誰か、私を上にあげてください"と通行人に声をかける姿がラストシーンとなる。

車いすの青年の一人が隊長の下宿を訪ねる場面。隊長の部屋は2階にある。その青年は隊長におんぶしてもらって、2階に上がる。会話の冒頭、その青年は、ここでけんかになっても、結局、隊長におんぶされ、1階に降ろされて、惨めな気持ちになると言う。その青年は、社会の片隅で目立つことなく、つつましやかに生きることが自分達を守る方法であると言い、「自分達は、街へ出て他人の援助を受けることが心の重荷になって仕方ない」と訴える。

この青年の訴えに対して隊長は答える。

「（中略）今の私はむしろ君たちに"迷惑をかけることを恐れるな"と言いたい気がしている。それは私にも意外な結論だ。"人に迷惑をかけるな"というルールを私は疑ったことがなかった。多くの親は子どもに最低の望みとして、"人に迷惑をかけるな"という。人に迷惑をかけないというのは、今の社会で一番疑われていないルールかもしれない。しかし、それが君たちをしばっている。

一歩外に出れば、電車に乗るのも、階段を上がるのも、誰かの世話にならなければならない。迷惑を一切かけまいとすれば、外に出ることさえ出来なくなってしまう。だったら迷惑をかけてもいいじゃないか。いや、かけなければいけないんじゃないか。

君たちが街へ出て、電車に乗ったり、階段を上がったり、映画館に入ったり、そんなことを自由にできないルールがおかしいんだ。いちいち後ろめたい気持になったりするのがおかしい。私は、むしろ堂々と胸を張って迷惑をかける決心をすべきだと思う[15]」

1 「ぎりぎりの迷惑」と「0」と「1」との間で

ドラマの中で、「ぎりぎりの迷惑」という言葉を隊長は口にしている。

「0」か「1」かでものを考えるということは、「迷惑をかけない」と「迷惑をかける」と2つのうち、どちらかを選ぶことである（視線の固定）。2点の選択で考えることである。単純でわかりやすいが、これは本来の「支援（援助）」のあり方だろうか。

隊長なりに（この「なりに」がとても大切）「迷惑をかけない」と「迷惑をかける」との間で揺れ動いた結果、つまり、2点を結ぶ線の上で逡巡した到達点として、「ぎりぎりの迷惑」という固定ではない、相対的な結論に至ったのだろう（視線の移動）。したがって、時間や状況が変われば、「ぎりぎりの迷惑」の中身や迷惑のかけ方も変わる。

「0」と「1」との間を行きつ戻りつするというのは、隊長なりに「ぎりぎりの迷惑」を考えることであるし、「支援（援助）」とは、本来、そういうものではないだろうか。このことは本書においても一貫して述べてきたところである。援助とは、「0」と「1」との間を行きつ戻りつをしながら、「腑に落ちる瞬間」を見つける作業であるとも言える。

前述した団士郎は言う。〈問題〉と〈解決努力〉はいつもセットになっているとして、問題解決のためには、白か黒かではない選択肢が用意されていないといけないのに、このような選択肢が用意されていないため、保護者と関係者が対立するような事態になることがある。このことは、関係者側の〈弱さ〉を表しており、白か黒かではない選択肢を用意することがソーシャルワークである[16]。（本書161-162頁）

隊長なりに「今ある、この社会」と「将来、こうあって欲しい、否、こうあらねばならない社会」の2つをすり合わせながら、あるいは衝突させながら、出した結論が「ぎりぎりの迷惑」という言葉であったのではないだろうか。

2 「ぎりぎりの迷惑」と〈障害があっても、なくても〉

職を失い、アパートを追い出され、社会から様々な差別を受けてきた車いすの青年たちに対して、警備会社の若い兄妹は、限りなく受容的な関わりを持ち続けようとする。自分たちの生活が車いすの青年達の悪意によって無茶

苦茶にかき乱され、仕事に支障が生じる状態になっても、あくまで〈善意の人〉であろうとする。

　線引きは適切でないのかもしれないが、敢えて線引きをすれば、警備会社の若い兄妹は〈障害があっても、なくても〉掛け値なしに状況を全面的に引き受けるということにおいて、ノーマライゼーションの流れを汲む考え方に近いのかもしれない。ノーマライゼーションの思想は、このドラマ放送の2年後にやってくる国際障害者年とそれ以降、現在も続いている福祉社会実現のためのキーワードである。

　一方、隊長は、〈障害があっても同じ人間ではないか〉という100％の正しさをもった言葉で車いすの青年達のことを、車いすの娘とその母親のことを括っていない（母親は、社会から受けた冷たい仕打ちに対して娘を外に出さないようにするなど、社会との接点を絶った生き方を娘にさせ、娘もそのことが母親に迷惑をかけない生き方だと考え、母親の言う通りの生き方をしようとする）。

　隊長は車いすの青年達とのやりとりの中で、どのように自分と社会との折り合いをつけたらいいのかに揺れ動く。

　〈障害があっても同じ人間ではないか〉では、隊長なりの折り合いがつけられなかった。その根底には、隊長なりの〈人の生き方を真摯に考える〉が横たわっているのではないだろうか。別の言葉に置き換えれば、「自分の目の前にいる、かけがえのない人生をもった他者に対して何ができるか、というところを必死で考えている」といった表現になるかもしれない。

　しかし、どのような場合でも〈障害があるからこそ〉を出発点とする「特別の人生（隊長は、障害をもって生きることは、特別な人生を生きることになると述べている）」「ぎりぎりの迷惑」が力を持つわけではない。〈障害があっても同じ人間ではないか〉が力を発揮する場合もある。知的障害のある人たちが、障害者である前に人間であることを主張の軸に据えて、自分達のことを自分達の言葉で社会に発信する「ピープルファースト運動（セルフ・アドヴォカシー）」などはこれにあたる。関係性の中で、言葉が持つ力は変化する。

　世話人への聞き取り調査を通じて、もし〈関わりの正しさ〉というものを求めようとするならば、それは〈振り子のように「0」と「1」との間を行き来しながら、揺さ振られながらの中に〉、つまり団士郎の表現を使えば、

白か黒かでない選択の中に見い出されるのではないか。あるいは、心の苦しさやモヤモヤとした感情がつきまとうが、割り切らない関わり方の中にこそ、〈真理〉というものが隠されているのかもしれない。

【注】
1 日本社会福祉学会第58回全国大会〈2010（平成22）年10月、日本福祉大学〉「世話人の言葉と援助が出会う風景——精神障害者をケアしている障害者グループホームの世話人調査を通じて」（ポスター発表）において一部発表
2 千葉県健康福祉部障害福祉課編『第四次千葉県障害者計画《改訂版》』千葉県、2012（平成24）年4月、一部改
3 クーリー，C.Hは、自我の社会化された側面として〈鏡に映った自我（looking-glass self）〉の概念を提出している。他者という鏡に映っている自分の像を見ながら、他者からのように見られ、評価されているのかを知ることができる。
 濱島朗・竹内郁郎・石川晃弘編『社会学小辞典』有斐閣、1981年、39頁
 塩原勉・松原治郎・大橋幸編集代表『社会学の基礎知識』有斐閣、1978年、297頁
4 鷲田清一『「聴く」ことの力——臨床哲学試論』阪急コミュニケーションズ、1999年、208-214頁
5 河合隼雄・鷲田清一『臨床とことば——心理学と哲学のあわいに探る臨床の知』阪急コミュニケーションズ、2003年、197-199頁
6 山本安英の会編『きくとよむ——ことばの勉強』未来社、1988年、37頁
7 山本安英『女優という仕事』岩波新書、1992年、18頁、52頁
8 栗山民也『演出家の仕事』岩波新書、2007年、10-12頁
9 濱島朗・竹内郁郎・石川晃弘編『社会学小辞典』有斐閣、1981年、315頁を一部改
10 三井さよ「職業者として寄り添う——病院内看護職と末期患者やその家族とのかかわり」（三井さよ・鈴木智之編『ケアとサポートの社会学』法政大学出版局、2007年、149-181頁）
11 前掲4、134-135頁
12 前掲4、139頁
13 河合隼雄『こころの処方箋』新潮社、1993年、136-143頁
 河合隼雄『こころの天気図』毎日新聞社、1992年、32-34頁
14 団士郎『家族力×相談力』文藝春秋、2008年、248-251頁
15 大野智也『障害者は、いま』岩波新書、2001年、160-162頁
16 前掲14、195-197頁

第Ⅲ部

今後に向けて

第10章　支援の幅を広げるための問題提起
―― まとめにかえて

1　障害種別（以下、「障害」）の違いに対する問い
―― 〈こだわり〉から〈こだわりからの解放〉へ

1-1　障害の違いにこだわること

　自立支援法においては、障害種別による縦割り行政を見直し、障害福祉サービスの提供を3障害（身体障害、知的障害、精神障害）共通のものに作り変えるという形になった。

　理念的には〈あるべき一つの形〉なのかもしれないが、その形に対して、具体的にサービスを提供する現場では相当な困難が伴うのではないかという声も同時に上がっていた。それは筆者自身の仕事を振り返ってみても、知的障害は知的障害のサービス体系の中で、精神障害は精神障害のサービス体系の中で、援助を展開していくという方法でやってきて、障害の特性に応じたサービス提供が現場ではスムーズにいく方法だと考えていた。したがって、同じ障害や疾病のある入居者で構成するグループホームの方が確率的にはスムーズに運営できるであろうというのが、筆者自身の当時の思いであった。

　つまり、援助の質を考えての〈障害へのこだわり〉ではなく、運営上の効率性や円滑性を考えての〈障害へのこだわり〉も、筆者の背景にはあった。

1-2　障害の違いにこだわることを留保すること

　主に知的障害者に関わっている世話人への聞き取り調査結果（「2005年度調査」）と主に精神障害者に関わっている世話人への聞き取り調査結果（「2008年度調査」）――この2つの結果の間には、〈障害の違いを通して、何らかの特徴が見出せるであろう〉という期待を込めた予想があって、2008年度調査

を開始した。しかし、聞き取り調査を進めていく中、確かに精神障害に特化した言葉もあったが、障害の違いによって新しい知見が出てくるであろうという予期そのものが、筆者自身の内で段々と薄れていく変化を体験した。

2008年度調査をコーディネートしてくれた荒井隆一（2008年当時、社会福祉法人「ロザリオの聖母会」グループホーム支援センター所長）は、知的障害や精神障害という障害の種別を前提にした援助はしない、援助の出発点として、〈まずは障害ありきで捉えないこと〉の重要性を語っている。

例えば、自閉症者に対して、「ちゃんと掃除をしておいてね」など解釈の自由度が高い伝え方を避けることは自閉症者に対するコミュニケーションのポイントの一つであると言われており、このことは自閉症者に対する固有の援助と位置づけられる。この例のように知的障害者／精神障害者に対してもそれぞれ固有の援助という部分はある。しかし、それをまったく無視してということではなく、トータル（≒全人格的）に人を捉えた援助の重要性を荒井は述べているのだと筆者は解釈した。

「木を見て、森を見ず」という言葉がある。普通に解釈すれば、小さなところにばかり目がいくと、大事なところを見落としてしまうといった意味である。また、小さな木を見る必要性は少ない、大きな森を見ることが優先されるという捉え方でもない。

2つの調査を通じて、〈違い〉を発見したいという思いのもと、意識的に精神障害という「木」を見ていこうというところから2008年度調査をスタートさせた。しかし、2008年度調査を進めていく中で、また、荒井の言葉を聞きながら、種別の違いを超えたところの〈一般化された障害〉という「森」が筆者の視界に現れることへの揺れ戻しを体験した[1]。

社会福祉実習に行った学生達の実習記録をみると、〈森と木との関係〉がよくわかる。多くの学生は、「森を見ること」から入る。たとえば、食事支援の場面を経験して、そのことを実習記録に書くとき、食事支援の難しさ、食事を利用者がおいしそうにとっていたことなど、特に実習の初期には、全体の光景から受ける所感を書く学生が多い。これは意図的に「森」を見ようとして「森」を見ているのではなく、細かい「木」を見ようとしても、気持ちの余裕がなかったり、観察の視点が持てなかったりなどにより、「森」し

か目に入らない心的状況にあることに起因する。

　このことに対して、実習の巡回指導においては、「木」を見ることの必要性を伝える。食事支援の際、"食事のメニューは何だった？""実習生であるあなたは、利用者から見て、どの位置に座った？""食事をするときの、利用者の表情はどうだった？""食事は全部、食べられた、それとも残された？""食事の時間は、どのくらいかかった？"など、「木」を見ることの視点を例示する。また、筆者の好きな言葉の一つに「神は細部に宿る」があるが、この言葉を通じて、「木」を見ることの重要性を伝える。

　「木」と「森」との関係で言えば、学びの順番としてどちらが先で、どちらが後でという固定的なものはない。食事支援の細かい観察（＝「木」）の積み重ねを経て、食事支援の奥深さ（＝「森」）にたどりつくのが理想的なのかもしれないが、順序が逆であっても一向にかまわない。要は、どのような形にしろ「木」と「森」との行き来ができればよい。そして、「木」と「森」との行き来は、障害の違いにこだわることを留保するために援助者個々人に必要な内的なプロセスである。知的障害、精神障害という「木」の行き来の中で、種別を超えた障害という「森」が現われてくる。

1-3　障害の違いにこだわらないこと

　精神障害の疾病特性、知的障害の障害特性などを踏まえ、それぞれが社会生活をする上で、固有の困ることの特徴や実情を把握して、支援にあたる必要はある。しかし、それは、同じ疾病や障害の当事者に集まってもらって、支援するということに対して、その方が支援しやすいといった感覚的・経験的な発想をそのベースにするならば、そこにこだわることの根拠は乏しい。

　また、支援者の力量アップの視点からも、種類が同じ（≒種別としての同一障害）援助の引き出しの積み重ねとは別個に、種類が異なる（≒2つ以上の障害種別）援助の引き出しの横並べということが求められる時代が訪れている。

2　世話人と支援ワーカーとのコラボレーション
　　──世話人がより仕事をしやすくするために

2-1　世話人と支援ワーカーとのコンサルテーション的な関わり

　千葉県には、「障害者グループホーム等支援事業」という単県事業がある（2005年10月～）。この事業に従事する者は、「グループホーム等支援ワーカー」（以下「支援ワーカー」）と呼ばれている。一部の地域を除き、障害者計画に定める障害保健福祉圏域ごと（健康福祉センター［保健所］の圏域ごと）に1事業所を決定し、支援ワーカーは県内12箇所ほど配置されている。

　支援ワーカーは公正、中立の立場から、入居者・入居希望者・家族との相談、事業所・スタッフからの相談、グループホームに関する情報収集、普及・啓発が業務の柱となっている[2]。端的に言えば、ある集団・組織に所属しながら、別の集団・組織に関与する、いわば〈コンサルテーション的〉な関わりを行う専門職が、支援ワーカーであるという位置づけである。

　コンサルテーションとは、専門的な助言を必要としているソーシャルワーカーに対して、医師が医学的な見地から情報を提供したり、ソーシャルワーカーの利用者への関わり方に対する助言を提供する場合、あるいはその逆で、ソーシャルワーカーが利用者の家庭や職場の状況を医師に伝えることにより、治療効果を高めることに貢献する関わりなどを指す。通常は、異なる職種間で、専門的立場からの助言や援助を行うことを指す。

　コンサルテーション関係は、ある問題や課題について相談をする、しない、あるいは、相談の結果としての助言を受け入れるかどうかは、コンサルティ側（相談を持ちかけた側）にその決定権がある。

　これが、たとえば、障害者施設内での上司・部下における支援員間の関係やグループホーム内での世話人と管理者（サービス管理責任者）との関係になると、通常はスーパービジョン（≒事例検討、個別指導等を用いて行うソーシャルワーカー育成の一方法）関係になる。一般論で言えば、利用者へのケアに関する組織的な決定に対し、個人的には反対であっても、ある一定の範囲内で当該決定に対して従う義務が発生するし、それ相当の強制力も働く。人によっては、窮屈を感じる部分があるかもしれないが、だからこそ組織としては

成り立つ。

　以上のことを踏まえて、世話人と支援ワーカーの関係を考えてみよう。この両者は、区分上異なる職種であるが、業務内容的には近似的な職種であるという見方も部分的には可能である。支援ワーカーの所属先と支援先のグループホームが同一法人の場合、スーパービジョン的な関係が発生する一面はあるかもしれないが、支援ワーカーの職務を考えれば、基本は〈コンサルテーション的な関わり〉と理解すべきであろう。

　ところで、世話人から見た支援ワーカーというのは、どのような姿に映っているのだろうか。今回の聞き取り調査の項目において、支援ワーカーに関するものは用意していなかったが、面接の展開上、支援ワーカーに触れた言葉が一つだけあった。

　　回答46
　　「（入居者への世話人に対する観察を通じて）やっぱり、いろいろな生活の面で、私のやり方を見たりして、似てくる面があるじゃないですか。自分で気がつかなくても、庄司さん（支援ワーカー）のように回っていると、ここの世話人のタイプとメンバーさん似ているなぁというのが、逆に外から見ると分かるんじゃないかと思うんですけどね。」（問15《世話人のタイプ》、50代女性、通い）

　回答46の世話人の言葉は、支援ワーカーに対して〈引き出しを多く持つ、外の目〉ということへの期待の現れという見方ができるかもしれない。また、「自分で気がつかなくても」という言葉の内には、支援の中心者が一番よく見えているとは限らず、支援の中心にいるがゆえに見えない部分の存在があることの世話人の気づきを含んでいる。

　入居者との関わり方において、〈浅い、深い〉につき客観的な物差しがあるわけではない。しかし、それぞれの職務から判断すれば、日々、同一のグループホームに入る世話人とは異なり、支援ワーカーの場合、特定のグループホームへの非所属性という性格上、例えば、対入居者への関わりという面において、一般的には、浅い入り方になってしまいがちになるのかもしれな

い。

　このことを踏まえると、対人支援の質の向上という視点からは、〈一つのことを深める部門〉と〈経験を横並びにして、比較できる部門〉との両者が調和的に結びつけば、良質な仕事につながっていく。したがって、世話人と支援ワーカーとの〈ゆるやかな結びつき〉のあり様が、重層的な援助関係を形成することにおいて軸を方向づけることになる。このことは、業務として〈コンサルテーション的な関わり〉を求められる支援ワーカー事業の行方が、今後のグループホームにおける支援のあり方を方向づける一つのモデルになり得る。

2-2　支援ワーカーとマージナル・マン

　私たちは通常、何らかの集団・組織に所属しながら、そして所属する集団・組織から様々な影響を受けながら日常生活（家庭、学校、職場、地域など）を営んでいる。R・K・マートンは、人が所属する諸集団の与えてくれる社会的な準拠枠で行動することと併せて、諸個人がその所属しない集団にどのように関係していくかという過程が「準拠集団理論」の関心事になっていると述べている[3]。後半の非所属集団に対する指向は、「マージナル・マン（境界人）」との関連を有する。

　マージナル・マン（境界人）とは、「異質な文化を持つ複数の集団（社会）に同時に属している人間、あるいはいずれの集団（社会）にも十分に属することができず、いわば各集団の境界（マージン）に位置する人間」である。そして、マージナル・マンは、内面的葛藤が激しい、過度に緊張をしている、開かれた合理的態度をとりうるなどの性格特徴を持つとされている[4]。　たとえば、施設で利用者と関わる際、ある関わり方をしたい自分と、仕事全体の流れの中でそのようにできない自分とのギャップを感情として表現した、回答26「……〈ちょっと待ってね〉が苦しくて、苦しくて、苦しくて」（本書195頁）を一例としてあげることができる。

　何らかの集団・組織に所属しながら生活するということは、まさにわれわれ自身がマージナル・マン的状況の中にいることに他ならない。そして、〈境界〉という場において、反発、融合、軋轢などの体験に出くわすのだが、

個々人に目をやれば、皆が同じように、複数の文化との出会い・交流の中で、内的葛藤や過度の緊張を経験するわけではない。

　映画においてシリーズ化もされている『釣りバカ日誌』（作・やまさき十三）の浜崎伝助ことハマちゃんは、家族と釣りをこよなく愛し、会社生活においても釣りを優先する生き方をしている。会社は自分の生き甲斐を実現するための手段であり、仕事を価値序列の中で高いところに置いている人達（と言っても、基本的には善意の人達なのだが）とトラブルは起こすものの、ハマちゃんの中では内的葛藤は少ない。

　一方、『課長　島耕作』（作・弘兼　憲史）を出発点に、『会長　島耕作』までに上り詰めた島耕作の家庭生活はあまり幸せとはいえないが、営業競争、社内の派閥争い、対外的な吸収・合併など各集団・組織の境界のなかで、内的葛藤や過度の緊張をふんだんに体験して、強烈なマージナル・マンの意識を持ちながら生きている。

　マックス・ウェーバー研究者の折原浩は、マージナル・マンの意識を強く持つ条件下においても、多くの場合、「真のマージナル・マンに近く立つことしかできない」とし、「状況に応じて態度を使い分ける無葛藤型マージナル・マンとなるか、あるいは葛藤、懐疑、不安に足をひきずられまいとしてそれだけリジッドに一つの文化要素にコミットする過同調型マージナル・マンとなるか、このどちらである」と述べている。

　この分類でいけば、ハマちゃんは無葛藤型マージナル・マンになるし、課長（会長）島耕作は過同調型マージナル・マンになる。勿論、価値判断的にどちらのマージナル・マンが良い生き方、正しい生き方という形で位置づけられるものではない。

　さらに折原は、「われわれが、この無葛藤型や過同調型にとどまることなく、開かれた地平に立ち、異質性に対する感覚を研ぎすまし、マージナル・マンとしての生き方を徹底させていくならば、そこには一つの新しい可能性が生まれてくるのではないだろうか」と結んでいる[5]。

　このようなマージナル・マンの考え方を踏まえて、支援ワーカーの働きに目をやれば、支援ワーカーはある面、きわめて、マージナルな状況下での活動が求められる職務である。支援ワーカーが所属する法人の自組織のグルー

プホームを含め、理念としては自組織のものとは異なる理念のもとで、運営されているかもしれない他のグループホームとの間にどうやって〈開かれた地平〉を作り、様々なグループホームを回ることを通じ、違いと同じの体験を踏まえた〈異質性に対する感覚〉をどのように言葉にしていくのかが問われる。

　マージナル・マンの視点からも、千葉県の「障害者グループホーム等支援事業」は、グループホームの新たな展開における一つの実験として注目されていいのではないだろうか。

　外部装置としての支援ワーカーは、財政措置が伴うので、どこにでも直ちにできるものではない。しかし、既存の社会資源の中で、支援ワーカーに代替できる機能を地域で持つことができるようになれば、着実に世話人に対する心強いサポーターになれると筆者は考えている。

3　グループホームが地域に根づくために
――「ぎりぎりの迷惑」と〈公共性〉の視点から

　福祉ニーズを充足するために活用される財源、施設・事業、法律、人材、知識・技術は、社会福祉の世界では、「社会資源」と呼ばれている。グループホームも社会資源の一つである。そして、グループホームが社会資源として社会から受け入れられるためには、〈公共〉的であることが求められる。

　『新潮国語辞典』によれば、「公共」とは、①おおやけ、社会一般、②社会一般が公共で所有すること、となっている。

　グループホームは社会資源だから、グループホームにかかる人・モノ等がすべて公共の範囲になるかというと必ずしもそうとは限らない。ある面、公共の範囲を決めるのは、その地域に住む人たちの意識による部分が大きい。たとえば、障害のある人が街を自由に歩いている社会を「公共」とみるか、その人達がグループホームには暮らしているが、必要以外には外出しないことを「公共」とみるか、その見方には大きな開きがある。「公共」という概念（≒地域住民の最大公約数的な集合意識）は可動的なものであるし、きわめて人為的な側面が強い。

第9章の終わりで、『車輪の一歩』において「ぎりぎりの迷惑」について触れた。もし、何の前置きもなく、社会や世間に迷惑をかけることの是々非々を問われたら、大多数の人は、「迷惑をかけてはいけない」ことに賛成の意を表明するであろう。それは、強烈な正しさ（善）を持っているが、同時に残酷さも併せ持っている。たとえば、朝の満員電車に車いすの人が乗りたいので、手助けして欲しいと言われたとき（映像の中でも、この場面は出てくる）、それは当然のこと（正しい）と感情的にも論理的にも抵抗感なく考えられるだろうか。このことは、電車に乗る権利において障害があってもなくても同等の重みを持てるかどうかをわれわれ一人ひとりが問われている。そして、満員電車に車いすの人が自由に乗りたいという望みや意思に対して支援することは、まさに「公共」の空間をぐっと押し拡げることにつながるし、制約や禁止の領域を縮めることでもある。

　第5章（本書104頁）で、障害のある個人の小さな動き等に着目して、佐藤幹夫の人間の「枠」を拡げることの考え方を紹介したが、これは「公共」の空間拡大につながる視点にも応用できる。

　公共の一つであるグループホーム（グループホームで営まれている個々の生活ではなく、制度としてのグループホーム）も重度の障害のある人間の「枠」にしても、当事者を含めた関係者の社会への働きかけがなければ、社会的存在としてその度合いや範囲に変化は生じない。つまり、グループホームが地域でよりよい形で公共の存在として、受け入れられるためには、方向性として公共としての枠を拡げる思想が求められる。雑駁な言い方をすれば、グループホーム研究を縦割り的に社会福祉の視点からだけでなく、哲学、政治学、法学、教育学、経済学、社会学、建築学などを横断的に使って研究する「公共哲学」の手法の導入が今後は、グループホームの発展にとって重要な位置づけとなってくる。

【注】
1　「多面的な見方が必要である」という言い方がある。筆者は20代に精神衛生センター（現・精神保健福祉センター）の精神科ソーシャルワーカー（PSW）を、30代に福祉事務所で生活保護のワーカーを経験した。両方の分野で、精神障害のある人と関わった。その際、関わ

りの基本的スタンスが同じであったかというとそうではなかった。むしろ質的には異なっていた。生活保護ワーカーに求められることは、保護の提供（最低限度の生活保障）と併せて、被保護者に応じた自立助長の関わりであるが、精神衛生センターにおいてはそのような役割は、期待されていなかった。求められる役割が異なると、ワーカー側から見える精神障害者の像も違った。仮定の話ではあるが、精神衛生センターでそのまま継続してPSWの業務だけをしていれば、自立助長の関わりという「森」は見えなかったかもしれない。その「森」は存在しているにもかかわらず。

2　「障害者グループホーム等支援事業実施要綱」（2011年2月1日から施行）における事業内容の一部抜粋

項目	実施業務の内容
○グループホーム等に対する相談支援	・事業者（その従業者を含む）からの事業所の運営等に関する相談支援 ・利用者（その家族等を含む）からの事業所の運営等に関する相談支援
○グループホーム・ケアホームの新規開設支援	・事業者等に対する新規開設に関する提案 ・新規開設希望者に対する開設支援
○地域におけるグループホーム等相互の協力体制の整備	・事業者相互の横断的機関（連絡協議会、設置者会、世話人会、利用者会等）の設置、運営（研修会等の開催）
○市町村、地域自立支援協議会、相談支援事業所等との連携体制の整備	・利用者（その家族等を含む）からの相談に関する各種相談窓口への引き継ぎ ・市町村の事業者相互の横断的機関への参画の促進 ・事業者の地域自立支援協議会への参画の促進
○グループホーム等の事業に関する情報収集、分析、提供	・グループホーム等の空室情報、利用者からの利用希望情報の収集、提供 ・不動産情報その他グループホーム等の事業に資する情報の収集、分析、提供
○グループホーム・ケアホーム制度の普及、啓発	・障害者グループホーム大会の開催 ・障害者グループホーム講座の開催 ・各種講演活動（県外活動を含む） ・各種広報活動（広報誌の発行、ホームページの開設、事業年報への寄稿等）
○その他、グループホーム等の事業の充実のため必要と認められる業務	（内容については、そのつど県及び受託事業者において協議する）

なお、「障害者グループホーム等支援事業」でインターネット検索をかけると、経費助成を事業内容とする要綱を定めている自治体はある。

3　R・K・マートン著／森東吾、森好夫、金沢実、中島竜太郎共訳『社会理論と社会構造』みすず書房、1978年、257頁
4　濱島朗、竹内郁朗、石川晃弘編『社会学小辞典』有斐閣、1981年、364頁
5　折原浩『危機における人間と学問――マージナル・マンの理論とウェーバー像の変貌』未来社、1978年 38-41頁

あとがき

1　加藤彰彦さんらとの出会い

　2008（平成20）年3月2日の朝、私は小木曽宏（児童養護施設「房総双葉学園」）さん、鈴木崇之（東洋大学）さん、そして加藤彰彦（前・沖縄大学）さんの4人で、新宿のビジネスホテルで朝食をとっていた。

　加藤さんとは、私が広島修道大学を卒業して、横浜YMCAに就職することが決まり、母校の社会学の先生にそのことを伝えたら、「寿生活館（横浜市）の野本三吉（加藤彰彦さんのペンネーム）さんを訪ねたらいいよ」と勧められたのが最初の出会いであった。30年余り前のことである。東京の下町にある高校で、初めて加藤さんから寿町（ドヤ街）の話を聞いた。私自身の家族のことも重なり、涙がボロボロ出て、止まらなかった。

　横浜YMCAは1年足らずで辞め、その後は山口県庁でソーシャルワーカーとして17年間勤務することになるが、途中から加藤さんとは連絡がゆるやかに途切れ、再び連絡を入れることになったのは1999（平成11）年。私自身が結婚のため、山口県庁を辞めることになり、関東地方で新しい職場を見つけなければいけない事態となった。そのときに加藤さんから紹介していただいた人が小木曽さんであった。

　小木曽さんとは、2000～2007年にかけて、淑徳大学社会福祉実習教育センターで一緒に仕事をさせてもらった。児童福祉の現場から大学に来られた人で、公私ともにすごくお世話になっている人である。自由にのびのびと仕事をさせていただいた。その小木曽さんからよく話を聞いていたのは、当時、加藤さんと同じ沖縄大学にいた鈴木さん。細かいところに気のつく人である。加藤さんを一番近くで見ていた人である。

　つまり、小木曽さん、鈴木さん、私の関係をたどれば、加藤さんがその源流となっている。そして、3人とも加藤さんを師と仰いでいる。加藤さん

がいなければ、この3人が出会うこともなかったし、一緒に仕事をすること（「社会的養護」にかかる本作り）もなかった。まさに加藤さんは〈縁結びの神様〉である。

　朝のわずか2時間の朝食と語らいの場であったが、加藤さんはその時間を〈至福のとき〉と呼んでいた。私もその感覚を抱いていたし、小木曽さん、鈴木さんも同様な想いを持っていたと思う。

　これからの仕事の話になって、一度、書いたら書き直しをしないもの、つまり原論的なものを書ければいいなという話になった。

　書き物を大きく分けると、〈時を越えても〉読まれるものと、ある時代に〈制約を受ける〉ものとに分類できると思っている。原論的なものは、前者に分類される。本書を執筆するにあたり、私自身が持っている力を考えると前者は無理であると考えながらも、そのようなものを書ければいいなという憧れはあった。そして、第Ⅱ部以降は、私なりに〈時を超えても〉を意識しながらキーボードを打ったつもりである。

　その加藤さんの最終講義（2014年2月25日）をYouTube（https://www.youtube.com/watch?v=apZFyQkwzIM）で視聴した。生と死とを分けるもの、命の連鎖、人との出会い、生きることが仕事であるなどの話を通じ、72年間の半生を1時間半のダイジェスト版で見せていただいたような気がした。加藤さんは何度か〈生き直している〉のだなぁとも思った。それと同時に、本書に立ち戻れば、世話人さんの〈話し言葉〉を取り上げさせてもらったが、このことの意味は、話された〈話し言葉〉が〈生き直し〉できるためのお手伝いをさせてもらったと考えている。

2　謝辞にかえて

　社会福祉実習で学生たちが悪戦苦闘させられるものの一つに〈実習記録〉がある。私は、学生たちによく言うのだが、その記録を読んだ第三者の頭の中にその風景が思い浮かぶようなものであれば、良質な実習記録であると。その言葉が今度は、私自身に返ってくる。グループホームを知らない第三者が本書を目にされたとき、世話人さんの言葉を見て（聞いて？）、それが紙

の上から聞こえてくるようなイメージを持ってくださることができるならば、私としては何より幸いである。

　古代ギリシャでは〈書き言葉〉より〈話し言葉〉の方が、価値としては上であったと言われているが（哲学者ソクラテス自身は書き物を残していない）、43名の世話人さんかう話しをうかがった総時間数は、2,420分（約40時間）。そして、本書で取り上げた世話人さんの声は、46箇所。ほんの一部しか使わせてもらうことができなかった。

　インタビューを実りあるものにすることとスムーズに進めていくために、世話人さんには事前に質問紙票をお送りした。事前によく考えられて話をされた方、話す内容をていねいにメモされていた方、事前に目を通しておられたのだろうけれども、聞き取りの当日、質問項目によっては初めて問いを知るような形で答えを出してくれた方など様々であった。あらためて、お忙しい中、聞き取り調査に応じてくださったNPO法人ポピア、社会福祉法人「ロザリオの聖母会」、NPO法人精神保健福祉を考える会NEW（小川町ハウス、うえまっち、ひまわり荘）の43名の世話人さんにこの紙面をお借りして、お礼を申し上げたい。

　「はじめに」の中で触れた村上龍の『13歳のハローワーク』において、福祉で働く職種の説明の冒頭に「人の役に立つのが好き」という表題のもと、ソーシャルワーカーやガイドヘルパーなどが取り上げられているが、「世話人」は取り上げられていない。私はたまたま43名の世話人さんと話しをする機会を得ることができ、私なりに世話人さんを知ることができたが、社会的にはまだまだ知られていないと生業だと思っている。明確な理由はないのだが、書物等の中で、世話人さんがソーシャルワーク関連の職種に名前を連ねられるような状況になれば、いい時代になると勝手に考えている。

　冒頭、加藤さんらとの縁について、若干触れたが、やはり人との出会いがなければ、仕事は発展しないと思う。

　東北福祉大学通信制大学院（仙台市）で修士論文の指導をしていただいた志田民吉先生。折に触れ、「知識に頼ってはいけない（知識に対する軽視ではない）」と話をされていた。その通りだと思う。ソーシャルワーカー自身の

生き方が問われている言葉だと思う。また、それぞれの事情を持ちながら、通信制大学院でともに学んだ学友や大学の教職員との出会いも私にとっては良き思い出である。

　法人ポピア理事長の関口幸一さん（2015年現在）。第2回日本グループホーム学会（2005年6月）が千葉市の幕張で開催されたとき、修士論文の件で私の方から声をかけさせていただいたのが最初で、2005年度調査の日程調整等をしていただいた。非常にオープンで、懐の深い人である。

　2008年度調査においては、社会福祉法人「ロザリオの聖母会」のグループホーム支援センター所長荒井隆一さんと中核地域支援生活センター海匝ネットワークの障害者グループホーム等支援ワーカー庄司俊介さんのお二人には（2008年当時）、具体的に、細かく、日程調整等の他、場合によっては現地への同行もしてくださった。

　元全国精神障害者家族会連合会事務局長で、精神障害者を家族にもった立場であり、地域で福祉活動をされている滝沢武久さんには、内容等について様々な助言をいただいた。滝沢さんには、当事者や家族の立場について、〈もっと厳しい現実〉があったし、今もあることについてのご教示をいただいた。

　また、私も一会員であり、本書の中において資料を必要に応じて引用・参考にさせてもらっているが、「日本グループホーム学会」はソーシャルアクション主体としての行動力、情報発信力、施策提案力等においてすばらしい学会だと思っている。

　本書は、小木曽さんを介して、生活書院の髙橋淳さんのお力添えがあって、生まれた。年賀状やメールで励ましの言葉をいただき、本当に心強かった。納得のいく形で自由に書かせていただき、大いに感謝している。私の中で、髙橋さんは、骨のある、良心的な出版人であると位置づけている。

　最後に、原稿書きのため、土日等に職場に行くこともあり、妻に家のことを任せる形になった。安心して、職場に行けた。家族（妻・郁子、長男・太郎、長女・花）のおかげである。ありがとう。

　　　　　　　　　　　　　　　　　　　　　　　　　　　　宮本秀樹

本書のテキストデータを提供いたします

　本書をご購入いただいた方のうち、視覚障害、肢体不自由などの理由で書字へのアクセスが困難な方に本書のテキストデータを提供いたします。希望される方は、以下の方法にしたがってお申し込みください。

◎データの提供形式＝CD-R、フロッピーディスク、メールによるファイル添付（メールアドレスをお知らせください）。

◎データの提供形式・お名前・ご住所を明記した用紙、返信用封筒、下の引換券（コピー不可）および200円切手（メールによるファイル添付をご希望の場合不要）を同封のうえ弊社までお送りください。

●本書内容の複製は点訳・音訳データなど視覚障害の方のための利用に限り認めます。内容の改変や流用、転載、その他営利を目的とした利用はお断りします。

◎あて先
〒160-0008
東京都新宿区三栄町17-2 木原ビル303
生活書院編集部　テキストデータ係

【引換券】
障害者グループホーム
と世話人

［著者略歴］

宮本秀樹
（みやもと・ひでき）

　1956年広島県生まれ。常磐大学准教授。広島修道大学卒業後、横浜YMCA、山口県庁（社会福祉職）勤務、東北福祉大学通信制大学院総合福祉学研究科社会福祉学専攻修士課程を修了。淑徳大学社会福祉実習教育センター嘱託講師等を経て、現職。専攻は、実習教育、障害者福祉論、就労支援サービス論。

　著書に、『よくわかる社会的養護内容〔第3版〕』（共編著、ミネルヴァ書房、2015年）、論文に「障害者雇用率とその社会的な定着について──ダブルカウントと短時間労働に視点を当てて」（常磐大学コミュニティ振興学部紀要『コミュニティ振興研究第22号』2016年）など。

障害者グループホームと世話人
── 言葉と支援とが出会う風景の中で

発　行────2016年7月25日　初版第1刷発行
著　者────宮本秀樹
発行者────髙橋　淳
発行所────株式会社　生活書院
　　　　　　〒160-0008
　　　　　　東京都新宿区三栄町17-2 木原ビル303
　　　　　　ＴＥＬ 03-3226-1203
　　　　　　ＦＡＸ 03-3226-1204
　　　　　　振替 00170-0-649766
　　　　　　http://www.seikatsushoin.com
印刷・製本──シナノ印刷株式会社

Printed in Japan
2016 © Miyamoto Hideki
ISBN 978-4-86500-056-6

定価はカバーに表示してあります。
乱丁・落丁本はお取り替えいたします。